Fremdsein
in Deutschland
Ein Film von Jugendlichen

Begleitbuch zum Film

Herausgegeben von

Helmut Spiering
Klaus Tenfelde
Gerd Westphal

Ernst Klett Schulbuchverlag
Stuttgart Düsseldorf Berlin Leipzig

Fremdsein in Deutschland
Begleitbuch zum Film

Herausgegeben von:
Helmut Spiering, Klaus Tenfelde und Gerd Westphal

Erarbeitet von:
Peter Brandt, Thomas Flügge, Viktor Gorynia, Christiane Ketteler,
Wolfgang Kolneder, Sebastian von Koppenfels, Holger Mannigel,
Jürgen Sasse, Arthur Schlegelmilch, Helmut Spiering, Wolfgang Templin,
Klaus Tenfelde, Clemens Walther, Gerd Westphal, Uwe Zerbe

Das Video zum Film ist im Ernst Klett Schulbuchverlag erschienen:
ISBN 3-12-052551-0

Information zur Kinofassung des Films (35 mm):
Kurverwaltung Bad Iburg, Am Gografenhof 4, 49186 Bad Iburg
Telefon: 05403 - 401 612   Fax: 05403 - 401 444

Bildquellenverzeichnis:
Fotos aus dem Film und von den Dreharbeiten: Norbert Kuhröber, Pots-
dam; S. 6, 10 r, 12, 13, 14 u, 15, 27, 30 u, 39, 40, 41: Helmut Spiering,
Bad Iburg; S. 10 u: Neue Osnabrücker Zeitung; S. 17, 22, 23, 37: Tanja
Blom und Dirk Freytag; S. 29: Michael Hehmann; S. 30 r: Kurverwaltung
Bad Iburg; S. 31, 32, 34, 35, 65: Burkhardt Walter; S. 47: Bertelsmann
Lexikothek, Gütersloh; S. 54: Henrik Pohl, Berlin; S. 57: Götz Schwarz-
rock, Berlin; S. 62 l: Landesbildstelle Berlin; S. 63 u. 66: Jürgens Ost- und
Europa-Photo, Berlin; S. 72: CCC-Filmkunst GmbH, Berlin; S. 91: Archiv
Christoph Prignitz, Oldenburg; S. 92, 94, 97, 125: Bildarchiv Preußischer
Kulturbesitz, Berlin; S. 99, 130: Zigaretten Bilderdienst Altona-Bahrenfeld
(Das alte und das neue Reich); S. 101, 147, 152: Berliner Mauer-Archiv
Hagen Koch; S. 105: VG-Bild-Kunst, Bonn; S. 108, 109, 144, 153: Archiv
Gymnasium Bad Iburg; S. 124, 150: Viktor Gorynia, Berlin; S. 126: Dena;
S. 127–129: Langewiesche-Brandt, Ebenhausen; S. 130: H. Weber, Köln;
S. 131, 133: aus: Kulturspiegel des 20. Jahrhunderts – 1900 bis heute,
Unipart-Verlag, Stuttgart 1987; S. 132: Keystone, Hamburg; S. 136, 145,
149, 151: Fritz Homann, Berlin; S. 138, 147 u: Haus am Checkpoint
Charlie; S. 142, 143, 149: dpa, Frankfurt/M.; S. 146: Ullstein Bilderdienst,
Berlin; S. 148: H. Darchinger, Bonn

Umschlaggestaltung: Anne Rehwinkel, Berlin (Fotos von Norbert Kuhröber)
Gestaltungsidee: Anne Rehwinkel und Jörn Baumgarten, Berlin

 Gedruckt auf Papier aus
chlorfrei gebleichtem
Zellstoff, säurefrei.

1. Auflage   Druck 5 4 3 2 1   Jahr 2000 99 98 97 96

Alle Drucke dieser Auflage können im Unterricht nebeneinander verwen-
det werden; sie sind untereinander unverändert. Die letzte Zahl bezeichnet das Jahr dieses Druckes.

Druck: STEINBACHER DRUCK GmbH, Osnabrück

ISBN 3-12-052552-9

Inhaltsverzeichnis

Geleitwort

von Dr. Helmut Kohl,
Bundeskanzler der Bundesrepublik Deutschland

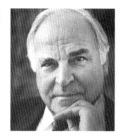

Mut, Phantasie und Beharrlichkeit verdankt der Film „Fremdsein in Deutschland" sein Entstehen. Er ist ein hervorragendes Beispiel dafür, was Schüler und Lehrer gemeinsam verwirklichen können, wenn das für ein solches Projekt erforderliche Engagement vorhanden ist. Allen Beteiligten, insbesondere den Schülerinnen und Schülern aus Bad Iburg sowie den verantwortlichen Lehrern, gebühren dafür Dank und Anerkennung.

„Fremdsein in Deutschland" dokumentiert, wie Geschichte mit aktuellen Themen verknüpft und dadurch jungen Menschen anschaulich erschlossen werden kann. Der Film läßt durch aufschlußreiche Rückblenden und Bezüge, die von der Weimarer Republik über die totalitäre Diktatur der Nazizeit, von der Realität der DDR bis hin zur deutschen Einigung reichen, Vergangenheit und Gegenwart lebendig werden. Indem er sich dabei über die sich wandelnden Zeiten hinweg mit einem zentralen Thema – der rechtsradikalen Gewalt – auseinandersetzt, vermittelt der Film einen Zugang zur Geschichte, der den Schulunterricht oder die individuelle Auseinandersetzung mit unserer jüngeren Vergangenheit hervorragend ergänzt.

„Fremdsein in Deutschland" ist ein eindrucksvolles Beispiel für einen gelungenen Zugang zur Geschichte.

In einer Zeit, in der die erzieherische Aufgabe der Schule zu Recht betont wird, sind solche Initiativen wichtiger denn je. Insofern ist „Fremdsein in Deutschland" beispielhaft für das Erschließen von Kreativität, Eigeninitiative und Verantwortungsfähigkeit.

Ich würde mich freuen, wenn dieses Projekt vielen Jugendlichen, Eltern und Lehrern Mut machte, sich aktiv an der Auseinandersetzung mit zeitgeschichtlichen und gegenwärtigen Themen zu beteiligen.

Mit freundlichen Grüßen

Dr. Helmut Kohl

Geleitwort

**von Ignatz Bubis,
dem Vorsitzenden des Direktoriums des Zentralrats der Juden in Deutschland**

Mit ihrem Filmprojekt „Fremdsein in Deutschland" haben sich die Jugendlichen aus Bad Iburg engagiert und in eindringlicher Weise mit der Zeitgeschichte auseinandergesetzt und in der derzeitigen politischen Situation in der Bundesrepublik Deutschland Stellung bezogen.

Indem sie in selbstverfaßten Spielszenen und in Gesprächen mit Zeitzeugen spezielle Zugänge zur Vergangenheit eröffnen, gelingt es ihnen, den Blick für die aktuellen politischen und gesellschaftlichen Probleme zu schärfen. Sie haben erkannt: Unverständnis, Ausgrenzung und Isolierung von Minderheiten sind der Nährboden, auf dem Gewalt und Verfolgung sprießen können – bis hin zum Massenmord an den Juden in Deutschland, wie die Vergangenheit zeigt. Die Jugendlichen zeigen mit ihrem Projekt einen Weg auf, wie es gelingen kann, die unselige Verkettung von Intoleranz und Aggression zu durchbrechen, Gewalttätigkeiten zu erschweren, vor allem aber sich engagiert und aktiv einzumischen und gegen das passive Zuschauen zu kämpfen. Gegen die Ausländerfeindlichkeit und rechtsradikale Gewaltaktionen erheben die jungen Filmemacher ihre Stimme und leisten so einen Beitrag zur Veränderung des Denkens

und Fühlens gegenüber dem „Fremden" in diesem Land. Für mich ist der Film deshalb vor allem aus zwei Gründen wichtig und ermutigend:

- Erstens zeigt er beispielhaft auf, daß Geschichte, wenn sie lebendig präsentiert wird, wirklich eine „Lehrmeisterin" für junge Menschen sein kann, damit sich die Schrecken der Vergangenheit nicht wiederholen.
- Zweitens spornt der Film hoffentlich viele Jugendliche an, sich für ein friedliches Zusammenleben unterschiedlicher Kulturen in Deutschland zu engagieren und sich mit Zivilcourage gegen rechtsradikale und ausländerfeindliche Aktionen und Stimmungen einzusetzen.

Das moralische und politische Engagement, das diesen Film erst geschaffen hat, überträgt sich hoffentlich auf die Zuschauer. Möge die kreative Energie, die der Film widerspiegelt, neue Energien hervorbringen, die dazu führen, sich aktiv für Toleranz und Menschenrechte einzusetzen.

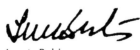

Ignatz Bubis

Warum der Film ausgewählt wurde

Dieser Film ist ein Novum in der deutschen Filmszene. „Fremdsein in Deutschland" paßt in keine der bestehenden Kategorien von Filmproduktion in unserem Lande und löst daher Unruhe und Kontroversen aus. In seinem Kielwasser hinterläßt der Film scharfe Meinungsverschiedenheiten, ja Polarisierungen (das allein ist schon ein positives Faktum).

Zunächst vernachlässige er, so kann man hören, obwohl als Kinofilm konzipiert, die Grundregeln des „professionellen" Kinos. Das mag sein. In der Tat ist hier nichts geschliffen, abgewogen oder filmisch hochglanzpoliert. Die Fragen, die im Film von den jungen Interviewern gestellt werden, sind unbefangen, einfach, direkt. Trotzdem oder gerade deshalb fallen die Antworten lebendig aus. Gerade das, was hier als „unprofessionell" oder naiv erscheinen mag, macht recht besehen die eigentliche Qualität dieses Films aus. Sein Verfahren ist die des unmittelbaren Herangehens ans Thema; seine Methode ist didaktisch, unverstellt, aber das Vergnügen bleibt nicht ausgeschlossen. Aus dem Film spricht das Gefühl der Dringlichkeit einer Aussage, Identifikation mit der Sache und Engagement. Auch Spontanität, Witz und Bosheit gehören zu seinen Eigenschaften sowie eine Gabe der Beobachtung.

Die Energie, die nötig war zur Herstellung und Fertigstellung dieses Werks, das jenseits aller bekannten Produktionswege zustandekam, spürt man in jeder einzelnen Szene. Es gibt hier so etwas wie ein Klima der Begeisterung an der Filmarbeit, das den Zuschauer, wenn er sich einmal dieser anderen Filmsprache öffnet, herausreißt aus dem, was viele der marktkonformen Kinoprodukte hinterlassen.

Was den professionellen Filmemachern bei uns vielleicht abgeht, weil sie zu viel überlegen, taktieren und abwägen, das gelingt diesen – im besten Sinne – Amateurfilmern aus Bad Iburg ohne lange Umschweife: den Finger auf Situationen des Alltags zu legen, in denen die Widersprüche und Konflikte unserer Gesellschaft und der Nach-Wende-Zeit schlagartig deutlich werden. Ein Pulsschlag wird auf solche Weise erkennbar und fühlbar. Vielleicht wird dieser Film jugendlichen Zuschauern Mut machen, selbst einzugreifen in die Verhältnisse und diese nicht als unabänderlich hinzunehmen.

Deshalb kann die deutsche Filmlandschaft ein Filmexperiment wie „Fremdsein in Deutschland", das geboren wurde aus den Graswurzeln einer Jugendkultur und das innerhalb eines eigenen Koordinatensystems funktioniert, gut vertragen.

Prof. Ulrich Gregor
(Internationale Filmfestspiele Berlin – Internationales Forum des Jungen Films)

Vorwort

„Wie war eine solche Leistung möglich?"
„Wie ist es überhaupt möglich, solch einen
Film auf die Beine zu stellen?"
So oder ähnlich lauteten im Tenor die Fragen
vieler Filmbesucher im Anschluß an die Vor-
führung des Films. In das Nachdenken über
dessen Inhalt mischten sich Bewunderung und
Respekt vor der Leistung der Jugendlichen.
Es war aber mehr als reine Neugier, die da
zum Vorschein kam. Dabei war das deutliche
Interesse zu spüren, ob man „so etwas" nicht
auch selbst machen könnte. Etwas gegen
Ausländerfeindlichkeit tun, insgesamt andere
Zugänge zur Geschichte, zur Politik, zu finden, die über das hinausgehen, was die
Schule bietet – darauf haben viele Appetit.
In umfassender Weise dokumentiert deshalb
das Begleitbuch (in Teil I), wie der Film
zustande gekommen ist. Deutlich wird: Ein
solches Filmprojekt fällt nicht vom Himmel;
langfristige Vorbereitungen sind zu seiner
Realisierung nötig. Die begleitende Dokumentation spiegelt aber nicht nur den äußeren Ablauf der Filmentstehung, sondern vermittelt auch aufschlußreiche Einblicke in die
„innere" Befindlichkeit der Darsteller. Was
bewegt einen Jugendlichen, der in fremde
Rollen zu schlüpfen hat (z. B. als „Täter", als
„Opfer")? Welche Prozesse werden ausgelöst
im Sinne einer neuen Selbst- bzw. Fremd-
wahrnehmung? – Fragen, die die Darsteller
selbst beantworten.

Im Kino geht alles schnell vorbei. Teil II des
Buches bietet nun die Möglichkeit, sich mit
dem Film und seiner Thematik genauer auseinanderzusetzen. Die wörtliche Wiedergabe
der Gespräche mit Zeitzeugen und die inhaltlich zusammengefaßten Spielszenen können
hier „nachgearbeitet" werden. Zusätzliche
Informationen wie Kurzbiographien zu den
Zeitzeugen vermitteln Hintergrundwissen.
Wo es angebracht scheint, werden auch Zu-
satzmaterialien angeboten, die es erlauben,
im Unterricht oder individuell den angespro-
chenen Problemfeldern nachzugehen.
In einem dritten Teil werden der Film und
seine Thematik in den Zusammenhang der
Geschichte unseres Jahrhunderts gestellt.
Gerade weil im Film so viele Aspekte des
„Fremdseins" zur Sprache kommen, kann es
hilfreich sein, dieses Leitmotiv im politischen
und geistesgeschichtlichen Zusammenhang
zu sehen. Einen Abschluß kann die Auseinandersetzung mit unserer Geschichte dadurch
nicht finden. Aber vielleicht entsteht eine
bessere Ausgangsbasis, um sich mit ihr weiter
auseinanderzusetzen.

Möge der Film – wie auch unser Buch – Mut
machen, sich handelnd einzulassen auf die
Probleme und Fragen unserer Zeit.

Die Herausgeber

Der Film
Der Film
als

als Projekt

- Von der Idee zur Realisierung
- Der Film aus der Sicht der jugendlichen Darstellerinnen und Darsteller
- Aus der Probenarbeit
- Motive, Eindrücke und Reflexionen

Von der Idee zur Realisierung

Die Initialzündung für das Projekt erhielten die Jugendlichen aus Bad Iburg insbesondere durch Begegnungen mit russischen Studenten und (ehemaligen) Sowjetsoldaten im Rahmen eines Seminars zum Thema Völkerverständigung Anfang 1993 in Berlin.
In diesen zehn Tagen begegneten die Jugendlichen in Gesprächen mit namhaften Zeitzeugen persönlichen Schicksalen, suchten gemeinsam historische Stätten auf und schauten hinter die Kulissen der Filmwelt Babelsberg.

Nicht nur Feindbilder wurden abgebaut und persönliche Freundschaften geschlossen, vielmehr haben die Jugendlichen hautnah aus erster Hand erfahren, was es heißt, fremd zu sein in Deutschland, nicht dazuzugehören, mit Mißtrauen, Vorurteilen und Unverständnis zurechtkommen zu müssen.
Folgende Artikel aus der Presse (hier: Neue Osnabrücker Zeitung) – im übrigen von den Schülern selbst verfaßt – mögen belegen, wie beinahe zwangsläufig sich aus diesen Erlebnissen das Filmprojekt „Fremdsein in Deutschland" ergeben hat.

Völkerverständigung mit Leben erfüllt

„Dieses Projekt war ein wunderbares Ereignis. Man möchte am Ende nicht ‚Auf Wiedersehen' oder, was noch schlimmer ist, ‚Lebe wohl' sagen. Man ist den Tränen nahe. Wenn die ganze Welt auf die Gefühle beim Abschied einginge, so würden Kriege, Unverständnis, Intoleranz und Haß kaum aufkommen. Wir müssen mit aller Kraft nach ehrlichen, menschlichen Beziehungen streben." So wie der russische Botschaftsschüler Roman Krepki und Hauptmann Piotre Swirin empfanden alle, die als Teilnehmer des Erlebnisseminars „Berlin – gestern, heute, morgen" das Wort Völkerverständigung mit Leben erfüllt hatten.

Neben den Botschaftsschülern nahmen an diesem außergewöhnlichen, hochkarätigen Seminar auch Studenten der Moskauer Universität für Linguistik, russische Soldaten der Kaserne Karlshorst und die Schüler der Klasse 10 L1 des Gymnasiums Bad Iburg teil. Sie konnten sich mit einem breiten Spektrum von politischen, sozialen und kulturellen Themen auseinandersetzen und sich gegenseitig kennen- und verstehenlernen, Vorurteile ab- und Freundschaften aufbauen.

Seit Beginn der 80er Jahre entwickelte sich zwischen Berlin und Bad Iburg ein reger Schüleraustausch, der ausging von der Städtepartnerschaft zwischen dem Kurort und Berlin-Charlottenburg. Durch die deutsche Einigung und die demokratischen Umwälzungsprozesse in Osteuropa gewann Berlin eine völlig neue, internationale Dimension. Dem trugen auch die im Rahmen von internationalen Begegnungen durchgeführten Seminarprojekte Rechnung: Berlin als optimaler, spannender Lernort.

Im Januar 1990 gelang es Helmut Spiering, Oberstudienrat am Gymnasium Bad Iburg und Klassenlehrer der 10 L1, erstmals eine Diskussion zwischen einer westdeutschen Schülergruppe und Diplomaten der sowjetischen Botschaft zu arrangieren. Eine erste Begegnung, die weitreichende Folgen für die deutsch-sowjetisch-russische Völkerverständigung haben sollte, speziell im Bereich des Jugendaustausches. Angeregt durch die positiven Erfahrungen der ersten Begegnung und von den sowjetischen Diplomaten ermu-

tigt und gebeten, den begonnenen Prozeß fortzusetzen, stellte der Pädagoge die Intention, den Dialog zwischen den Jugendlichen aus Ost und West, aus Rußland und Deutschland zu fördern, in den Mittelpunkt künftiger Seminare. Das nun abgeschlossene Projekt ist der beste Beweis dafür, daß er dieses Ziel erreicht hat.

Warum das Seminar bei allen Beteiligten einen so tiefen Eindruck hinterlassen hat, warum Botschaftssprecher Michail Logwinow den deutschen Schülern bescheinigte, „wunderbare Botschafter ihres Landes gewesen zu sein", warum Thomas Krüger, Senator für Jugend, das „Seminarprojekt toll, anregend und inspirierend" wertete, und warum Lew Kopelew dieser „bewundernswerten Art der Volksdiplomatie" weiterhin gutes Gelingen wünschte, das machen die Schülerinnen und Schüler der 10 L1 auf dieser Seite, die im Rahmen des Projekts „Zeitung in der Schule" entstanden ist, durch einen kleinen Einblick in das 10tägige Seminar deutlich.

Die Freundschaft wurde gestärkt

Zu Gast in der Kaserne Karlshorst

Unter den Linden 63–65, ehemals Botschaft der Sowjetunion in der DDR. Einst verschlossene Pforten öffnen sich uns. Auch Räume, in denen 1989 und 1990 Gorbatschow und Schewardnadse Weltgeschichte geschrieben haben, bleiben uns nicht verschlossen. Ein einmaliges Erlebnis.

Sogar ein Gespräch mit russischen Diplomaten wird uns nach einer Führung durch das Gebäude ermöglicht. „Ist die GUS sowohl politisch als auch militärisch und wirtschaftlich überhaupt ein sinnvolles Bündnis?" fragen wir. Sergej Werkaschanski, Diplomat: „Durch ein immer noch bestehendes Zusammengehörigkeitsgefühl halte ich auch heute noch die GUS für einen handlungsstarken Verbund." Für viele von uns ist die Antwort unbefriedigend.
45 Minuten später. Unser Bus rollt vor das durch Wachposten gesicherte Tor der Kaserne Karlshorst. Ohne jede Verzögerung und Kontrolle öffnet sich die Eisenpforte. Langsam und mit gemischten Gefühlen fahren wir auf das Gelände.
Clemens erinnert sich: Vorbei an exerzierenden Soldaten gelangen wir in einen riesigen Schlafraum. Bett an Bett, etwa 60 Liegestätten mit einem kleinen Hocker davor reihen sich aneinander. Uns überkommt ein Gefühl der Bedrängnis; scheinbar zählt hier nur der militärische Drill. Von den Soldaten erfahren wir, daß sie keinen eigenen Spind, sogar keinerlei Eigentum haben und nur selten die Kaserne verlassen.

Nach einer kleinen Pause im Kasernencafé, wo Westprodukte zu Billigpreisen verkauft werden (Schachtel Zigaretten, Marke Camel, 1,50 DM), die große Überraschung: Besichtigung der ehemals feindlichen Kampfpanzer. Neugierig klettern wir in die T-62-Panzer hinein, probieren die Nachtsichtgeräte aus und lassen uns die Technik erklären. Von den Eindrücken überwältigt, begeben wir uns in den Pressesaal.
Fragen über Fragen prasseln auf die Soldaten ein: „Was

Interview vor der russischen Botschaft

machst du, wenn du nach Hause kommst?", „Wie beurteilst du deine Militärzeit?" Viele Fragen bleiben unbeantwortet. Wir beschließen, am Abend weiter zu diskutieren. Am späten Abend resümiert Konstantin: „Ich halte meine Zeit im Militär für verloren!" Auf Wunsch der Russen suchen wir das sowjetische Ehrenmal im Treptower Park auf. Gemeinsam verharren wir an der großen Gedenktafel. Viele

von uns legen Blumen nieder. Was geht wohl in den Köpfen unserer russischen Freunde vor? Erinnerungen an den „großen vaterländischen Krieg?" Waren die unzähligen Opfer etwa umsonst? Bleibt nur der Trost, daß sie uns von der Nazi-Diktatur befreit haben! In diesen Tagen hat sich zwischen uns allen eine feste und tiefe Freundschaft aufgebaut. Einladungen zu weiteren Besuchen in die Kaserne sowie nach Moskau sind keine Seltenheit. Wie sagte doch Soldat Konstantin:

„...Sie sind ausgezeichnete Freunde. (...) Wir haben, ich spreche davon mit Stolz, die Freundschaft, das bedeutendste und sicherste Gefühl, gestärkt. Ich werde diese jungen Leute unterstützen, sogar schützen!" Für uns gilt, auf diesen Grundlagen weitere Projekte aufzubauen; ja sogar zu fordern, solche Projekte zum festen Bestandteil des Lehrplans zu machen. "

Bundespräsident Richard von Weizsäcker im Gespräch mit russischen Soldaten und Schülerinnen und Schülern aus Bad Iburg

Geschichte einmal hautnah erleben

Bad Iburger Schüler führten interessante Gespräche mit Zeitzeugen

Der Sender Freies Berlin erwartet uns schon. Touristen strömen gen „Unter den Linden". Unser Ziel dagegen ist das Niemandsland – vor nicht allzulanger Zeit noch ein unzugängliches Gebiet – Todesstreifen. Erinnerungen an NVA-Soldaten, Wachtürme und Todesschüsse werden in uns wach. Sergej, Student aus Moskau, formuliert, was wir alle denken: „Überlegt mal, erst der Fall der Mauer hat es uns ermöglicht, heute mit euch hier zusammenzusein."

Thomas Flügge, ein exzellenter Kenner Berlins, führt uns zu einer Anhöhe, dem Hitlerbunker. Die Alliierten vermochten ihn nach 1945 nicht

zu sprengen, man bedeckte ihn daher mit Erde.

Unsere Blicke schweifen über den Tiergarten mit der Siegessäule, über das Kulturforum (Philharmonie, Nationalgalerie ...) hin zum Potsdamer Platz, dem ehemals verkehrsreichsten Ort Europas. Nach dem Krieg wurde er zum Drei-Länder-Eck. Mit dem Mauerbau (1961) verödete das Areal vollständig, eine Kulisse der deutschen Tragödie. Unweit von hier „Topographie des Terrors", Zentrum des nationalsozialistischen Verfolgungs- und Vernichtungsapparates. Reichhaltiges Dokumentationsmaterial konfrontiert uns mit dem systematischen Völkermord an den

Juden im Dritten Reich. Betroffen und nachdenklich verlassen wir die freigelegten Mauerreste der Gefängniszellen.

Einige Schritte weiter der Konferenzsaal im Gropiusbau. Artur Brauner, Filmproduzent und Zeitzeuge, berichtet aus seinem schicksalhaften Leben während der Nazidiktatur. Erschüttert lauschen wir ihm.

Mit seinen Worten veranschaulicht er die Ausstellung über den Völkermord, ja vieles personifiziert er. Parallelen zu seinem Film „Hitlerjunge Salomon" werden uns schnell deutlich. Mit Angst verfolge er den Radikalismus in Deutschland. „Ich werde Deutschland nicht verlassen!", antwortet er fest und unerschrocken. Sorge bereitet ihm die Überheblichkeit der deutschen Jugend. Artur Brauners Resümee: „Das Projekt ist eminent wichtig. Die Jugend, die Hoffnung des Volkes, muß auf den richtigen Weg gebracht werden. Die Irregeleiteten sollen eingebunden werden. Ich wünsche Ihnen den verdienten Erfolg!"

Ortstermin Philharmonie: Der ehemalige Intendant der Berliner Philharmoniker, Dr. Wolfgang Stresemann, Sohn des ehemaligen Reichskanzlers Gustav Stresemann, begrüßt uns in seinem „Wohnzimmer", dem Kammermusiksaal der Philharmonie. Trotz seiner 1100 Plätze wirkt er wie ein kleiner Musizierraum und verbreitet eine private, vertraute Atmosphäre.

Dr. W. Stresemann, der alle politischen Epochen dieses Jahrhunderts miterlebt hat, hält uns fast drei Stunden in Spannung. Der Versailler Vertrag und Rapallo, die Machtergreifung und die Folgen des Zweiten Weltkrieges sind Schwerpunkte unserer Diskussion. „Sehen Sie heute in Deutschland eine politische oder gesellschaftliche Form, die auch Ihr Vater angestrebt hätte?" Sein Vater hätte sich für eine Stärkung des Parlaments eingesetzt, antwortet Stresemann. Er würde die heutige Politik unterstützen, vor allem im Hinblick auf eine europäische Vereinigung. Besonders interessiert sind unsere russischen Freunde an seinen detaillierten Reiseerlebnissen mit den Berliner Philharmonikern nach Moskau und St. Petersburg. Wir alle sind uns zum Schluß einig, etwas Besonderes in (Welt-)Geschichte und Musik erlebt zu haben. Doch auch er ist mit uns sehr zufrieden: „Euer Projekt ist bemerkenswert. Die Diskussion stimmt mich sehr zuversichtlich."

Wolfgang Stresemann im Gespräch mit Schülerinnen und Schülern

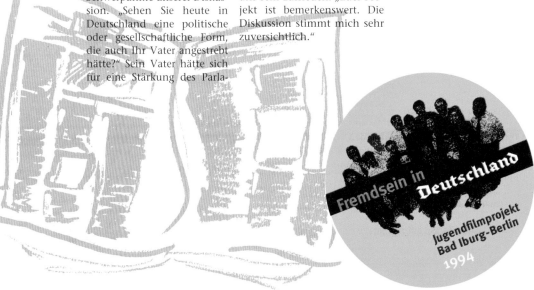

Fremdsein in Deutschland
Jugendfilmprojekt
Bad Iburg-Berlin
1994

Feindbilder fielen

Samstag abend – Grips-Theater. Donnernder Applaus. Unsere russischen Freunde und

wir überreichen den Schauspielern Blumen. Worte, Umarmungen werden ausgetauscht, Dank für eine herausragende Vorstellung des Stückes „Heimat los". Nach gut drei Stunden ist uns bewußt, daß wir gegen Fremdsein, Angst und Gewalt etwas unternehmen müssen.

Daß wir gelernt haben, Dialoge zu führen, auf Menschen zuzugehen, uns in eine Gemeinschaft zu integrieren, Hemmschwellen abzubauen, ja sogar zueinander gefunden haben, unterstreicht auch die Aussage des russischen Offiziers Piotre Swirin: „Wir haben eine gemeinsame Sprache gefunden, einander wunderbar verstanden. Wir müssen unsere Freundschaft, unsere guten Beziehungen für das ganze Leben bewahren. Wenn wir auf dieser Ebene Verständigung erreicht haben, so führt das unwiderruflich zur aktiven Zusammenarbeit unserer Länder auf allen Gebieten."

Wir haben erkannt, wie man sein Leben durch Kultur, Politik und Geschichte bereichern kann, insbesondere durch die gemeinsame Kommunikation mit Freunden und Jugendlichen unterschiedlicher Nationalitäten. So übt man Toleranz, wendet sich von Vorurteilen ab, öffnet sich für andere Denkweisen und hat den Wunsch, sich weiterzubilden. Bildung wird also nicht nur durch Wissen, sondern auch durch Gemeinschaft bestimmt."

Am Ehrenmal
in Karlshorst

Das Team
vor dem
Brandenburger Tor

Das Konzept

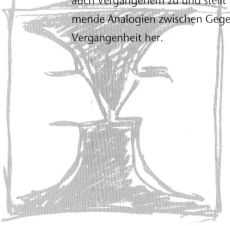

Was wollen die Jugendlichen eigentlich? Was macht sie so umtriebig in ihrem Verlangen, Zeitzeugen zu befragen und „im Spiel" (hier: per Film) sich zu vergewissern, wie es denn nun mit unserer Gesellschaft und ihrem Verhalten Fremden gegenüber bestellt ist?

Nun, ihr erstaunliches Engagement ist gekennzeichnet durch mehreres:

Da ist einmal dieser außergewöhnlich neugierige Blick auf unser Land, dem es gegenwärtig nicht erspart bleibt, sein Verhältnis zu Ausländern zu überdenken und neu zu bestimmen angesichts menschenverachtender und intoleranter Aktionen. Insofern stellt der Film eine Suchbewegung von jungen Menschen dar, die um politisches Verstehen ringen.

Bemerkenswert ist weiter, daß der Blick der Schülerinnen und Schüler nicht nur Gegenwärtiges erfaßt. Die Recherche wendet sich auch Vergangenem zu und stellt beklemmende Analogien zwischen Gegenwart und Vergangenheit her.

Zudem: Die hier in Filmsprache umgesetzte Begegnung mit dem Fremden weist eine weitere Perspektive auf, die ausdrücklich zu würdigen ist. – „Fremdsein in Deutschland" heißt nicht nur, als Ausländer in Deutschland zu leben, sondern bedeutet in der Gesamtperspektive des Films, daß auch Deutsche untereinander durchaus das Gefühl des Fremdseins erfahren haben und erfahren. Spiel- und „Tat"-Ort ist Berlin, das die Jugendlichen als Schnittstelle deutscher Gegenwart und Vergangenheit von vielen Besuchen her kennengelernt haben und das zudem nach der Wiedervereinigung seine Rolle neu zu finden hat als neue, alte Hauptstadt. Berlin – das ist das Vergangene, die Geschichte, das sind Schicksalsdaten, die auch durch eine Blutspur miteinander verbunden sind: November 1918, Januar 1933, Mai 1945, August 1961, November 1989. Berlin als künftiges politisches Zentrum: Es hat die Schüler fasziniert. Der Ort hält ihnen den Spiegel der Vergangenheit vor und läßt sie zugleich spüren, daß da eine Stadt eine neue Qualität bekommen hat.

Auf drei Ebenen versucht der Film, sich der Thematik zu nähern: Dokumentarmaterial führt in das jeweilige historische bzw. gegenwärtige Geschehen ein, Zeitzeugen werden befragt, und in selbstgeschriebenen Filmszenen zeigen die Jugendlichen Aspekte des Fremdseins aus ihrer Sicht.

1. Das Dokumentarmaterial

Zu sehen sind „die goldenen zwanziger Jahre" in Berlin, Suppenküchen, Trümmerfrauen, Mauerbauer, der Freudentanz auf der Mauer anläßlich ihrer Öffnung, Aufmärsche der neuen Rechten. Der Protest, der von der Gethsemane-Kirche ausging; ausgewähltes Dokumentationsmaterial, das durch Zeitzeugenaussagen noch lebendiger wird.

2. Die Zeitzeugen

Die Jugendlichen erfahren Geschichte unmittelbar von den Betroffenen.

„Waren die zwanziger Jahre wirklich so golden?" – Wolfgang Stresemann, Sohn des Reichskanzlers Gustav Stresemann, antwortet.

„Wie sind Sie mit der Arbeitslosigkeit umgegangen?" – Der Bildhauer Rudolf Heltzel erinnert sich.

„Wer hat Ihnen als Jude im Versteck geholfen?" – Gad Beck erzählt.

„Warum haben die Grenzsoldaten nicht einfach daneben geschossen?" – Rainer Hildebrandt interpretiert das Geschehen an der innerdeutschen Grenze.

„Gab es in der DDR Ausländerfeindlichkeit?" – Günter Schabowski antwortet.

„Wo trafen sich eigentlich die Oppositionellen in der DDR?" – Die Dissidentin Ulrike Poppe zeigt, wo die Wanzen unter der Decke lauerten.

„Für viele stellt der Fremdenhaß in Deutschland eine Bedrohung dar, wie sehen Sie das?" – Artur Brauner fordert die positiv denkende, demokratische Jugend auf, dagegen anzugehen.

Lew Kopelew wird gefragt, ob die leidens- und wechselvolle gemeinsame Geschichte jetzt überwunden werden kann. – Warnend und mahnend, begütigend und weise sagt er: „Es ist höchste Zeit, nicht nur friedlich und gewaltlos nebeneinander, sondern vielmehr fleißig und fruchtbar miteinander zu leben!"

Vor dem
Alten Museum

3. Die Spielszenen

Eine Nachrichtensendung banalen Inhalts ist Ausgangspunkt einer Szene, in der Zeitungsverkäufer verschiedener politischer Richtungen diese „Informationen" politisch für ihre Ziele umfunktionieren. Da zweifelt einer an der Charakteristik des „jüdischen Ohres" und wird von seinen hitlertreuen Mitschülern verprügelt. Da flüchtet eine über Leichen von Dresden nach Berlin und findet Unterschlupf. Da träumt eine junge Studentin vom Besuch im Westen und rennt gegen Mauern. Da wollen einige Jugendliche Kleidung ins Asylbewerberheim bringen und werden von brutalen Neonazis daran gehindert. Zwei entwurzelte Jugendliche aus Ost und West (Ossi–Wessi) führen die Gräben zwischen Deutschen vor Augen.

In ihrem Ausblick auf die Zukunft am Ende des Films wollen sich die Jugendlichen nicht festlegen und entwickeln zwei Varianten: Eine negative, in der uniformierte Radikalinskis wieder eine Mauer errichten wollen, um den „gesäuberten" Staat vor dem „Ausländerpack" zu schützen, und eine positive, die den Gedanken der Solidarität, der Hilfsbereitschaft und des Aufeinanderzugehens transportiert.

Insgesamt entstehen so vor den Augen des Betrachters die wichtigsten Aspekte jüngerer deutscher Geschichte seit den 20er Jahren, die „uns" und den jeweils „anderen" zeigen

Auszug aus dem Songtext der Jugendlichen

Hab' endlich Mut zum Handeln,
so wie keiner dich kennt.
Hab' endlich, hab' endlich Mut zum Handeln.
Stopp' doch die sinnlose Gewalt,
gib allen Fremden Halt.

Mut zum Handeln, gebrauch' deinen Verstand für eine friedlichere Welt,
wo jeder Mensch was zählt.
Nimm's einfach selbst in die Hand.

Hab' endlich Mut zum Handeln,
so wie keiner dich kennt
Hab' endlich, hab' endlich, hab' endlich Mut zum Handeln.
Stopp' doch die sinnlose Gewalt,
gib allen Fremden Halt.

Aufbruch

und vermitteln können, was wir „Identitätsbestimmung" nennen.

Das Ergebnis ist ein Film, der nicht den Anspruch erhebt, eine lückenlose Aufzeichnung der jüngeren deutschen Geschichte zu sein. Eine Patentlösung bietet der Film nicht; wohl aber zeigt sein humaner Blick Möglichkeiten eines toleranten Miteinanders auf. Mit ihrem Projekt wollen die Jugendlichen keine fertigen Antworten liefern, sondern vor allem Fragen stellen und zum Nachdenken anregen. In jedem Falle wollen sie auch deutlich machen, „daß nicht alle Deutschen klatschen, wenn Asylbewerberheime brennen".

Die Realisierung:
Vorarbeiten, Recherchen und
viel Engagement

Eine Idee haben ist das eine, sie auch zu realisieren das andere. Unermüdlichem Engagement des Projektleiters, Helmut Spiering, ist es zu verdanken, daß letztlich das Projekt dann auch realisiert wurde.

Die Vorarbeit nimmt sich mühselig aus: Recherchen in Bibliotheken waren durchzuführen, die Gespräche mit den Zeitzeugen vorzubereiten, und das Dokumentationsmaterial war zu sichten.

Wie aber vermeidet man – und darüber waren die Jugendlichen sich klar – einen allzu laienhaften Ansatz, wenn man vorher mit dem Medium Film noch nichts zu tun hatte? Weitreichende professionelle Unterstützung war gefragt. Einblicke darin geben die Beiträge von Wolfgang Kolneder (S. 28–30) und Uwe Zerbe (S. 31–35).

Bei den Proben schaute der DEFA-Regisseur Horst Seemann zu. Die Arbeit überzeugte ihn, die Jugendlichen hatten ihren Regisseur gefunden. Nach einmonatiger Vorbereitungsarbeit war nun der Zeitpunkt zur filmischen Umsetzung gekommen. Requisiten mußten her, Drehorte gefunden werden. Aber selbst das war noch nicht alles: Emphase und Eifer machen nicht satt, schaffen keine Unterkünfte, liefern keinen Strom für die Dreharbeiten und füllen keinen Autotank, um den Drehort zu erreichen. Nicht zu reden von den Kosten für den Drehstab, das Filmmaterial und die Rechte, Musikproduktion, Dokumentationsmaterial und so weiter. In unermüdlicher Arbeit und Aufopferung wurden schließlich doch genug Sponsoren gefunden, und das in der Freizeit und in den Ferien.

Das Ergebnis: Ein Beweis dafür, daß sich Jugendliche, wenn sie motiviert sind, auch für eine aktuelle und politisch brisante Problematik engagieren und Position beziehen.

Die „Trümmerszene" entsteht

Der Film aus Sicht der jugendlichen

Darstellerinnen und Darsteller

Wir wollten Zeichen setzen

Christiane Ketteler und Sebastian v. Koppenfels, zwei der jugendlichen Schauspieler aus Bad Iburg, äußern sich zur Entstehung des Filmprojekts und zu seiner Zielsetzung.

Wir erinnern uns an den langen Weg, der zu diesem Ziel führte:
Fasziniert durch die Filmwelt Babelsberg und tief beeindruckt durch die intensiven Gespräche mit Zeitzeugen in Berlin, entstand die Idee, einen Film zu drehen.
Letztendlich gaben die schrecklichen Ereignisse in Hoyerswerda, Rostock und Mölln uns den letzten Anstoß dazu. Da mußte reagiert werden, wir wollten Zeichen setzen.

Der Regisseur
bei der Arbeit

ausreichend mit unserer gemeinsamen Geschichte auseinandergesetzt?
Jetzt hieß es „forschen, fragen, lernen".
Gruppen bildeten sich und machten sich auf Spurensuche. Freizeit wurde gern geopfert. Aber was heißt „geopfert"? Wir wollten suchen und finden. Da war kein Gefühl des Zwanges, keine langweilig-trockene Arbeit. Uns allen lag besonders eines am Herzen: Das Einbinden von Zeitzeugen. Erst dadurch entdeckte man die Realität, begegnete man persönlichen Schicksalen, was unweigerlich zu einem besseren und intensiveren Verständnis führte. Antworten nahmen langsam Gestalt an. Der Aufenthalt in Bibliotheken und die Arbeit mit dokumentarischem Material erweiterten unseren Horizont.
Nach ca. 2 Monaten lag erstmals ein Konzept zum (damaligen) Textbuch „Berlin – gestern, heute, morgen" vor.
Am Abschlußabend eines Projektes in Berlin weilte Wolfgang Kolneder, Regisseur am Grips-Theater in Berlin, unter uns. Wir informierten ihn über unser Vorhaben, Kolneder zeigte sich begeistert.

Werden die tiefen Wunden, die diese Brandanschläge rissen, heilen? Warum verhalten sich Menschen derart kaltblütig und grausam? Haben wir aus der Geschichte denn gar nicht gelernt? Tausende von Fragen schwirrten in unseren Köpfen, Fragen, aber keine Antworten. Haben wir uns selbst eigentlich

Er bot uns seine persönliche Unterstützung an. Bald darauf folgte auch schon die Rückmeldung mit entsprechender Textkommentierung. Da haben wir erst begriffen, in welchen Kinderschuhen das Projekt noch steckte: Die Texte waren zu gestelzt, Handlungen nicht eindeutig, vielfach fehlte das gedankliche Fundament. Weitreichende professionelle Unterstützung war gefragt. In den Weihnachtsferien arbeitete Wolfgang Kolneder mit uns an dem Projekt.

Uwe Zerbe, Schauspieler, erklärte sich bereit, uns in den Osterferien zum schauspielerischen Fundament zu verhelfen. Eine Woche kostenloser Schauspielunterricht: Hartes Proben, das manchem die Tränen in die Augen trieb. Immer wieder die Erkenntnis vor Augen, wie unfähig bzw. unreif man eigentlich noch war.

Bei den Proben beobachtete uns auch der bekannte Defa-Filmregisseur Horst Seemann, der besonders in den neuen Bundesländern großes Ansehen genießt. Unsere Arbeit überzeugte Seemann. Somit hatten wir unseren Regisseur gefunden. Nach 18monatiger Arbeit war ein Weg zur filmischen Darstellung geebnet.

Doch ein Schuh drückte noch: Die Finanzierung. Zunächst von uns als Lappalie abgetan, „für solch ein Projekt würde man schon Sponsoren gewinnen", erwies sich dies jedoch als echtes Hindernis. Reges Interesse und Zuspruch bekundeten fast alle, doch nur wenige leisteten einen finanziellen Beitrag. Aber wir haben es geschafft.

Dieser Film soll Denkanstöße geben und eben diesen (unseren) Prozeß auch mög-

lichst bei anderen auslösen. Das Anreißen und Aufmerksammachen auf Probleme ist genauso Thema, wie die Aufforderung an andere Jugendliche, ihre Freizeit sinnvoll zu gestalten und kritisch die Gegenwartsprobleme zu hinterfragen. Wir selbst haben unvergeßliche Erfahrungen gemacht, tatsächlich für unser Leben gelernt:

Daß man Konflikte wirklich auch konstruktiv nutzen kann und daß man selbst auch ein kritisches Selbstbild bekommt und bewußter, also kritischer in die Welt geht und versucht, solche Werte wie Toleranz und Zivilcourage auch tatsächlich zu realisieren. Obwohl ein gehöriges Maß an Selbstdisziplin erforderlich war und man eigene charakterliche Schwächen schmerzhaft erkannte und bekämpfte – vergessen wir nie die Freude, die uns dieses Projekt bereitet hat.

Wir hoffen, es ist so realitätsnah, persönlichkeitsbezogen und glaubhaft ausgefallen, daß es vor allem junge Zuschauer anspricht.

Wie leicht es ist, sich im Geschrei der anderen zu vergessen

Bei der Entstehung der Rechtsradikalenszene galt es, das Unfriedliche, das Brutale zu erfassen und es realitätsnah wiederzugeben. Dazu mußten nun die Hintergründe eines solchen, für uns unverständlichen und von uns nie erfahrenen Handelns genau erörtert werden. Dies geschah mit Recherchen in Büchern, Zeitungen und Filmen, mit selbst erdachten Problemstellungen und – natürlich in den Improvisationsproben.

Schon bald stellte sich jedoch heraus, daß wir durch die große Distanz zur wirklichen Problematik zu oberflächlich und realitätsfern gearbeitet hatten.

So wirkten die von uns in sauberen Jeans und frischgewaschenem Pullover gespielten Rechtsradikalen eher lächerlich als gefährlich. Die Dialoge waren viel zu lieb und glichen eher einem Disput als einer Auseinandersetzung, in der Höflichkeit, Rücksicht und oppositionelle Meinung keinen Wert haben.

Clemens Walther, der „Täter", denkt nach über die Problematik, die sich ergibt, wenn man etwas darstellen soll, was man nicht ist.

Auf dem
Potsdamer Platz

Der Griff in die Kiste der Schimpfworte allein genügte auch nicht, und so mußten Armeehosen, Stiefel und Schlagwerkzeuge aller Art herhalten. Damit schienen wir auf dem richtigen Wege – alles wirkte viel echter und gefährlicher.

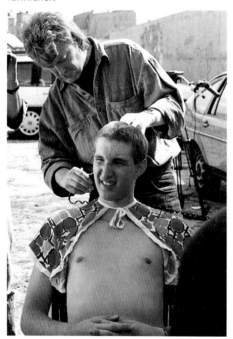

Die neue Rolle

Den Höhepunkt an Echtheit und Gefährlichkeit erreichten wir letzten Endes beim Drehen selbst: Die neu geschnittenen Glatzen, die aufgeklebten Tatoos, die echten Fliegerjacken und echten Springerstiefel und natürlich die Waffen verfehlten ihre Wirkung nicht. Schon bei den Drehproben stellte sich heraus, daß sich die Gruppe dermaßen in ihre Rolle hineinsteigerte, daß selbst die Schreie der Aufnahmeleitung durch ihr Gebrüll übertönt wurden.

Jedem gelang es auf einmal erstaunlich leicht, das innere Tier herauszulassen, von dem er dachte, daß es bei ihm überhaupt nicht existiert. Da geschah es zum Beispiel, daß der eine viel zu nah vor dem Gesicht des anderen mit seinem Springmesser herumfuchtelte und der andere vor lauter Brüllen seine Stimme verlor.

Im Nachhinein können wir sagen, wie erschreckend das alles war und wie leicht es ist, sich im Geschrei der anderen zu vergessen und die Kontrolle über sein Handeln zu verlieren.

Auf das anschließende „Ihr wart gut" vom Regisseur reagierten einige von uns daher etwas nachdenklich und fragten sich: „Warum gerade in dieser Szene?"

Menschlichkeit mit handfesten Argumenten untermauern

Die Sonne brennt; der sandige Platz, die aus Beton gefertigten Hochhäuser verkörpern eine erschreckende Leblosigkeit, Einöde und Langeweile, aber zugleich geht eine gewisse Spannung, Aggressivität davon aus.

Es staubt. Ständig werden Getränke nachgekarrt. Jeder ist irgendwie ausgelaugt und erschöpft. Diese Gegend hier vermittelt wirklich alles andere als Kreativität, Wärme und Lebenslust.

Plötzlich wenden sich die Blicke nach rechts, in die Richtung, aus der die Rufe schallen: „Sieg Heil! Deutschland den Deutschen, Ausländer raus! Zecke verrecke …"

Wir sind irritiert, bekommen eine Gänsehaut. Die Rufe hämmern in unseren Köpfen. Ist das Realität oder Film?

Und dann nähern sich diese zu häßlichen Fratzen verzogenen Gesichter. Abscheu, Bedrohung – hinter dem aggressiven und erschreckend lauten Rumgegröhle hört man das metallene Geräusch der Klappmesser, das Klatschen der Hände auf die Baseballschläger. Und dann die kahlrasierten Köpfe, die wuchtigen Springerstiefel, die mit Hakenkreuzen beschmierten Bomberjacken …

Die Horde schreitet zielstrebig auf die vor dem Flüchtlingsheim stehenden Jugendlichen zu.

Wir beobachten diese Szenerie nur als Zuschauer, haben Distanz, sind nicht die unmittelbar Bedrohten. Und trotzdem fühlen wir uns unwohl, sind einfach irritiert.

Was empfinden diejenigen, die Teil dieser Szene sind, die eine Rolle spielen?

Anschließend sitzen wir mit den Akteuren und Akteurinnen dieser Szene zusammen. Jeder ist irgendwie befangen, aber jeder scheint das Bedürfnis zu haben, über das, was da eben inszeniert worden ist, zu reden. Einer der Schauspieler, Michael, fängt an zu erzählen: „Ich hatte verdammte Angst! Irgendwie hab' ich mich erst jetzt, als diese Horde Rechtsradikaler um die Ecke gekommen ist, mit meiner Rolle wirklich identifiziert. Es war einfach nicht nur Film, es war so erschreckend realistisch."

Damit spricht er wohl das aus, was den meisten durch den Kopf geht.

„Als ich diese Rufe gehört hab', hab' ich so eine Panik gekriegt. Und dann, als Clemens mir mit dem Messer, auch wenn es nur die stumpfe Seite war, durch das Gesicht gefahren ist, das war am schlimmsten. Ich hatte wirklich Angst, obwohl ich eigentlich Vertrauen zu ihm habe. Ich dachte: Mensch, sind das jetzt echte Aggressionen, oder ist es nur gespielt? Als dann noch der Sand in meinen Mund geschmiert wurde, da hab' ich echt überlegt, ob ich zurückschlagen soll. Diese scheiß Hilflosigkeit … Man steht da, den anderen physisch ganz klar unterlegen, die Polizei kommt nicht, keiner scheint etwas von dem Vorfall mitzubekommen, und man fragt sich die ganze Zeit: ‚Was tun, was verdammt noch mal tun?' Neben der Angst hat sich ein so großes Aggressionspotential gegen die Horde Rechtsradikaler aufgebaut – manchmal dachte ich, ich verliere die Kontrolle."

Ich frage ihn, warum er sich ausgerechnet diese Rolle ausgesucht hat.

Die Rolle hat mich gereizt, weil ich eine solche Situation noch nicht erlebt habe, ich meine diese extreme Bedrohung. Die Unsicherheit, diese schwankende Position, die der ‚Film-Michael' hat, die hat bestimmt jeder schon mal erlebt. Gerade bei diesem Thema mußte ich mir selbst klar machen, wo ich

Aus der Perspektive des „Opfers": Christiane Ketteler im Gespräch mit Michael Rindermann.

Kulisse ist ein Bauarbeitercontainer, der von uns zu einem Flüchtlingsheim umfunktioniert wurde.

eben schnell alle in einen Topf, fragt nicht nach Hintergründen, überträgt das auch nicht auf die Deutschen. Wenn ich überlege, mit wievielen Deutschen ich schon schlechte Erfahrungen gemacht habe … Jedenfalls mach' ich mir darüber jetzt viel mehr Gedanken.

Worüber?

Na, über die Vorurteile und darüber, daß ich mich dadurch habe beeinflussen lassen, was andere Leute behaupten. So wie der ‚Film-Michael' von seinem Bruder beeinflußt und eingeschüchtert wird.

Findest Du den Ablauf bzw. die Entwicklung der Szene o. k., oder hättest Du lieber was verändert?

Weiß nich' genau; ich hab' mir vor dem Dreh immer gedacht, man könnte so was wie' ne Diskussion mit den Faschos einbauen. Beim Spielen der Szene, besonders beim Dreh, hab' ich gemerkt, daß die Chance einfach nicht gegeben war, es wäre nicht möglich gewesen. Es ist völlig unrealistisch, in dieser Situation, die so mit Haß und Aggressivität geladen ist, zu diskutieren. Und dann hab' ich weiter überlegt, ob ich überhaupt argumentativ in der Lage gewesen wäre, diesen Kerlen den Wind aus den Segeln zu nehmen. Mit meinen damaligen Kenntnissen wäre das nicht möglich gewesen.

stehe. Das hat mich nachdenklich gestimmt, weil ich gemerkt habe, wie wenig aktiv ich mich bisher auf eine bestimmte Seite gestellt habe.

Heißt das, daß Du vielleicht mit einigen Sprüchen und Klischees der Faschos sympathisiert hast?

Nein. Theoretisch ist die Abgrenzung zu denen relativ klar, aber wenn man dann so, wie der Michael im Film, vor denen steht, man Angst hat – auch Angst vor dem Bruder, der schließlich gesagt hat, Ausländer sind Aseks, dann muß das ja auch stimmen –, dann ist das schon was anderes. Man hat einfach Angst um die eigene Existenz, dann will man plötzlich doch den Kopf aus der Schlinge ziehen.

Du hast eben erwähnt, daß Du Dich total mit Deiner Rolle identifiziert hast; auch mit diesem einen Satz: ‚Aseks und Kriminelle, da geh' ich nich' hin' usw.?

Ja, da hab' ich mich damit identifiziert. Ich hab' mich selbst darüber erschrocken. Aber plötzlich kommen die ganzen Vorurteile, die du liest und hörst, in dir hoch. Und ich persönlich hatte auch schon 'mal negative Erfahrungen mit Ausländern gehabt. Da wirft man

Warum hast Du Dich dann nicht auf die Seite der Faschos geschlagen?

Das, was ich dort getan habe, ist aus reiner Menschlichkeit geschehen, aus dem Gefühl heraus eben. Nie hätte ich mich zu den Faschos gestellt, geschweige denn ein Haus anzünden können. Aber für mich kommt es jetzt darauf an, diese Menschlichkeit mit handfesten Argumenten zu untermauern. Das ist mir bewußt geworden. Denn meine Menschlichkeit mag für diesen Augenblick nützlich gewesen sein, aber danach rennen die Faschos doch wieder zu ihren Drahtziehern und lassen sich von deren stumpfsinnigem Nationalgefasel einlullen. Wenn ich Argumente habe, dann heißt das, daß ich meine eigene Position festige und vielleicht die, die auf der Kippe stehen und noch nicht so fest in die Fascho-Strukturen eingebunden sind, daß ich die Leute überzeugen kann. Was mir persönlich auch nicht so gut an der Szene gefällt, ist, daß ich mich so schnell wende; vom ‚Drückeberger zum Menschlichkeitsverfechter' sozusagen. Ich glaube, man braucht länger; es ist ein Prozeß, ehe man zu einer klaren Position kommt. Andererseits geht es hier tatsächlich um reine Menschlichkeit, wo man wirklich nicht lange überlegen sollte und darf.

Ich weiß nicht, ob ich tatsächlich glaubwürdig und natürlich gespielt habe, aber ich hatte schon das Gefühl, nicht nur etwas aufgesetzt und künstlich zu spielen, sondern ich habe es nachempfunden.

Meinst Du, daß Du durch dieses ‚Nachempfinden' sensibler für die Realität geworden bist?

Bestimmt, das war auch schon bei den Proben so. Ich habe parallel dazu von einem Anschlag auf ein Asylbewerberheim gehört; es war für mich nicht nur irgendein Anschlag, sondern es hat mich echt betroffen gemacht, und es hat in mir eine Wut erzeugt, die ich noch nie so intensiv empfunden habe. Vielleicht liegt das daran, daß ich diese Bedrohung annähernd nachvollziehen konnte.

Wie würdest Du in der Realität reagieren?

Ich möchte hinter dem stehen, was ich sage und denke. Aber trotzdem kommt man sicherlich immer wieder in den Zwiespalt ‚Angst um die eigene Existenz' oder ‚Einsetzen für die Menschlichkeit'. Man muß die Angst so weit überwinden, bis man fähig ist zum Handeln; aber Restangst bleibt immer. Wenn man merkt, daß man Verantwortung trägt, das gibt Mut: Daß man nicht sprachlos und ohnmächtig dastehen darf, daß man selbst, als Individuum, aktiv werden muß. Dieser Film hat mich jedenfalls nicht nur aufmerksamer gemacht, sondern mir auch Mut und Selbstvertrauen gegeben, zum Beispiel am Anfang: Da wollte ich für keine 1000 DM vor die Kamera. Ich hatte einfach keinen Mut. Ich hätte lieber Bühnenbild oder Ton gemacht. Aber dann war da eben noch die eine unbelegte Rolle, und alle haben gesagt: ‚Mensch, probier' das doch einfach mal!' Und dann hab' ich tatsächlich die Rolle gespielt.

Ich bin mir sicher, daß ich mir jetzt mehr zutraue als vor dem Filmprojekt. Ich hab' mehr Mut und Selbstvertrauen, Aufgaben zu übernehmen, Verantwortung zu tragen und auch mal NEIN zu sagen.

Im Alltag schwächt sich dieses Selbstvertrauen aber oft ab, weil ich, wie in der Szene, Angst vor der Reaktion der anderen habe. Ich fürchte mich dann davor, von ihnen rhetorisch oder körperlich ‚plattgemacht' zu werden.

Aber aus der Filmerfahrung und der damit zusammenhängenden Arbeitsatmosphäre habe ich einen schärferen Blick dafür gewonnen, wo es im Alltag noch fehlt.

Ich meine zum Beispiel Rücksichtnahme, Toleranz und Unterstützung. Ich möchte die Erfahrungen, die ich beim Filmprojekt gemacht habe, auch im Alltag umsetzen und durchsetzen.

Die Kolonne formiert sich.

Die Botschaft des Zeitzeugen herausheben

Christiane Ketteler berichtet über ihre Gesprächserfahrungen mit Zeitzeugen.

„Wir befinden uns hier in der Hamburger Straße, die auch Toleranzstraße genannt wird. Können Sie mir sagen, warum diese Straße so heißt und was das für Sie persönlich bedeutet?"

Das ist also meine Frage.

Nun stehen wir da, vor der jüdischen Schule, dem ehemaligen Gestapo-Hauptquartier, und 60 cm von mir entfernt lehnt ein kleiner

Aufnahme des Gesprächs mit Gad Beck

Mann mit einem sympathischen, regen Gesichtsausdruck an einem Baum. Es ist Gad Beck. In dieser Situation begegne ich ihm zum ersten Mal. Diese Konfrontation läßt in mir eine gewisse Hilflosigkeit und Unsicherheit aufkommen. Was denken und fühlen wohl die anderen? Rechts neben mir lauert die Kamera, dahinter prüft der Regisseur die Einstellung, und dann sind da noch diese grellen Lichtstrahler. Und eine Vielzahl an Leuten – die Filmcrew und Schaulustige.

Es ist der erste Drehtag. Merkwürdig angespannte Stimmung, Nervosität.

Wir unterhalten uns; Gad Beck erzählt irgendetwas über Zahnprothesen und über das Wetter: Es regnet. Dann erzählt er plötzlich etwas über diese Straße, dann über Erlebnisse, die über diese Straße hinausgehen. Wir stehen gebannt da, keiner wagt zu husten, geschweige denn zu reden.

Irgendwann heißt es: „So, die Wolken sind weg, wir können drehen!" – Herzklopfen, feuchte Hände; warum muß ich verdammt noch mal die erste Frage stellen?

Wie soll ich sie überhaupt vor der Kamera stellen?

Wie soll ich denn diesem Menschen, der so unermeßliches Leid erfahren hat, begegnen? 10 Minuten später, nach einer kurzen Vorbereitungsphase, geht es los. Motivierend und beruhigend, ja vertrauenerweckend wirkt das Lächeln auf dem Gesicht Gad Becks.

Die erste Klappe fällt.

Ich spüre die Erleichterung in mir, als die Frage endlich raus ist.

„Nein, viel zu schnell! Langsamer sprechen, und mach nich' so ein grimmiges Gesicht!" – so der Regisseur.

Zu schnell? Quatsch, ich hab ganz gewöhnlich gesprochen. Grimmiges Gesicht? Quatsch, ich war doch ganz freundlich. Eigentlich. Mhm. Und außerdem gehen mir jetzt tausend andere Fragen und Gedanken durch den Kopf, aber ganz bestimmt nicht, WIE ich spreche!

Nach der dritten Klappe haben wir es geschafft: Die erste Frage ist im Kasten. Pause, besser: Drehpause.

Unter uns kommt eine Diskussion auf: „Was hinterläßt dieses Fragen denn für einen Eindruck? Wirkt das nicht viel zu gekünstelt?" Später bemerken jedenfalls auch die anderen Fragestellerinnen, daß sie nicht so gesprochen haben, wie es im Alltag üblich ist. „Die Jugendlichen, die uns sehen, müssen doch denken, wir wären brave, liebe Musterschülerchen." Daraufhin sprechen wir mit unserem Regisseur Horst Seemann über unsere Empfindungen und Meinungen.

Als Resultat ergibt sich eine klare Übereinstimmung mit dem Konzept des Regisseurs. Und das nicht unbegründet:

Zum einen wird der Spielfilmcharakter durch diese Art der Darstellung nicht gebrochen. Zum anderen, und das ist viel entscheidender, verwirklicht sich hier eine weitere Intention:

Die präzise und pointiert langsam gesprochenen Fragen stellen nicht nur die Bedeutung der Fragen an sich heraus, sondern lassen eine Ruhe entstehen, die Zeit und Raum läßt für ein konzentriertes und den Zeitzeugen würdigendes Zuhören.

Genau das wollten wir eigentlich erreichen: Das Zurücknehmen der eigenen Person, der eigenen Lautstärke, um die Botschaft des Zeitzeugen herauszuheben.

Und selbst mußten wir zur Kenntnis nehmen, daß diese Form des Zuhörens längst eine Besonderheit im oftmals aggressiven Video-Clip-und-Werbungsalltag ist.

Diese Konzentration und Ruhe fällt einem wahrlich nicht schwer, wenn ein Mensch über sein Schicksal, seine weitreichenden Erfahrungen, seine tiefgreifenden Eindrücke und seine Einschätzungen berichtet. Was uns hier vermittelt wird, ist mit keiner aufgezwungenen Konzentration aufzuwiegen. Es macht Spaß zuzuhören, es ist interessant,

Gedenkstein in der Großen Hamburger Straße

spannend, und das stundenlang, tagelang. Denn man hat nicht das Gefühl, etwas diktiert zu bekommen. Hier soll nichts eingetrichtert werden, was abstrakt und unpersönlich ist; wir stoßen nicht auf kalte Zahlen und nüchterne Berichte, wie dies oft in Geschichtsbüchern zu finden ist, sondern wir begegnen einer Persönlichkeit. Es entwickelt sich ein Gesprächsraum, in den jeder bzw. jede mit einbezogen wird.

Für einige mag diese Fragetechnik eine „Gestelztheit bzw. Künstlichkeit" in sich bergen, für uns verdeutlicht sie das besondere, respektvolle Verhältnis zu den Zeitzeugen, die so offen erzählt haben und sich vor allem Zeit für uns genommen haben, so wie es heute keineswegs mehr selbstverständlich ist.

Aus der Probenarbeit

Wolfgang Kolneder berichtet.

Zur Person:
Wolfgang Kolneder, geb. 1943 in Graz (Österreich), seit 1969 in Berlin, Lehrer an der Freien Universität Berlin und der Hochschule der Künste, Regisseur am GRIPS-Theater (u. a. „Das hältste ja im Kopf nicht aus", „Die schönste Zeit im Leben", „Alles Plastik", „Eine linke Geschichte", „Voll auf der Rolle, Linie 1" u. a.); seit 1982 freier Regisseur in der BRD, Kanada, Brasilien, Norwegen, Irland, Hongkong, Indien, Japan; 1988–1992 Intendant des Nordland-Theaters in Norwegen.

Wenige Menschen kennen sich in Berlin besser aus als Helmut Spiering aus Bad Iburg. Seit Jahren kommt er mit Schulklassen sowie Studenten nach Berlin und bietet den Jugendlichen ein atemberaubendes Programm. Ob Theater, Oper oder Philharmonie, ob Museum oder Ausstellung – er schleust sie rein! Eine Vorstellung kann noch so ausverkauft sein – er treibt Karten auf. Wie er das macht, ist sein Geheimnis, er läßt einfach nicht locker. Er ist ein begeisterter Pädagoge. Diese Begeisterung überträgt sich auf die jungen Menschen. Als er mich eines Tages zur Abschlußfeier eines Seminarprojektes in eine Kneipe einlud, hatte er einen Hintergedanken: Einige Schüler kamen auf mich zu und erzählten, daß sie an einem Drehbuch zu einem Film arbeiteten und ob ich ihnen eine Beurteilung dazu geben könnte. Das Material war verblüffend gut – und schon war ich in das Projekt hineingezogen, nicht nur als schriftlicher Berater, sondern als Lehrer, Tutor, Freund.

Die Ideen waren gut, aber die Dialoge meist sehr hölzern. Deshalb schlug ich einen Workshop vor, in dem wir, ausgehend von den geschriebenen Dialogen, die Szenen improvisierend erarbeiteten, was teilweise auch zu sehr weitgehenden Veränderungen der dramaturgischen Struktur der Szenen führte. Wie immer in der Arbeit mit begeisterten Amateuren, war das Gefälle der schauspielerischen Talente riesig. Deshalb machten wir einige grundsätzliche Schauspieler-Übungen. Ich will zwei davon hier kurz erläutern.

Das Ball-Spiel

Benötigt werden ein großer Ball, möglichst aus Schaumgummi, und zwei bis vier kleinere Bälle, Tennisbälle, Hartgummibälle o. ä. Die Teilnehmer stehen im Kreis. Ein kleiner Ball wird von Teilnehmer zu Teilnehmer geworfen, nachdem Augenkontakt stattgefunden hat, d. h. der Ball darf erst geworfen werden, wenn der Empfänger durch Blickkontakt darauf vorbereitet ist, den Ball zu fangen. Dann sucht er einen nächsten Partner, dem er den Ball zuwerfen will. Der Ball steht stellvertretend für einen (gedachten) Satz, wie zum Beispiel „Guten Morgen", „Wie geht es dir?", d. h. die Spieler haben einen „Ball-Dialog" miteinander. Dann werden weitere (kleine) Blickkontakt-Bälle ins Spiel gebracht: Bei 15 Teilnehmern am besten drei (nach längerer Übung auch vier) Bälle, die dann gleichzeitig durch die Luft fliegen.

Dann wird der größere (weiche) Ball ins Spiel gebracht: Er ist der „Herzschlag-Ball". Er wandert, ohne Blickkontakt, reihum von einem Spieler zum andern, und zwar möglichst im Takt, daher: „Herzschlag". Dieser Ball hat absolute Priorität: Der Rhythmus des Herzschlags soll unter allen Umständen eingehalten werden. Jeder Spieler muß also

Bei der Probenarbeit
mit Wolfgang Kolneder

neben dem Blickkontakt (mit den kleineren Bällen) aus dem Augenwinkel den Herzschlag-Ball beobachten und notfalls den versuchten Blickkontakt für einen Moment aufgeben, um den Herzschlag am Leben zu erhalten. Jeder Spieler hat die Möglichkeit, die Richtung des Herzschlag-Balles zu ändern, indem er „Wechsel" ruft.

Es soll die Fähigkeit geübt werden, individuelle Entscheidungen zu treffen („Wem werfe ich den Ball zu?", „Warum schaut der mich nicht an?"; ich sehe mich um: „Will mir jemand einen Ball zuwerfen?", „Will jemand Blickkontakt mit mir?") und gleichzeitig kollektiv zu handeln, gleichberechtigter Teil der Gruppe zu sein. Im Lauf des Spiels sollte jeder Spieler mindestens einmal Blickkontakt mit jedem anderen Spieler gehabt haben.

Wenn die „Temperatur" der Gruppe „stimmt", wenn alle eine Balance zwischen individuell und kollektiv gefunden haben, kann der Rhythmus des Herzschlags erhöht werden, der Ball läuft schneller, er kann zur „heißen Kartoffel" werden, die man nur so kurz wie unbedingt nötig in der Hand hält. Aber der Rhythmus sollte auch dabei eingehalten werden. Das ist eine gute Übung, um die Schauspieler vor einer Probe in Temperatur zu bringen.

Das Requisiten-Spiel

(Requisiten sind im Theater alle beweglichen Gegenstände, die ein Schauspieler in die Hände nehmen kann: also Geschirr, Schreibgegenstände, Rauch-Utensilien, Waffen usw.) Die Mitglieder der Gruppe stellen sich wieder im Kreis auf, jeder hat ein Requisit in der Hand (es sollte unzerbrechlich sein). Der Leiter der Gruppe zählt im stetigen Rhythmus 1 - 2 - 3 - 4 - 1 - 2 - 3 - 4 … Bei 4 wirft jeder Spieler das Requisit in die Luft zu seinem Partner zur Rechten. Fast gleichzeitig fängt er das Requisit, das von links geworfen wurde. Der Leiter kann „Wechsel" rufen, dann ändert sich die Richtung, d. h. die Requisiten werden nach links geworfen. Hat ein Spieler sein Requisit nicht rechtzeitig fangen können, ruft er „Aus", d. h. seine ehemaligen Partner zur Rechten und Linken sind jetzt unmittelbare Partner geworden, sie rücken enger zusammen, schließen die Lücke, die der das Spiel verlassende Spieler erzeugt hat: Der Abstand zwischen allen Partnern sollte immer gleich groß sein. Der Spieler, der für eine Weile nicht mitgespielt hat, kann wieder einsteigen, indem er rechtzeitig „Ein" ruft, und mit seinem (eventuell neuen) Requisit sich zwischen zwei Partner stellt. Das muß nicht an derselben Stelle geschehen, wo er vorher gestanden hat, d. h., jetzt haben zwei ehemalige Partner einen neuen Partner, dem sie Platz machen müssen. Dieses „Aus"-„Ein" geschieht auch, wenn ein Spieler entweder zwei Requisiten in den Händen hat oder gar keines (das passiert manchmal, wenn Spieler das Kommando „Wechsel" nicht mitbekommen haben und versehentlich in der gleichen Richtung weiterwerfen).

Dabei kommt es nicht darauf an, wer den Fehler gemacht hat. Alle Schuldzuweisungen während des Spiels sind strengstens untersagt. Ein Spieler kann nur Teil der Gruppe sein, wenn er einen Gegenstand in Händen hat. Jeder Spieler kann auch mit seinem Gegenstand „Aus" sagen, also die Gruppe kurzzeitig verlassen, weil er andere Partner suchen oder ein neues Requisit ins Spiel bringen will. Der Leiter kann die Frequenz ändern, indem er rechtzeitig ankündigt, daß jetzt auf drei oder zwei geworfen werden soll.

Die Spieler sollen lernen, Teil einer Gruppe zu sein, den Herzschlag der Gruppe um jeden Preis beizubehalten. Sie sollen lernen, sich auf die unterschiedlichsten Gegenstände zu konzentrieren: klein, groß, schwer, leicht,

einfach oder kompliziert zu werfen oder zu fangen ... Jeder Gegenstand hat den gleichen Wert, ob er einem angenehm ist oder nicht. Ein häufiger Fehler ist, daß Spieler sich nur auf das Fangen konzentrieren, d. h. ihr Requisit mehr oder weniger wegwerfen. Nein: Der Spieler soll sich darauf konzentrieren, sein Requisit dem anderen als „Geschenk" zuzuwerfen, so daß dieser es leicht fangen kann. Wenn jeder das tut, kann er sich darauf verlassen, daß auch sein „Werf"-Partner sich die gleiche Mühe gibt und er es leicht fangen kann. Geübt wird das „Geben und Nehmen", eine schauspielerische Grundtechnik, und der „Respekt" vor allen Teilnehmern und Gegenständen.

Bad Iburg im Teutoburger Wald

Diese und andere Übungen machten wir in den Weihnachtsferien 1993 in Bad Iburg. Es war wunderbar zu erleben, wie eifrig und begeistert alle Schüler ihre Ferien opferten, um für ihr Projekt zu arbeiten. Ich verdanke ihnen herzerwärmende Erfahrungen!
Als ich zu ihnen stieß, fand ich vor: spröde Texte, machbar, aber holzig.
Als ich ging, spürte ich, wie die Texte durch die Spieler zu leben begannen.
Dazwischen harte Arbeit für alle.
Mein Leitsatz: „Der Schauspieler ist ein Mensch, der seine Kindheit in die Tasche gesteckt hat und damit auf Wanderschaft geht."

Charlottenburg · Bad Iburg · Partnerstadt von Berlin-
Königin Sophie Charlotte geb. in Bad Iburg

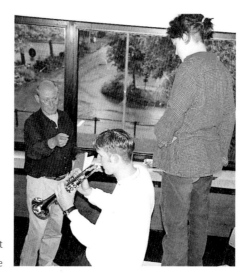

Schauspielunterricht
mit Uwe Zerbe

Ein Ausbildungstag

Mein Auto quälte sich von Fredersdorf nach Charlottenburg. Auch die ich erreichen wollte, waren neugierig, litten aber noch unter den Nachwirkungen der vorabendlichen Erlebnisse des Berliner Nachtlebens. Müdigkeit! Mein Erscheinen löste heftiges Treiben im Hause aus. Man sammelte sich. Erwartungsvolle Augen hingen an meinen Lippen. Der Tagesplan, mit rigoroser Stringenz erstellt, erzeugte Verkrampfung bei den südländische Toleranz erwartenden Schülern.

Meine erste Aufgabe:
Diesen Krampf lösen, die gegebene Situation ausnutzen und sich kennenlernen.
„Judenszene":
Beginn eines 7–8 stündigen Arbeitstages. Sebastian, Susanne, Nils und Henrik. Erstes Angebot: Totales, sehr von sich überzeugtes Laienspiel mit absoluter Selbstdarstellung, fern von jedem Anliegen der Szene. Man tönte, schrie, wippte verlegen und sah gut aus, spielte irgendwelche Typen und stand meilenweit daneben.
Es war grausig, aber ich liebe sie noch heute.

Meine zweite Aufgabe:
Das Beste raussuchen, das Schlechte vergessen machen.
Mein Konzept:
1. Spielfreude ausnutzen, Phantasie in die richtige Bahn lenken.

2. Bewußtmachen des falschen Rollenspiels durch Beispiele aus dem täglichen Leben.
3. Wieder zu sich selbst zurückfinden.
4. Ausschalten der Fehlerquellen.
5. Bereicherung der Rolle durch Wissen (Rollenbiographie).

Uwe Zerbe über seinen Lebenslauf:
„Nach einigen Irrungen wie Oberschule und Feinmechanikerlehre ging ich gegen den Willen meiner Umgebung zur Schauspielschule nach Leipzig, die ich 1971 am Studio in Chemnitz beendete.
Als frisch geformter Schauspieler setzte ich mich in Cottbus erfolgreich gegen mein Publikum durch. Zu meiner Freude sah ich bald meinem wundersamen Aufstieg an das Leipziger Theater entgegen, an dem ich in einigen fragwürdigen Besetzungen wesentliche Rollen spielte. Meine Erfolge veranlaßten mich, nach Berlin zu gehen. Ich drohte, „freischaffend" zu werden. Man ließ mich (ungewöhnlich für den DDR-Kulturelan). Die Theater in Neustrelitz, Magdeburg und Stralsund durften flüchtigen Gebrauch von mir machen, bis sich schließlich die Welt des Films und des Fernsehens mir offenbarte. Widerborstige Ansichten veranlaßten namhafte Regisseure, mich in die heitere Dramatik zu degradieren. Mit Mühe verbarg ich meine Freude. Gute Führung in negativen und heiteren Rollen verhalfen mir zu der Belobigung, einen Lessing' schen Prinzen am Deutschen Theater in Berlin zu spielen. Das verhalf mir sehr schnell dazu, mich meinem eigentlichen Wollen hinzugeben: An allen Bühnen des Friedrichstadtpalastes in Berlin für viel Geld viel zu spielen und an beidem viel Freude zu haben. Das fiel in die Zeit der Wende. Seither versuchte ich mich als Schauspieler am Berliner Kabarett die „Distel" und gegenwärtig an Engagements, um – wie in dem Film „Fremdsein in Deutschland" – Eleven mit Schauspielunterricht zu begeistern."

Uwe Zerbe erinnert sich.

Erste Einschätzung:

Alle waren begabt und begannen, sich ihrer
eigenen Mittel bewußt zu werden. Ihre Persönlichkeit und ihr jugendlicher Charme wurden sichtbar und überzeugten. Sie begannen
nach ihren Ausflügen in die Welt des Thea-
ters, immer wieder zu sich selbst zurückzufin-
den. Die Freude über jede Erkenntnis, die
Entdeckung, mehr mit sich anfangen zu können, etwas in Bewegung zu setzen, mit allen
zu teilen. Von der Erkenntnis bis zum siche-
ren Umgehen mit diesen Mitteln erstreckt
sich ein langer, dornenreicher Weg. Wir
hatten genügend Zeit. Jeder Tag sollte auf
den Erkenntnissen des vorangegangenen
Tages aufbauen.

werden, daß ihre überzeugende Ausdruckskraft nicht in äußerlicher Zuschaustellung
liegt, sondern darin, die Gedanken, das Wissen und Erleben sowie die Begeisterung, die
sie bei der Erarbeitung der Texte hatten, für
die Arbeit an den Szenen wieder zum Leben
zu erwecken, die einfachen Worte wieder
sinnlich konkret zu machen.

Ein anderer Arbeitstag

Wir erzählten Geschichten aus dem Urlaub.
Die Erlebnisse lagen monatelang zurück. Bei
jedem machte sich plötzlich eine Urlaubs-
stimmung breit. Es war herrlich anzusehen,
wie frei und unbefangen die Jugendlichen
berichteten. Strahlende Persönlichkeiten
offenbarten sich. In wenigen Worten
schwangen Erlebnisse der Urlaubswochen
mit. Sie formten Haltung und Ausdruckskraft.
Der Urlaub eines jeden wurde wieder lebendig und für uns alle nachvollziehbar.
Für unser Projekt sollte den Schülern deutlich

Ein gemeinsamer Abend

Wir gehen ins Theater „Ab heute heißt du
Sarah". Wir sprechen darüber. Die Schüler
sehen plötzlich mehr auf der Bühne als
früher. Sehen ihre erlernten Mittel. Identifizieren sich mit der Aufgabe des Schauspielers
auf der Bühne. Können besser nachvollziehen. Sie stellen mehr und genauere Fragen
ihre Arbeit betreffend:

? Wann ist der Darsteller mit sich und den
  Texten ehrlich?
! Wenn er es für notwendig erachtet, dem
  Partner nicht nur den Text zu sagen, son-
  dern zum Ausdruck bringt, was sich dahin-
  ter verbirgt.
? Was soll sich dahinter verbergen?
! Das Anliegen, mit den Worten etwas zu
  erreichen.
? Wie kann man das bewirken?
! Z. B. mit den Worten das sich gestellte
  Ziel ansteuern.
? Wie soll ich das machen?
! Wie im Leben, nur besser.
? Was besser?
! Genauso, nur nicht zufällig, sondern ge-
  steuert, bewußter.

Wir üben das.

Während einer Probe gelingt es, sich beim Verfolgen eines bestimmten Anliegens so in das Spiel zu vertiefen, daß der Text verloren geht. Ein mir sehr bekannter Vorgang. Es ist gut, ihn zu provozieren, um mit der Rolle eins zu werden. Wie erholsam, plötzlich steht da ein einfach nach Worten suchender Mensch und kein perfekt den Text gelernter Schüler. Dann: Der Text ist wieder da, man freut sich, wird nachdenklich. Es wird klar, daß die bloßen Worte nicht immer das Wichtigste sind. Es ist oft der Gedanke dazwischen. Dieses „dazwischen" macht die Lebendigkeit der Gestaltung aus. Hier liegt eine winzige Improvisationsstrecke: Die Gedanken sind frei.
Die in die Tasche gesteckte Kindheit erhält langsam ihre Freiheit wieder.
Wir kommen nur langsam voran.

Ein weiterer Tag

Ich stehe im Stau, Sitzstreik am Reuterplatz. Erinnerungen an meine Theaterzeit:
Vorbereitung zu einem Theaterstück für Kinder. Wir gingen in eine Schule. Kinder spielten eine von uns erzählte Episode aus diesem Stück. Sofort schlüpften sie in die Rolle des Fuchses, des Wolfes oder in die Rolle des Rotkäppchens und bedienten sich ganz einfacher Identifikationsmittel: Das Lehrerpult wurde zum Haus, der Stuhl zum Mühlstein, ein Sack zum Fuchspelz und ein Hut zum Wolfskopf. Die Räumlichkeiten ordneten sich dem Geschehen unter. Der Text wurde improvisiert und ergab sich wie von selbst. Bald schon bekam die Szene Umrisse, die Haltungen der Figuren und ihre Absichten wurden ablesbar: Da war der Wolf sich wirklich seiner Kraft als Wolf bewußt.
Mit einer Stunde Verspätung erreichte ich mein Ziel in Charlottenburg.

Noch ganz erfüllt von meiner Erinnerung, beginnen wir die „Ossiszene".
Christine will alles richtig machen, ist zaghaft, introvertiert. Ihr Anliegen verallgemeinert sich, bleibt in ihr verschlossen, ihre Absicht erreicht den Partner nicht.
Ich vergrößere den Abstand der beiden Spieler auf ein Vielfaches. Christiane muß laut werden, um ihren Partner zu erreichen. Wirkung: Sie verkündet heroische Gedanken, die Welt zu verbessern, und spielt so, als wäre sie allein auf der Bühne.
Ich möchte ihr den Fehler bewußt machen und mit einem Hilfsmittel verdeutlichen: „Steige auf Stuhl und Tisch und beschimpfe deinen Partner, aber kräftig." Ergebnis: Die starken Bewegungen nehmen sie ganz ein. Sie spürt sich körperlich. Der Text, den sie sagt, wird weniger wichtig. Sie steht auf dem Tisch und spürt, daß gemäß der Größe ihrer Haltung der Satz zu schwach kommt. Sie gibt mehr Kraft. Das Anliegen, Haltung und Gedanken in Übereinstimmung zu bringen, wird sichtbar. Jetzt wird ihr das Absurde dieser Situation bewußt. Sie freut sich. Fühlt sich freier und hat Freude, diese Merkwürdigkeiten auszukosten. Ihre Phantasie beginnt zu arbeiten. Sie beginnt, mit Clemens zu spielen.

Etwas später:

Um Clemens von ihrem Anliegen zu überzeugen, spricht sie einen unbedeutenden Satz auf dem Fußboden stehend, einen sehr wichtigen Satz vom Tisch herunter und einen weniger wichtigen Satz auf dem Stuhl stehend. So formen sich durch das Auf- und Absteigen unterschiedliche Engagements, die die Merkwürdigkeit ihres Unternehmens untermauern. Fortan hat Christiane so viel zu tun, daß ihr keine Zeit mehr bleibt, sich um Nebensächlichkeiten, z. B. ihr Äußeres, zu kümmern. Sie ist ganz auf den Vorgang der Szene konzentriert. Sie füllt die Worte kraftvoll mit Gedanken und bekommt ein Gefühl für notwendige Pausen.

Danach:

Christiane nimmt ihren Schal vom Hals, verdreht ihn fest zu einer Wurst und schlägt ihn nach jedem Wort mit Nachdruck auf den Tisch, als wollte sie Clemens damit treffen. Beobachtung: Durch die Kraft des Schlages spannt sich ihr Körper, das Gesicht bekommt einen angriffslustigen Ausdruck, das Kinn wird energisch nach vorn geschoben. Christiane kostet jeden Schlag, der stets mit einem an Clemens gerichteten Wort verbunden ist, so aus, als wäre es Realität. Die Kraft der Schläge bleibt in ihrem Körper. Dabei beobachtet sie genau die Wirkung jedes Wort-Schlages auf Clemens. Sie hat durch die Synthese von Körpersprache und gesprochenem Wort ein Mittel gefunden, eine ausgezeichnete Partnerbeziehung zu erzeugen.

Nächste Probenphase:

Christiane verläßt den Tisch. Sie geht auf Clemens zu. Ohne Schlagunterstützung und Auf- und Absteigen bleibt ihre Intensität in Wort und Körperhaltung bestehen. Das Spiel beginnt ihr bewußt zu werden.

Nächster Tag, dieselbe Szene:

Clemens spielt gerne großes Theater. Heute übt er sich als Hamlet allerdings in der Rolle eines Arbeiters mit Christiane am Biertisch. Seiner körperlichen Erscheinung verleiht er den Charme eines Neandertalers, weil Arbeiter offenbar so sind! Der Sprachgestus stammt vermutlich aus der Muppet-Show. Wir hatten unseren Spaß. Meine Entdeckung: Hinter all dem äußerlichen Getue sah ich deutlich seine Mittel, der Figur Charakter zu verleihen: Ich sah eine listige, verschmitzte, tapsige, aber verspielte Person.

Wir beginnen mit Hilfe der kleinen Szene, das Leben durchzuspielen. Clemens ist weder Hamlet noch Neandertaler oder Krümelmonster. Clemens ist Clemens! Und als solcher soll er auch agieren. Meinem Clemens vergeht sehr schnell das Fremdgetue, als die Wort-schlagende Christiane langsam auf ihn zu kommt: „Ich - will - auch - mal - in - den - Westen - fahren." Er bleibt in seiner Person, denn er hat alle Mühe, diese absurde Situation zu beherrschen. Ihm bleibt keine Gelegenheit mehr, sich wie vorher zu verstellen. Je selbstverständlicher er bleibt, desto interessanter und denkwürdiger wird unsere Szene. Er gewinnt Freude daran, seine Mittel zu ertasten und sich selbst zu finden. Durch diese Arbeit inspiriert, setzen wir das Fundament der Szene:

Wir beschließen, die Szene in einer Musikschule spielen zu lassen. Clemens und Christiane sind Musikstudenten. Beide üben an ihren Instrumenten. Christiane Klavier, Clemens Trompete. Schon bald erkennen wir, daß sich daraus eine neue Spielmöglichkeit ergibt. Beide können sich mit Hilfe der Instrumente stören, belästigen oder nerven. Clemens probiert, den emotionalen Ausdruck seiner Worte und Gedanken mit der Trompete zu unterstützen. Ganz langsam beginnen die wie auf einer Schnur aufgefädelten Worte sein Eigentum zu werden.

Beide spielten noch in anderen Szenen. Sie konnten auf dem Boden der vorangegangenen Entdeckungen an sich selbst fast ohne Hilfe ihre neuen Figuren schaffen.

Es geht hier über den Rahmen hinaus, die Arbeit eingehender und umfassender zu analysieren, obwohl es sich lohnte, jede Stunde unserer Arbeit darzustellen. Kaum eine Arbeitsphase glich der anderen, und kaum ein Schüler glich dem anderen. Keiner war mit der gleichen Methode zu überzeugen, mit sich und seinem Körper so viel in Bewegung zu setzten, wie wir es in dem dann entstandenen Film „Fremdsein in Deutschland" erfahren.

Motive, Eindrücke und Reflexionen

Interview mit dem Regisseur
Horst Seemann

Horst Seemann wurde
am 11. April 1937 in Pihanken (Tschechische Republik) geboren und
kam 1946 durch Evakuierung in die Sowjetische Besatzungszone.
Von 1958 bis 1962 studierte er an der Deutschen Hochschule für
Filmkunst in Potsdam/Babelsberg Regie (1963: Regie-Diplom). Zwischen 1963 und 1966 inszenierte er mehrere Kurzspielfilme in der
bald darauf verbotenen Stacheltier-Produktion. Von 1967 bis 1991
entstanden unter seiner Regie zahlreiche Defa-Filme für Kino und
Fernsehen. Für den Spielfilm „Zeit zu leben" (1969) erhielt er im gleichen Jahr den Nationalpreis für Kunst und Literatur der DDR. Weitere Filme wie „Beethoven – Tage aus einem Leben" (1977) erhielten
den Kritikerpreis der DDR als beste Filme der jeweiligen Jahre.
1982 wurde Hans Seemann erneut Nationalpreisträger – dieses Mal
geehrt für das filmische Gesamtschaffen. Seit 1979 ist Seemann auch
als Komponist (Filmmusiken und Sinfonien) tätig.

*Herr Seemann, was hat
Sie an dem Vorhaben
der Jugendlichen, einen
Film zu machen, beson-
ders beeindruckt?*

Also gefallen hat mir auf Anhieb, daß hier ein
historischer Bogen bis zur Gegenwart von
den Jugendlichen skizziert wurde, ein historischer Bogen, der immer das Wesentliche seit
den 20er Jahren herausgegriffen hat und es
auf jugendliche Art und Weise zur Sprache
bringt.
Es ist natürlich eine sensationelle Sache,
wenn junge Leute sich mit der Geschichte,
mit der deutschen Geschichte auseinandersetzen, nicht über ein Lehrbuch, sondern
über Menschen. Das ist eine gute Methode,
an die Geschichte des eigenen Volkes heran-
zukommen über Menschen und nicht über
Bücher.
Hinzu kommt: Das ist ein Projekt, das Jugendliche von sich aus recherchiert haben.
Eine neue Art von Geschichtsforschung, verbunden mit der Auseinandersetzung mit
dem Fremdenhaß. Darin liegt der Hauptwert
des Films. Ich meine, wir müssen das Gefühl
des Fremdseins in Deutschland überwinden.
Denn nicht nur Ausländer fühlen sich fremd.
Auch die Deutschen aus Ost und West sind
sich nach der Freude über die Maueröffnung
immer noch fremd.

Als Sie zum ersten Mal die Jugendlichen gesehen haben, sind Ihnen insbesondere die Gesichter aufgefallen. Und Sie haben wörtlich gesagt, jedes Gesicht würden Sie interessant finden, und das wollten Sie in der Inszenierung mit berücksichtigen und entsprechend umsetzen.

Bei der Regiearbeit in der Weindestille Leydicke

Ja, das stimmt, ich fand die Gesichter insgesamt sehr interessant. Es sind aufgeschlossene, lebendige, ehrliche Gesichter gewesen, die mich irgendwie angezogen haben. Und eigentlich schoß mir es gleich durch den Kopf, als ich die Gesichter gesehen habe, daß man eine filmische Konzeption entwickeln muß, die sich dieser Gesichter bedient. Und das habe ich auch gemacht.

Einige Kritiker des Films haben gesagt, daß die Zeitzeugenbefragungen etwas zu inszeniert sind. Wie sehen Sie das?

Ja, die sind inszeniert, da gibt es überhaupt keine Frage, und es war auch nicht mein Ziel, einen Dokumentarfilm im üblichen Sinne zu machen, sondern einen Spielfilm. Und da muß man natürlich auch die Zeitzeugen einbeziehen, sonst kriegt man ja einen stilistischen Bruch. Stilistisches Durcheinander – das mag ich nicht. Ich brauche, wenn ich etwas mache, einen einheitlichen Stil. Und deshalb habe ich das natürlich auch inszeniert, ist doch logisch.

Natürlich ist es vorstellbar, daß man das auch dokumentarischer hätte machen können. Aber das hätte mich nicht interessiert, weil ich Spielfilmregisseur bin.

Was bedeutet der Film im Nachhinein für Sie?

Für mich hat es bedeutet, daß ich mit der Jugend konfrontiert wurde und mit einem Lehrer, der sehr besessen ist. Und diese Besessenheit, die sich auch auf die Schüler überträgt, finde ich, ist im Leben und in der Kunst nötig. Und das muß man unterstützen, das muß man fördern. Und das habe ich irgendwie sofort gespürt. Und deshalb habe ich mich da wirklich reingekniet und die Sache mit den Jugendlichen gemacht.

Ja, der Film war für mich eine sehr große Erfahrung in vielerlei Hinsicht. Erstens bin ich konfrontiert worden mit ganz jungen Menschen, die unverdorben an eine solche Geschichte herangegangen sind und sich, muß man wirklich sagen, mir anvertraut haben, was natürlich etwas Wunderbares ist, wenn ein Vertrauensverhältnis entsteht, wenn man sich gegenseitig hilft. Und es ist auch so, daß dieser Film historisch gesehen für mich interessant war, weil er eben, und das ist ja das Gute an diesem Film, über Menschen Geschichte erzählt. Und das trifft man nicht so oft, das ist auch keine häufige Methode, meistens wird das alles sehr theoretisch und wissenschaftlich abgehandelt. Aber hier wurde es eben ganz lebendig von den Schülern empfunden.

Eindrücke des
Kameramanns Jürgen Sasse

Die Kamera im
Einsatz vor dem
Haus am
Checkpoint Charlie

Als die Cut- Out-Filmproduktion mich fragte, ob ich die Kameraarbeit für ein Jugendfilmprojekt „Fremdsein in Deutschland" übernehmen wolle, hörte ich mir am Telefon die beabsichtigte Konzeption an und sagte spontan zu. „Fremdsein in Deutschland" war für mich ein Thema, das durch die aktuellen Ereignisse in Deutschland sofort mein Interesse fand. Über dieses Thema einen Film zu drehen, wurde für mich auch dadurch besonders interessant, daß sehr prominente Zeitzeugen zu diesem Thema befragt werden sollten.
Ich fand es bewundernswert, daß eine Jugendgruppe aus Bad Iburg unter Anleitung ihres Lehrers bereits seit einem Jahr mit der konzeptionellen Arbeit an diesem Projekt befaßt war. Sie hatten Texte und Lieder selbst geschrieben und von prominenten Zeitzeugen Zusagen für die Mitarbeit am Film erhalten. Das Drehbuch lag vor, die Jugendlichen hatten in Zusammenarbeit mit Theaterleuten bereits selbst geschriebene Szenen schauspielerisch geprobt. Filmregisseur Horst Seemann würde Regie führen.
Die Drehorte wurden festgelegt, wir testeten das Kamera-Equipment, das uns die Studio-Babelsberg GmbH sponserte, wir machten Materialtests und stellten aus bewährten Mitarbeitern den Drehstab zusammen: alle Profis.

Einen Tag vor Drehbeginn trafen sich dann die Jugendlichen und die Filmemacher in einer Kneipe in Berlin – Schnuppertest. Viel näher kamen wir uns an diesem Abend nicht. Wir haben zusammen gegessen und getrunken, es wurde das Übliche geredet. Später bestätigten wir uns gegenseitig, daß wir uns ganz normal fanden. Bei den Dreharbeiten lernten wir uns dann wirklich kennen. Es war harte Arbeit im heißen Sommer 1994. Wir mußten an den 15 geplanten Drehtagen täglich fast 6 Minuten Film schaffen, wenn wir bis zum Schulbeginn der Jugendlichen fertig werden wollten. Aber alle waren gut vorbereitet. Mit großer Einsatzbereitschaft, mit gegenseitiger Achtung vor dem Können des anderen haben wir wundervolle zwei Wochen in Berlin zusammengearbeitet an einem Projekt, das uns allen am Herzen lag. Wir erzählten uns von unserer Arbeit, lernten unsere unterschiedlichen Arbeitsbereiche kennen und lernten vor allem uns kennen. Es entstand weit mehr als das übliche „Arbeitsklima". Wir waren eine große Familie, wir wurden Freunde: 20 Jugendliche aus dem Westen und der Drehstab, fast alle aus dem Osten. Und wir hatten auch Glück. An jedem Tag hatten wir das Wetter, das wir zum Drehen brauchten. Wir hatten keine Materialfehler, keine Pannen am Drehort. Es stimmt wahrscheinlich wirklich: Die Tüchtigen haben auch Glück.
Es entstand ein „richtiger großer 35mm-Spielfilm". Im Schneideraum haben wir uns den Rohschnitt angesehen und festgestellt, daß wir vieles anders machen würden, wenn wir den Film noch einmal drehen könnten. Aber das ist normal. Wir haben verändert, was noch möglich war, haben den Film bis zum letzten Moment verbessert. Nun ist er fertig. Jetzt müssen die Zuschauer urteilen. Es wird Lob und Kritik geben. Auch das ist normal. Wichtig ist, daß wir, die wir den Film gemacht haben, andere anregen, sich in ähnlicher Weise mit ihrer Zeit, mit ihrer Umgebung und mit ihren Problemen auseinanderzusetzen, Stellung zu nehmen, Position zu beziehen gegen Ungerechtigkeit oder Unrecht.

Zur Vorgeschichte des Projektes

„Unsere Aufgabe ist bescheiden: Wir wollen erkennen und das Erkannte objektiv erörtern; wir wollen erklären, um aufzuklären. Unser Ziel ist schlicht: Verständnis zu wecken von Mensch zu Mensch und von Volk zu Volk. Jeder Generation ist die Mühsal aufgetragen, das Ziel der Verständigung immer aufs neue zu erstreben und dauerhaft zu verwirklichen."
(Lew Kopelew, Einander erkennen, 1989)

„Einander erkennen," unter diese schlichte Überschrift, die Lew Kopelew einem seiner politischen Essays vorangestellt hat, lassen sich in der Retrospektive auch die zahlreichen gesellschaftspolitischen Projekte subsumieren, deren vorläufiger Höhepunkt der vorliegende Film darstellt. Die Essenz des Denkens und Wirkens Lew Kopelews, sein starkes Plädoyer für Völkerverständigung und Aussöhnung über Grenzen und Vorurteile hinweg, hat für den langen Weg, den wir, zahlreiche am Film beteiligte Schülerinnen und Schüler, zur Realisation dieses vorliegenden Filmprojektes beschritten, eine leitmotivische Funktion gehabt. Die friedliche demokratische Revolution in den osteuropäischen Ländern, vor allem die Ereignisse vor und nach dem 9. November 1989, hatten uns, einen kleinen Kreis von Jugendlichen um Helmut Spiering, tief beeindruckt, hatten Spuren hinterlassen und waren zum entscheidenden Impuls für unsere Aktivitäten geworden. Aus der Gewißheit, an einer entscheidenden Zäsur der Weltgeschichte zu stehen, erwuchs in uns ein Gefühl der Verantwortung, den gerade begonnenen Prozeß der Annäherung zwischen Ost und West nach Kräften zu unterstützen, die neugewonnenen Möglichkeiten eines befreiten Umgangs miteinander zu nutzen und den Dialog – zunächst – mit Jugendlichen aus der DDR zu suchen. Damit war das Ziel abgesteckt.

Aufbruch und Umbruch in der DDR

In und um Berlin fanden wir – angesichts der großen Dichte an historischen Stätten, kulturellen Möglichkeiten und nicht zuletzt dem Umstand zu verdanken, daß sich hier sinnbildlich die deutsche Teilung, aber auch die friedliche, demokratische Revolution vollzogen hatte – die idealen Voraussetzungen zur thematischen Umsetzung unserer Intentionen. Bereits im Januar 1990 waren unsere Planungen soweit fortgeschritten, daß wir das erste (Pilot-)Projekt einer ungewöhnlichen Reihe ähnlich gelagerter gesellschaftspolitischer Seminare realisieren konnten. Unter dem programmatischen Thema „Aufbruch und Umbruch in der DDR" wandten

wir uns, zusammen mit gleichaltrigen Ostberliner Schülern, einem breiten Spektrum an unterschiedlichen Themen und aktuellen Fragen zu, die sowohl politischer als auch wirtschaftlicher und kultureller Natur waren.

Holger Mannigel, der von Anfang an – zunächst als Schüler, später als Student – an den Berliner Projekten seines Lehrers Helmut Spiering beteiligt war, beschreibt noch einmal die Stationen, die zur Realisierung des Filmprojekts geführt haben.

Grenzgespräche ganz neuer Art

Tagsüber besuchten wir gemeinsam historische Stätten deutsch-deutscher Geschichte und diskutierten mit Politikern und Zeitzeugen über die zukünftige Gestalt Deutschlands. Ausflüge in die Berliner Kulturszene, in Gestalt von Theater-, Musical- oder Opernbesuchen, rundeten neben einem gemeinsamen Abendessen, das Raum für private Gespräche bot, das Programm ab.

Natürlich konnte und durfte inhaltlich der gesamteuropäische Kontext dabei nicht außer acht gelassen werden. Mit Beharrlichkeit war es uns im Vorfeld gelungen, die damalige sowjetische Botschaft in Ostberlin von unserer Idee zu überzeugen und für eine Diskussion zu gewinnen, so daß sich erstmals ihre Pforten für eine westdeutsche Seminargruppe öffneten. Die anfängliche Distanz und Reserviertheit, die zunächst auf der Gesprächsrunde lag, konnte bei ihrer abendlichen Fortsetzung in gelöster Atmosphäre überwunden werden. Der Abschied verlief herzlich. Adressen wurden ausgetauscht und eine weitere, engere Zusammenarbeit bei künftigen Projekten vereinbart, ein Versprechen, das nicht nur eine leere Phrase bleiben sollte.

In der Kaserne
Karlshorst

In Partnerschaft leben – Deutschland/Sowjetunion

Nach Bad Iburg zurückgekehrt und bestärkt durch die eigenen Erfahrungen sowie durch die positive Resonanz von Seiten der Medien, der Diskussionspartner und nicht zuletzt der sowjetischen Botschaft, machten wir uns an die Konzeption eines weiteren Seminars, bei dem das schattenreiche deutsch-sowjetische Verhältnis in den Mittelpunkt gerückt werden sollte. Auch bei diesem Projekt kamen in dem gewählten Thema „In Partnerschaft leben – „Deutschland/Sowjetunion" bereits wesentliche angestrebte Intentionen und Hoffnungen zum Ausdruck. Den Kreis der Seminarteilnehmer wollten wir, neben sowjetischen Schülern, auch um sowjetische Soldaten vergrößern. Sowohl Lew Kopelew als auch

sowjetische Diplomaten hatten für eine Integration letzterer in ein gemeinsames Seminar plädiert. Völlig isoliert von der Außenwelt, so der Grundtenor ihrer Argumentation, sei den sowjetischen Wehrdienstleistenden der Blick auf die Situation in Deutschland nach der Wende verstellt. Demgegenüber bestünde jedoch ein großes Interesse an Information. Es biete sich hier die einzigartige Chance, einerseits zu einem gemeinsamen Austausch zu gelangen, andererseits ein positives Bild von Deutschland zu vermitteln. Nach ihrer Rückkehr in die Sowjetunion könnten die Soldaten so zu Multiplikatoren unserer Idee werden.

Das methodische Konzept, das – dies sei in einem Vorgriff gesagt – sich bei diesem wie bei folgenden Seminaren erfolgreich bewährte, verknüpfte drei unterschiedliche Arbeits- und Zeitebenen miteinander. In der gemeinsamen Auseinandersetzung mit historischen Problemfeldern sollten das Fundament und die bestimmenden Kräfte des gegenwärtigen deutsch-sowjetischen Verhältnisses freigelegt werden. Ziel sollte es sein, in einem zweiten Schritt die Gegenwart aus der Perspektive der Vergangenheit transparenter zu gestalten und, sofern möglich, die Ursachen für Konflikte und Vorurteile zu klären. Abschließend wollten wir Perspektiven, Chancen, Rahmenbedingungen und Handlungsanleitungen für eine gemeinsame friedliche Zukunft skizzieren. Hilfestellung sollten uns bei diesen Arbeitsschritten kenntnisreiche Zeitzeugen, Politiker, Künstler und Journalisten geben, die in einem engen Verhältnis zu Themen aus dem deutsch-sowjetischen Spannungsfeld standen. Die gewählte Methode, die sich hier nur äußerlich in einem theoretisch-sterilen Gewand präsentiert, bildete den formalen Rahmen, der erst die Freiräume eröffnete, in dem sich das wichtigste und sinnstiftende Element, das gegenseitige Kennenlernen, entfalten konnte.

Unser Geschenk an Michail Gorbatschow bei der Begegnung in Moskau

Moskau/Berlin – gestern, heute, morgen

Bereits während dieses Projektes, das wir im November 1991 durchführen konnten, machten wir erste Erfahrungen mit dem Medium Film, und es befiel uns ein Virus, der uns bis heute nicht losgelassen hat. Das Bundespresse- und Informationsamt beauftragte uns, das Seminar und seine Ergebnisse filmisch zu dokumentieren. Ein dreieinhalbstündiger Film war das Resultat, der, wie auch das Seminar selbst, äußerst positiv aufgenommen wurde. Beides war für die russische Botschaft Anlaß genug, eine Einladung nach Moskau auszusprechen, wo wir zusammen mit russischen Studenten Anfang Oktober 1992 unter dem Thema „Moskau – gestern, heute, morgen" ein Seminar veranstalteten, dem im Januar 1993 unter dem Leitgedanken „Berlin – gestern, heute, morgen" ein spiegelbildliches Projekt in der Bundeshauptstadt folgte. Ihren Abschluß fand diese deutsch-russische Seminarreihe im Mai 1994 mit dem Seminar „Abschied aus Deutschland in Freundschaft".

Das Fazit

Mit dieser kurzen Darstellung des Entwicklungsbogens vom ersten Projekt „Aufbruch und Umbruch in der DDR" bis zum Film „Fremdsein in Deutschland" soll deutlich gemacht werden, daß sich gesellschaftspolitisches Engagement, in welcher Form auch immer, lohnt, mag es oftmals auch, besonders am Anfang, ein mühseliges Ringen bedeuten. Und doch läßt sich vieles an einer Auseinandersetzung mit gesellschaftspolitischen Themenkomplexen gewinnen: Einblick in historische Prozesse, Gewißheit über die eigene Gegenwart, ein offener und verständnisvoller Blick, auch für die Minoritäten und Randgruppen in unserer Gesellschaft, ein gesteigertes Interesse und Freude an Kultur sowie soziale Kompetenz im Umgang mit Mitmenschen.

Auch wenn ein unmittelbares Resultat nicht immer verbindlich garantiert werden kann, liegt eines auf der Hand: Entwicklungen verlaufen nicht immer linear. Sie können auch in konzentrischen Kreisen, ähnlich eines ins Wasser geworfenen Steines, Wellen schlagen, zu unbekannten Ufern gelangen und neue, ungeahnte Dinge anstoßen. Ihr Gewinn liegt nicht nur in ihrer Breiten-, sondern auch in ihrer Tiefenwirkung begründet. Konkret ausgedrückt: Jede Investition, die auf ein friedliches Miteinander innerhalb unserer Gesellschaft, aber auch in Europa und über seine Grenzen hinaus, gerichtet ist, zahlt sich in doppelter Weise aus. Neben dem persönlichen Erfahrungs- und Erkenntnisgewinn, den sie erbringt, wirkt sie zentrifugalen und zerstörerischen gesellschaftlichen Kräften wie Ausländerhaß, Politikverdrossenheit, Vorurteilen und einem neuen politischen Radikalismus entgegen. Sie schafft so die Voraussetzungen für eine humane und lebenswerte Zukunft.

Der Film
Intervi

Aufbau, Inhal

und Kommentar

- Im Gespräch mit Zeitzeugen

- Die Spielszenen

- „Wir und die anderen" –

  Didaktisch-methodische Anmerkungen zum

  Einsatz des Films im Unterricht (Gerd Westphal)

- Hilfen zur Arbeit mit dem Film

Im Gespräch mit Zeitzeugen

In einem Boot mit Wolfgang Stresemann

Herr Stresemann, zu Beginn dieses Jahrhunderts geboren, studierten Sie Jura, interessierten sich sehr für Musik und Politik und emigrierten 1939 nach Amerika, wo Sie als Dirigent arbeiteten. Nach dem Zweiten Weltkrieg führten Sie über zwei Jahrzehnte lang das Berliner Philharmonische Orchester als Intendant zu weltweitem Ansehen und Ruhm. Als Sohn des Reichskanzlers und Außenministers Gustav Stresemann gewannen Sie bereits in jungen Jahren tiefe Einblicke in die Verhältnisse der Weimarer Republik.
Nach Ihrer Rückkehr aus Amerika haben Sie Ihre amerikanische Staatsbürgerschaft nicht aufgegeben. War Deutschland Ihnen fremd geworden?

Nein, Deutschland ist mir zu keinem Zeitpunkt fremd geworden. Aber die Verhältnisse hatten sich ja nun geändert. Ich bin in Amerika sehr, sehr freundlich aufgenommen worden. Ich habe in Amerika eine große Anzahl von wirklich wichtigen Jahren gelebt. Ich habe dort auch eine Amerikanerin kennengelernt, die ich geheiratet habe. Für mich bedeutet Amerika nun fast eine zweite Heimat. Aber eins möchte ich sagen: Ich glaube, heute sind die Dinge anders. Da kommt es nicht mehr so sehr auf den Paß an, sondern auf den Menschen und seine Gesinnung.

Waren die Jahre nach 1924 wirklich so golden, wie sie immer beschrieben werden, oder waren sie eher, wie Walter Mehring es gesagt hat, „goldbeschissen"?

Sie waren Jahre der wirtschaftlichen Konsolidierung, Jahre des wirtschaftlichen Aufbaus. Man kann vielleicht sagen, daß sie in kultureller Hinsicht golden waren.

*In unserem Vorgespräch
sagten Sie uns, daß die
Weimarer Republik
letzten Endes durch
eine Intrige kaputtge-
gangen ist.*

*Im Hintergrund sehen
wir den Reichstag. Wie
war das eigentlich Ende
1918?*

Damals wurde der General von Schleicher, an sich ein Freund von Papens, zum neuen Reichskanzler vom Reichspräsidenten von Hindenburg bestellt. Nun wurde Papen wütend darüber, daß er nicht mehr Kanzler war, und begann, gegen seinen alten Freund Schleicher zu intrigieren. Nun muß man wissen, daß Papen und Hitler sich wie Hund und Katze verstanden, das heißt überhaupt nicht, und Papen änderte plötzlich seine Meinung. Er kam mit Hitler zusammen, und beide verabredeten eine Art Koalition, bei der Hitler Kanzler, von Papen Vizekanzler werden würde. Sie begaben sich also zu Hindenburg und sagten: Wir sind uns einig, und baten ihn, Hitler zum Kanzler zu machen. Und nun kommt das Entscheidende. Der Sohn, Oskar von Hindenburg, erzählte Herrn von Kardoff – das war ein Parteifreund meines Vaters, und der hat es mir dann weitererzählt –, daß die Konservativen unter Papen glaubten, Hitler wortwörtlich „in der Tasche zu haben". Sie sagten dem Kardoff, der sich beunruhigt zeigte: „Beruhigen Sie sich, wir haben im Kabinett acht Mitglieder und die Nazis nur drei." Betrogene Betrüger.

Sehen Sie, Ebert wie Rathenau wie auch mein Vater, das waren alles Monarchisten. Plötzlich war der Kaiser nach Holland gegangen. Der Kronprinz folgte ihm. Was sollte geschehen? Ebert wollte die Errichtung einer Regentschaft. Er wollte die Monarchie aufrechterhalten. Nun waren große Demonstrationen um den Reichstag herum, zum Teil Kommunisten, die eine Räterepublik nach russischem Vorbild wünschten. Und Scheidemann, der eine Ansprache hielt, stand vielleicht unter diesem Druck und rief daher die Republik aus.

*Herr Stresemann, wurde
die deutsch-französische
Verständigung bereits
in den 20er Jahren kon-
zipiert?*

Sicherlich, aber erst nach Beendigung des Ruhrkampfes. 1923 drangen die Franzosen in die Ruhr ein. Es kam zum passiven Widerstand, den die Regierung Cuno ausrief, und es war dann meinem Vater vorbehalten zu kapitulieren. Dann aber war die Bahn frei für eine Verständigung. Und es kam zu jener Locarno-Politik, die vor allem auch von dem Partner meines Vaters, Aristide Briand, unterstützt wurde, die zum Eintritt Deutschlands in den Völkerbund führte. Und damit waren Grundlagen für eine deutsch-französische Zusammenarbeit gegeben.

Zur Vertiefung M1:

*Hans Ulrich Thamer,
Autoritärer Staat und
nationalsozialistische
Machteroberung:
Hindenburg und Hitler
1932/1933*

Hinweise zur Erschließung des Gesprächs mit Wolfgang Stresemann

In vier Punkten äußert sich Wolfgang Stresemann zur Weimarer Republik:

1. Die Ausrufung der Republik am 9. November 1918 durch Philipp Scheidemann wird als ein eher nicht gewolltes Ereignis eingeschätzt, angestoßen durch die Aktivitäten derjenigen, die ein Rätesystem nach russischem Vorbild etablieren wollten.

– *Welche Faktoren verursachten den Zusammenbruch des Kaiserreiches?*

– *Kann man 1918 von einer „Revolution" sprechen?*

Am 20. 7. 1904 in Dresden geboren, zog Wolfgang Stresemann mit der Familie 1910 in den „Neuen Westen" Berlins. Sie wohnten in der Tauentzienstraße zwischen dem 1906 errichteten Kaufhaus des Westens und der 1895 fertiggestellten Kaiser-Wilhelm-Gedächtniskirche, an der Stelle, wo heute das Europa-Center steht und eine Gedenktafel an Gustav Stresemann, den 1929 51jährig verstorbenen Vater von Wolfgang Stresemann, erinnert.

2. Die sogenannten „goldenen Jahre" der Weimarer Republik verdienen nur auf kulturellem Sektor diese Kennzeichnung.

– *Was spricht für die Mehringsche Kennzeichnung?*

– *Welche Rolle spielt in diesem Zusammenhang die Reichshauptstadt Berlin?*

3. Nach 1923 erfolgt eine Konsolidierung der deutschen Außenpolitik unter dem Außenminister Gustav Stresemann, insbesondere gegenüber Frankreich.

– *Welches sind die Gründe für die deutsch-französische Verständigung?*

4. Die Etablierung Hitlers als Reichskanzler ist das Ergebnis einer Intrige.

– *Was meint Wolfgang Stresemann mit „betrogenen Betrügern"?*

Die Kompetenz, die Stresemann diese Aussagen treffen läßt, hat ohne Zweifel familiäre Wurzeln.

Darüber hinaus wird an seiner Biographie deutlich, wie beantwortet und damit zugleich bewältigt für ihn selbst die Frage erscheint, ob denn die Fremde zur Heimat werden könne: Identität schaffend ist nicht der Paß, sondern es kommt auf den Menschen an und seine Gesinnung.

Zur Person:
Dr. Wolfgang Stresemann

Im Gespräch mit Bad Iburger Schülern vermittelt Wolfgang Stresemann Einblicke in die Politik der Weimarer Republik, die er noch aus erster Hand erhielt.

Am 20. 7. 1904 in Dresden geboren, zog er mit der Familie 1910 in den „Neuen Westen" Berlins. Sie wohnten in der Tauentzienstraße zwischen dem 1906 errichteten Kaufhaus des Westens und der 1895 fertiggestellten Kaiser-Wilhelm-Gedächtniskirche, an der Stelle, wo heute das Europa-Center steht und eine Gedenktafel an Gustav Stresemann, den 1929 51jährig verstorbenen Vater von Wolfgang Stresemann, erinnert.

1910 war dort das Romanische Café. In seinen 1994 erschienen Memoiren „Zeiten und Klänge" schreibt Wolfgang Stresemann: „Wer auf ein literarisch-politisches Milieu Wert legte, fand in dem berühmten Romanischen Café, das neben unserer Wohnung lag, ausreichend Gelegenheit, die Weltlage und anderes zu erörtern".

Gegenüber, Ecke Rankestraße, lag das Café Möricke. Dort traf sich die Großmutter des Autors nach vorheriger Verabredung mit ihren Töchtern oder anderen Bekannten. Der Treffpunkt hatte eher örtliche oder familiäre Bedeutung. Familie, Politik sowie historisch Herausragendes hat das Herkommen von Wolfgang Stresemann geprägt. Gern spricht er heute über seinen Vater. Der frühe Tod Gustav Stresemanns erschütterte die Weimarer Republik. Der Leichenzug vom Reichstag zum Luisenstädtischen Friedhof bleibt unvergessen; am Grab schwarz-rot-goldene Fahnen, die Farben der Republik. Die Trauerfeier der Deutschen Volkspartei, deren Vorsitzen-

Gustav Stresemann bei seiner Rede vor dem Völkerbund am 10. September 1926

der der Verstorbene war und die aus den Nationalliberalen hervorgegangen war, war dagegen schwarz-weiß-rot gestaltet, in den Farben des untergegangenen Kaiserreiches. Wolfgang Stresemann schreibt dazu 1994: „Wie oft hatte mein Vater gesagt, er wolle eine Brücke sein zwischen dem alten und dem neuen Deutschland; nur allzu deutlich wurde nun, daß die Partei, falls sie überhaupt diese Brücke betreten hatte, sie rückwärts zu verlassen gewillt war."

Die beiden Friedens-
nobelpreisträger
Briand und
Stresemann

Der liberale Gustav Stresemann stand mit
dem Sozialisten Aristide Briand in den 20er
Jahren für einen deutsch-französischen Ausgleich und erhielt zusammen mit diesem
1926 den Friedensnobelpreis. Eine echte
Freundschaft, gestiftet durch gemeinsames
Bemühen, verband die beiden. Heute, wo
Politiker allenthalben Freundschaft vorspie-
geln, sei daran erinnert.

Wolfgang Stresemann 1994 über Briands Reaktion auf den Tod seines Vaters 1929: „‚Nun
kann man gleich einen zweiten Sarg bestel-
len‘, sagte er. Bei seinem Kondolenzbesuch
in der Deutschen Botschaft in Paris traf er mit
verweinten Augen ein."

Vor allem zwei Erfahrungen möchte Wolfgang Stresemann an die Jugend weiterge-
ben: den 9. November 1918, den Beginn der
Weimarer Republik, und die Zeit 1932/33,
den Übergang von dieser Republik zur Herrschaft Hitlers.

Auch den Fall der Mauer und die deutsche
Wiedervereinigung hat Wolfgang Stresemann bewußt wahrgenommen. Er kannte
die Vorbehalte gegen ein vereinigtes
Deutschland, speziell in England und Frankreich. Er fragt: „Durfte man sich darüber
wundern?" Schon Wilhelm II. habe auf
Grund seiner bombastischen Reden Völker
und Regierungen in Angst und Schrecken
versetzt, von Hitler ganz zu schweigen.

Im Geschenk der Wiedervereinigung sieht
Wolfgang Stresemann eine dornige Herausforderung an alle. Wo zwei Generationen die
Katastrophen kaum zu begreifen vermochten
und damit weitgehend geschichtsarm blie-

ben, sieht Stresemann für die heute neu
aufwachsende Generation eine neue Chance
und Verantwortung vor der Geschichte.
Hoch interessant fand er das Zusammentreffen mit Bad Iburger Schülern, ganz speziell
auch bei einem Begegnungstreffen mit russischen Jugendlichen 1993.

Wolfgang Stresemann ist von Hause aus Ju-
rist. Im Jahr 1926 schloß er sein Jurastudium
ab und arbeitete danach als juristischer Sach-
bearbeiter. Gleichzeitig betätigte er sich aber
bereits als Komponist und Dirigent. Schon
1925 wurde eine Symphonie von ihm urauf-
geführt.

Immer wieder hat er sich auch publizistisch
geäußert und in angesehenen Zeitungen der
Weimarer Republik über die Politik seines Vaters geschrieben.

Nach seiner Emigration in die USA im Jahre
1939 wandte er sich immer stärker der Musik
zu. Seine deutschen juristischen Kenntnisse
waren weniger gefragt. Das musikalische Engagement verschaffte ihm die Basis, um nach
seiner Rückkehr nach Deutschland im Jahr
1955 auch hier entsprechend tätig zu sein.
1959–1978 war er, in Zusammenarbeit mit
dem Chefdirigenten Herbert v. Karajan, Intendant der Berliner Philharmoniker und
noch einmal 1984/85 zur Überbrückung und
Überwindung einer Krise.

In Berlin verbindet sich mit dem Namen Wolfgang Stresemann die Erinnerung an eine Glanzzeit des musikalischen Lebens der Stadt. Er ist ein Mann, der stets jeden engen nationalen Rahmen sprengte, der für deutsch-amerikanische Beziehungen steht, aber auch die Erinnerung an einen ersten deutsch-französischen Ausgleich wachhält. Daß Wolfgang Stresemann 1955 nach Deutschland zurückkehrte, hing auch damit zusammen, daß er als historischer Berater für den damals gedrehten großen Spielfilm über seinen Vater gebraucht wurde. Immer wieder hat er der Nachkriegsgesellschaft, vor allem in mehreren Erinnerungsbüchern, die Tradition der parlamentarischen und weltoffenen Demokratie auf deutschem Boden vermittelt.

Thomas Flügge

Im Atelier bei Rudolf Heltzel

Herr Heltzel, Sie sind gebürtiger Böhme, also Österreicher, wurden dann zum Tschechen und schließlich zum Deutschen. Erst haben Sie als Damenschneider gearbeitet, und später etablierten Sie sich dann als Maler und Bildhauer.

Als ich nach meiner Lehre arbeitslos wurde, mußte ich natürlich stempeln gehen. Ich bekam 12,50 Mark in der Woche Stempelgeld; ein Brot kostete damals 50 Pfennig, und ich hatte 42,00 Mark Miete zu zahlen und auch meine Mutter zu unterhalten. Ja, man fühlte sich eigentlich, das war schlimm, von der Gesellschaft ausgestoßen, und man fühlte sich sozusagen als Fremdling in der Gesellschaft.

Wir lebten ja in großer Bescheidenheit, ich will nicht sagen Armut. Und ich habe schon als Kind dieses Leben als eine einmalige Chance betrachtet, aus der man etwas machen muß.

Als Kind habe ich in der zweiten Schulklasse meinen ersten Auftrag bekommen. Die Lehrerin kam zu mir und brachte mir Papier und sagte: „Male mal hier ein kleines und ein großes A auf Deutsch und Latein, und darunter einen Apfel," und so das ganze Alphabet durch, dann die Birne; bei C war es schon etwas schwieriger, aber es wurde auch bewältigt, und das hat sie dann in der Vorklasse an die Wand geheftet für ihren Unterricht.

Der in Habichtstein (Nordböhmen) geborene Rudolf Heltzel kam schon vor dem Ersten Weltkrieg, vom Vater getrennt, mit seiner Mutter nach Berlin, wo die beiden in bescheidenen Verhältnissen lebten. Nach achtjähriger Schulzeit trat Heltzel eine Damenschneiderlehre in einem Salon in der Friedrichstraße an, die er 1925 abschloß. In der Inflation von 1923 nahm er wahr, wie in gewissen Kreisen mit Geld sehr leichtfertig umgegangen wurde und das Modegeschäft manche Scheinblüte trieb. 1927 war trotz der „goldenen 20er Jahre" Flaute, und Heltzel wurde, noch nicht volljährig, entlassen, schlug sich mit Hilfsarbeiten, z. B. auf dem Bau, durch und verlagerte seine Interessen mehr und mehr in die Kunst. 1930 bezog er in Berlin-Kreuzberg sein erstes Atelier und meldete sich als freischaffender Künstler an.

Später als Schneider lernte ich einen Pfarrer kennen, der mir sagte: „Hören Sie mal, können Sie mir nicht liturgische Gewänder machen, Meßgewänder, Priestergewänder?" Ich habe das gemacht, und es war ein Erfolg. So habe ich immer wieder Dinge gemacht, die man sonst normalerweise nicht übernommen hätte, weil man sich gar nicht berechtigt fühlte, aber die Not zwang einen dazu, eben jede Chance zu nützen. Wenn es nicht geglückt wäre, wäre ich vielleicht ein Kunsthochstapler geworden.

Diese Schaukel wurde von mir gemacht, als meine Tochter acht Jahre alt war, heute ist sie nun 42 Jahre, aber die Schaukel erfreut auch heute noch jedes Kinderherz.

Übrigens, dies ist die erste Arbeit, die ich gemacht habe. Eine metergroße Madonna in Holz; diese ist davon eine Nachbildung. Meine Humanität liegt darin begründet, daß ich den Menschen sowie die Kunst ganz ernst nehme. Hätte ich nicht diesen Glauben, daß dies eine wertvolle Sache ist, könnte mir die ganze Scheißgesellschaft den Buckel runterrutschen.

Hinweise zur Erschließung des Gesprächs mit Rudolf Heltzel

Die Biographie Heltzels gibt in eindrucksvoller Weise Antwort auf die Frage danach, was denn einen Menschen definiert: Auf jeden Fall nicht seine Staatsangehörigkeit.

Im wahrsten Sinne „aus der Not eine Tugend machend", zeigt sich, daß Humanität dort erwächst, wo in ernsthaftem Tun Widerstand geleistet wird gegen widrige Umstände.

Zwei Dinge sind es dabei, die Heltzels Leben wesentlich bestimmt haben und bestimmen: die Kunst und zugleich der gelebte Glaube. Sie schaffen Distanz und Offenheit, sich der Welt zuwenden zu können.

Eine Biographie, die bestens zu belegen vermag, wie sich „Fremdheitsgefühle" transformieren lassen in ein Verhältnis zur Gesellschaft, in der sich der Mensch in diesem Falle als „Genie der Freundschaft" zeigen kann.

Zur Person: Rudolf Heltzel

Am Sonnabend, dem 14. 1. 1995, feierte Rudolf Heltzel seinen 88. Geburtstag. Bescheiden, wie er ist, hatte er von diesem Tag nichts Besonderes erwartet. Seine Frau Ingrid aber hatte eine Überraschung geplant. Frühmorgens nahm sie ihn mit; sie verließen das Haus Richtung Busbahnhof Berlin. Ein Ausflug nach Alt-Buchhorst/ Mark Brandenburg war angekündigt – aber kein Linienfahrzeug, sondern ein extra gemieteter Reisebus stand am Abfahrtsort, und eine große Geburtstagsgesellschaft erwartete den Jubilar. Wer Rudolf Heltzel in seinem Atelier, dem ausgebauten Dachstuhl der St. Elisabeth Kirche in Berlin-Schöneberg am Gleisdreieck, erlebt hat, kennt ihn als ein Genie der Freundschaft, der viele und verschiedene Menschen zu gemeinsamen Anlässen und Erlebnissen zusammenbringen kann.

Am 14. 1. 1995 ging es also nach Alt-Buchhorst. Dort steht die von Rudolf Heltzel geschaffene Schutzmantelmadonna, die als Gnadenbild der katholischen Jugend, die sich der Gleichschaltung durch die Nazis entziehen wollte, 1936 von Kardinal Preysing auf den Stufen der St. Hedwigs-Kathedrale Berlin geweiht worden war.

1990 hat der jetzige Bischof Sterzinsky dem Papst in Rom eine verkleinerte Kopie dieser Figur als Antrittsgeschenk überreicht. Wer zu Zeiten der Teilung Deutschlands Heltzel in der Dachlandschaft seines Ateliers besuchte, wurde von ihm angehalten, die ganze Stadt Berlin wahrzunehmen. Man konnte nach Westen sehen, zum Kurfürstendamm, zur evangelischen Kaiser-Wilhelm-Gedächtniskirche, näher lag aber der Stadtteil Mitte, politisch damals Ost, und Heltzel wies auf die dort gelegene St. Hedwigs-Kathedrale, der er sich auch vom Westen aus im einheitlichen Bistum Berlin stets verbunden sah.

Heute lädt er in Zusammenarbeit mit dem Bildungsverein Urania aus Potsdam zu Veranstaltungen in sein Atelier ein und trägt damit zum Austausch von Erfahrungen in der Region Berlin über die bisherigen Grenzen hinaus bei.

1950 hat Heltzel Kardinal Preysing die Totenmaske abgenommen; diesen Mann mutiger Selbstbehauptung im „Dritten Reich" kannte er auch persönlich. Als 1989 im Ostteil der Stadt Kardinal Bengsch starb, passierte Heltzel in der Invalidenstraße mit einem einmalig gewährten Diplomatenprivileg die Sektorengrenze, um auch Bengsch die Totenmaske abzunehmen.

Heltzel ist mit der katholischen Jugendbewegung groß geworden. Er gehörte dabei zum

„Quickbornkreis", einer Vereinigung von jungen Antialkoholikern und Lebensreformern. Heltzel publizierte in den 20er Jahren gelegentlich in der „Märkischen Volkszeitung", die dem Zentrum gehörte, und arbeitete im Bühnenvolksbund, einer Besuchervereinigung, die auch eigene Theateraufführungen veranstaltete.

Auf der Schaukel bei Rudolf Heltzel

Für den gegenüber dem Nationalsozialismus kritisch eingestellten Kabarettisten Werner Finck organisierte er Nachmittagsveranstaltungen, die neben dem festen Abendprogramm liefen. Erich Kästner, die anarchokommunistische Tanztheatergruppe um Hans Weidt und viele andere lernte er kennen, vor allem aber, über die eigenen Kreise, die katholische Jugend, den Religionsphilosophen Romano Guardini und den pazifistischen Schriftsteller Ernst Thrasolt.

Der in Habichtstein (Nordböhmen) geborene Rudolf Heltzel kam schon vor dem Ersten Weltkrieg, vom Vater getrennt, mit seiner Mutter nach Berlin, wo die beiden in bescheidenen Verhältnissen lebten. Nach achtjähriger Schulzeit trat Heltzel eine Damenschneiderlehre in einem Salon in der Friedrichstraße an, die er 1925 abschloß. In der Inflation von 1923 nahm er wahr, wie in gewissen Kreisen

52

Zur Vertiefung M2:
Statistisches Material
zu den Folgen der Welt-
wirtschaftskrise

DER GEIST
DER NEUEN
MODE

ENTSPRICHT DEM GEIST
DER NEUEN ARCHITEKTUR

Werbeplakat für
Damenmode aus
dem Jahr 1929

die Kunst. 1930 bezog er in der Kreuzberger Waldemarstraße sein erstes Atelier und meldete sich als freischaffender Künstler an. Schon 1924 hatte er in einem Artikel „Moderne Kunst" in der „Märkischen Volkszeitung" geschrieben: „Es ist nun einmal bequem, alles Fragwürdige als modern zu bezeichnen", er selbst sah sich in seinem katholischen Hintergrund fest verankert und arbeitete unbeirrt aus diesem Selbstverständnis heraus.

Er ist ein bekannter Krippenschnitzer geworden. In ganz Deutschland sind zur Weihnachtszeit in Kirchen seine Werke aufgestellt. 1970 hat er in Telgte eine große Ausstellung von Berliner Werkkünstlern organisiert und wurde in den traditionsreichen Verein Berliner Künstler aufgenommen.

Seit 1940 mußte Heltzel Militärdienst leisten und wurde als freischaffender Künstler zu einem Offizierslehrgang angeworben. Diesem versagte er sich aber und blieb einfacher Soldat. Als solcher wurde er abgestellt, Kulturdenkmäler in Nordwestrußland und im Baltikum zu zeichnen. Die damals entstandenen Bilder blieben erhalten und zeigen ein europäisches Kulturerbe, das über den westeuropäischen Rahmen hinausweist.

mit Geld sehr leichtfertig umgegangen wurde und das Modegeschäft manche Scheinblüte trieb. 1927 war trotz der „goldenen 20er Jahre" Flaute, und Heltzel wurde, noch nicht volljährig, entlassen, schlug sich mit Hilfsarbeiten, z. B. auf dem Bau, durch und verlagerte seine Interessen mehr und mehr in

In den letzten Jahren hatte Heltzel wachsenden Erfolg. Zahlreiche Ausstellungen, auch im Berliner Umland, zeugen davon.

Der Staatsangehörigkeit nach ist Heltzel in seinem Leben Österreicher, Tscheche und Deutscher gewesen; dann hatte er den „behelfsmäßigen" Personalausweis der speziellen Einheit Berlin-West und heute einen deutschen Paß, der mit der „Europäischen Gemeinschaft", die aber Tschechien ausschließt, abgestimmt ist. Er selbst hat sich aber nie über eine Staatsangehörigkeit definiert.

Im 17., 18. und 19. Jahrhundert ist die Bürger- und Arbeiterstadt Berlin, die sich abseits von Hofhaltung, Militär und obrigkeitsstaatlicher Organisation entwickelte, von Zuwanderern geprägt worden, die oft von weither und über den staatlichen preußischen Rahmen hinaus hier aus wirtschaftlichen, persönlichen oder politischen Gründen einen neuen Anfang suchten.

Heltzel ist ein Zeuge aus der Zeit vor dem Ersten Weltkrieg, der uns vermitteln kann, wie Berlin sich vor den Umbrüchen des 20. Jahrhunderts als weltoffen begriff und darin seine Stärke zeigte.   *Thomas Flügge*

In der Toleranzstraße mit Gad Beck

Gad Beck, wir befinden uns hier in Berlin in der Großen Hamburger Straße, und diese Straße wird auch Toleranzstraße genannt. Können Sie mir sagen, warum, und was das für Sie bedeutet?

Toleranz, wo, wenn nicht in dieser Straße. Hier haben wir Moses Mendelssohn, den Philosophen der Toleranz. Hier haben wir das katholische Krankenhaus, für Kranke und für Arme speziell. Hier haben wir eine Kirche, in der die Armen sich wirklich versammelten in allen Zeiten. Und wir haben hier diese jüdische Schule – alles ganz dicht beieinander. Alles hat sich immer durch alle Zeiten erduldet und ertragen. Das ist Toleranz. Diese Straße hat diesen Namen verdient.

Sie haben die Nazizeit als Jude versteckt in Berlin überlebt. Wie ist Ihnen geholfen worden?

Wer hat uns geholfen? Das ist eine der wichtigsten und schwerwiegendsten Fragen. Ich habe eben schon gesagt: Wir. Es ging nicht um mich alleine. Es ging um eine ganze Gruppe von Illegalen, jungen verfolgten Juden und Jüdinnen. Die Gruppe wuchs, bis Ende des Krieges waren wir über 100.

Denkmal in der Großen Hamburger Straße, das an die Vernichtung jüdischer Familien in Auschwitz erinnert

Wer hat uns helfen können? Da gibt es eine ganz klare Antwort. Es waren die armen Mitbürger, die armen christlichen Mitbürger dieser Umgebung, aus Solidarität zu den Verfolgten, und sie waren die Armen und hatten auch immer nur Lebenskämpfe zu bestehen. Die haben uns verstanden, und die haben mit Mut sich für uns eingesetzt, und es gibt Leute, die unseretwegen ins Zuchthaus kamen.

Hier war die schwerste Stunde meines Lebens, in dieser Straße. Die Transporte begannen, und jeden Tag wurden Familien und straßenweise Juden in diese Sammellager geführt. Und eines Tages traf es meinen Freund. Wir hatten vorher verabredet, wenn es soweit ist, geht er in die Illegalität. Er hatte die Adresse. Er wußte genau, wo er hinzugehen hatte. Und ich besuchte ihn am Abend, und die Wohnung war versiegelt. Die sieben Personen der Familie waren abgeholt worden. Ich war sehr verzweifelt an dem Abend und überlegte mir, was könnte ich tun, wie kriegte ich ihn raus. Und ging zu dem christlichen Meister, für den er malte, Zimmer malte. Und der war sehr freundlich: „Na, den müssen wir rausholen. Mein Sohn ist doch in der Hitlerjugend, ich geb' dir seine Uniform. Willst du reingehen?" Ich zog die Uniform an – sie war wesentlich größer als ich – und ging in dieses Haus Große Hamburger: Hier war die Gestapo, und hier war die Verwaltung für die Sammellager. Kam rein: „Heil Hitler, möchte den Obersturmbannführer sprechen!" Und der kam auch gleich. „Hier ist der Jude Israel Lewin, der sabotiert uns! Der hat ja an den verschiedenen Stellen unsere Farben, und der hat die gesamten Schlüssel der Wohnungen, die bearbeitet werden müssen! Wir brauchen den!" „Na ja", ruft der: „Lewin!". Und er kommt, und er sieht mich in der Uniform, und der läßt uns aus diesem Haus rausgehen, der Obersturmbannführer. Und wir gehen beide 20 Meter bis dort, und ich gebe ihm 20 Mark und sage ihm: „So, nun fährst du in unser Quartier." Und da bleibt er stehen und dreht sich um und sagt: „Ich kann nicht, die ganze Familie ist da, meine Familie – die alte Mutter, der kranke Vater, der buckelige Bruder, der Asthmatiker! Ich muß bei ihnen bleiben, ich kann doch jetzt nicht flüchten." Und dreht sich um – und geht zurück in dieses Lager.

Hatten Sie jemals Haß-
gefühle?

Wenn man auf dieser Schule erzogen wird,
im Geiste von Moses Mendelssohn, bei dem
Toleranz im Mittelpunkt seiner Lehre stand,
und wenn man dann in jungen Jahren, in eurem Alter, so viel mutige Menschen gefunden hat, die einem geholfen haben, die
einem selbst und meiner Gruppe das Leben
erneuert haben, in schwerster Zeit, dann
kann Haß ganz einfach überhaupt nicht in
einem entstehen. Dann gibt es eine sogenannte Dankbarkeit für die wenigen, die gut
waren.

Das Leid der Jahre, in denen ich ausgegrenzt
war, in denen ich ein Fremder war, wurde
ausgelöscht durch die Mitarbeit und Hilfe
von Leuten, die mich eigentlich hätten auch
verfolgen sollen, so daß ich heute sagen
kann: Ich fühle mich als Bürger dieser Stadt,
wie ich mich nie gefühlt habe. Und dennoch
habe ich immer ein bißchen Angst, ob das so
bleiben wird. Zu jeder Zeit und in jeder Situation soll man versuchen, man selbst als
Mensch zu sein, und soll jede Sache abwägen, und soll nicht mit der Masse mitweinen.

Hinweise zur Erschließung des Gesprächs mit Gad Beck

Was Gad Beck sagt, kann ohne Zweifel zu
den Höhepunkten des Films gezählt werden.
Seine Ausführungen spiegeln Authentizität.
Hier spricht einer wahr, weil alles, was er
sagt, unmittelbar erlebt und erlitten ist.
Berlin erscheint für Momente nicht als
Hauptstadt des „Dritten Reiches", als Zentrale eines menschenverachtenden und men-
schenmordenden Systems, sondern als Ort
der Toleranz, in der Menschen sich erduldet
und ertragen haben (in der Vergangenheit).
Gad Beck betont nun, daß der Faden der Toleranz (seit der Aufklärung) nicht ganz abge-
rissen ist: In der Zeit der NS-Diktatur hat es
sich gezeigt, daß es sogar Menschen gegeben hat, die unter Einsatz ihres Lebens Hilfe
geleistet haben, eingetreten sind für ihre verfolgten jüdischen Mitbürger.
Wenn Gad Beck solchermaßen – ohne die
Blutspur des „Dritten Reiches" zu verharmlo-
sen – auf eine Kontinuität der Toleranz verweist, vermittelt sich die Gewißheit, daß es
tatsächlich so etwas gibt wie ein gelebtes
menschliches Miteinander.
Einige Fragen, über die sich nachzudenken
lohnt, seien formuliert:

– *Toleranz – was heißt das?*
– *Welche Vorstellungen haben hierzu die Aufklä-*
  rer wie Mendelssohn und Lessing beigetragen?
– *Inwiefern kann man Berlin als Ort der Zuflucht*
  verstehen?
– *Was heißt es für den einzelnen, in der NS-Dik-*
  tatur untergetaucht zu sein?
– *Was heißt „gut sein" in Zeiten einer totalitären*
  Diktatur?
– *Welche Rolle hat der alltägliche Widerstand,*
  der Widerstand der „kleinen Leute" im „Dritten
  Reich" gespielt?
– *Wie erklärt sich, daß Gad Beck wohl Angst,*
  aber keine Haßgefühle empfindet?

Zur Vertiefung M3:
a) Edward P. Harris
über Moses
Mendelssohn;
b) Moses Mendelssohn,
Über die Frage: was
heißt aufklären?;
c) Marcel Reich-Ranicki,
Die verkehrte Krone;
d) Hannah Arendt,
Rahel Varnhagen,
Lebensgeschichte einer
deutschen Jüdin aus der
Romantik

Zur Person: Gad Beck

Um den Hackeschen Markt herum, wo Beck die Schüler empfangen hat, lag in der Heidereuther Gasse die älteste Synagoge der Stadt. Mit ihrem Bau 1712 begann ein Aufschwung Berlins; Juden, Hugenotten, Hussiten zogen zu und brachten neues Leben in das Landstädtchen mit Residenz, das Berlin bis dahin war.

In der Synagoge Heidereuther Gasse hat Beck als Jugendlicher Judentum und jüdische Gemeinschaft erfahren, im Verwaltungsgebäude daneben, Adresse Rosenstraße, wurde er im Februar 1943 mit vielen anderen verhaftet, und der Transport in das Vernichtungslager Auschwitz war geplant.

Heute ist die einst größte Synagoge, die „Neue Synagoge", mit der 1866 ein neuer Aufschwung jüdischen und städtischen Lebens erhofft war, teilweise wiederhergestellt, und auf dem Gelände hat ein „Centrum Judaicum", das an jüdische Traditionen gerade auch Berlins und der Gegend um den Hackeschen Markt anknüpfen soll, seine Arbeit aufgenommen.

Becks Mutter Hedwig kam aus einer christlichen Familie, sein Vater war ein Jude aus Wien. Die Eltern hatten nach jüdischem Ritus geheiratet, aus den eigenen Familien heraus kannten sie aber den christlich-jüdischen Gegensatz und mußten ihre Entscheidung gegenüber den Verwandten verteidigen.

In der Synagoge Heidereuther Gasse hat Beck als Jugendlicher Judentum und jüdische Gemeinschaft erfahren, im Verwaltungsgebäude daneben, Adresse Rosenstraße, wurde er im Februar 1943 mit vielen anderen verhaftet, und der Transport in das Vernichtungslager Auschwitz war geplant.

Gad Beck ist mit den Bad Iburger Schülern in der alten Spandauer Vorstadt zusammengetroffen. Dort, im historischen Berlin und in den nördlichen und östlichen, den ärmeren Gebieten der Stadt, war die Familie seiner Mutter verwurzelt, dort ist er am 30. 6. 1923 geboren. Dort, nicht im damals neu angelegten reicheren Westen Berlins, war seine Heimat. Bis zu seinem 18. Lebensjahr, so sagt er, sei er nie über das Brandenburger Tor hinaus in Richtung Tiergarten, Kurfürstendamm oder Grunewald gelangt.

Dann kam der erste schwere Bombenangriff auf Berlin. Die Nazis hatten geprahlt, nie könne die deutsche Hauptstadt getroffen werden, nun hagelte ihnen die Kriegsniederlage von oben und außen herein.

In der Rosenstraße hatte die SS Maschinengewehre aufgebaut, um die Demonstranten, die um ihre Angehörigen kämpften, abzuschrecken, auseinanderzutreiben und vielleicht sogar zu erschießen.

Im Theaterstück „Ab heute heißt Du Sarah" nach Inge Deutschkrons Buch „Ich trug den gelben Stern" heißt es zur Situation im unter Bomben zusammenbrechenden „Dritten Reich": „Es lebe das Chaos, wenn' s donnert,

Als in der sogenannten „Fabrikation" im Februar 1943 alle Berliner Juden, die man fassen konnte, verhaftet und in Abschiebehaft Richtung Theresienstadt und Auschwitz genommen wurden, kamen Becks Vater, seine Zwillingsschwester und er in das Sammellager Rosenstraße, wo die Juden, die mit Partnern nichtjüdischer Herkunft verheiratet waren oder Kinder aus solchen Ehen waren, zusammengefaßt wurden.

In der Rosenstraße stießen die Geheime Staatspolizei, die SS, der NS-Staat auf spontanen Widerstand der Angehörigen der Verhafteten. In der Straße, damals eng bebaut, sammelten sie sich zum Protest.

Der zwanzigjährige Beck sah vor dem Haus seine Mutter und deren vier Schwestern; auch deren Männer, einer in Wehrmachtsuniform, fanden sich ein. Die Angehörigen, nicht nur der Becks, räumten die Straße nicht, Tag und Nacht hielten sie aus. Beck sah, wie sie sich unterhakten.

blitzt und kracht, es lebe das Chaos, der Untergang der Macht."

Angesichts des Bombenangriffs, der ein Vertrauen in eine angeblich erfolgreiche deutsche Kriegsführung erschüttern mußte, traute sich die SS nicht mehr, auf offener Straße auf eine Gruppe aus der eigenen deutschen Bevölkerung zu schießen. Der Protest in der Rosenstraße hatte Erfolg; die Becks und mit

Die wiederhergestellte „Neue Synagoge" mit dem „Centrum Judaicum" in der Oranienburger Straße

ihnen Hunderte anderer Bürger kamen nach circa 5–7 Tagen frei.

Gad Beck ging zusammen mit anderen Jugendlichen in die Illegalität. Zum Schluß waren sie eine Gruppe von etwa hundert Mitgliedern, die sich gemeinsam organisierten und ums Überleben kämpften. In Erinnerung bleibt ein abgelegenes, schwer einsehbares Hausdach, wo sie unter freiem Himmel gelegentlich etwas aufatmeten und auch Lieder sangen. Beck überlebte wie auch sein Vater und die Zwillingsschwestern das „Dritte Reich".

Die Familie der Mutter wandte sich auch noch 1943 gegen den nationalsozialistischen Rassenwahn, sie leistete Widerstand, die Angehörigen wandten sich von Berlin aus den Becks in Wien zu und versuchten, die dortige Familie vor dem Transport zu schützen. Dr. Otto Wolken, ein Wiener Vetter Gad Becks, der als Arzt Auschwitz überlebte, hat nach 1945 berichtet, wie wichtig, Lebensmut gebend, ihm und seinen Angehörigen der Zuspruch durch die Berliner christlichen Verwandten seines Onkels war.

Nach 1945 war Gad Beck in Bayern Sprecher der Vertretung der überlebenden jugendlichen Juden, die meist aus den Lagern der „displaced persons", der versprengten, verschleppten Osteuropäer, kamen. Unter diesen „D. P." war Jiddisch Umgangssprache. Beck eignete sich dessen Gebrauch an.

Seit der Jahrhundertwende war Becks Berliner heimatliche Gegend um den Hackeschen Markt und Alexanderplatz ein Zufluchtsort für Juden gewesen, die aus dem Russischen Reich vor Verfolgung flohen. Schon von Berlin her waren Menschen dieser Herkunft Beck also nicht ganz fremd.

1947 ging Gad Beck, amtlicherseits nicht ganz legal, in das britische Mandatsgebiet Palästina und war bei der Gründung des Staates Israel dabei. Als Nachrücker hätte er in das erste israelische Parlament als Abgeordneter der Arbeiterpartei einziehen können, auf Rat Ben Gurions ging er einen anderen Weg. Er studierte Psychologie; Hilfe für Verfolgungsgeschädigte wurde ihm zur Lebensaufgabe.

Er kannte den Pädagogen Lehmann, der in den 20er Jahren im Berliner Osten in der Dragonerstraße ein selbstverwaltetes jüdisches Volks- und Kinderheim und dann zu Beginn der 30er Jahre Beth Shemen, ein erstes Kinderdorf in Israel, gegründet hatte.

In den 60er Jahren pendelte Gad Beck zwischen Israel und Deutschland, war 1963 Mitbegründer des Bundes deutsch-israelischer Studiengruppen.

Von 1979–1988 leitete er die jüdische Volkshochschule Berlin, die ein großes Angebot für die Stadt Berlin auch über den jüdischen Rahmen hinaus entwickelt hat. Die jüdischen Kulturwochen, die jährlich in Berlin schwerpunktmäßig jüdische Themen aufnehmen, hat er mit auf den Weg gebracht.

Geboren ist er als Österreicher. Mit dem Anschluß Österreichs an das Deutsche Reich 1938 wurde er staatenlos. 1947 ging er nach Israel. Heute lebt er in Berlin. Fragen der Staatsangehörigkeit sind ihm nicht entscheidend. Er macht Mut, im Vertrauen auf ein fruchtbares menschliches Miteinander auch über tiefe Gegensätze hinweg zu leben. Die Kraft dazu bezieht er aus seinem jüdischen Hintergrund.

Im Frühjahr 1995 erschien bei der Edition dia, Berlin, seine Biographie: „Und Gad ging zu David".

Thomas Flügge

Herr Dr. Hildebrandt, ein halbes Jahrhundert lang engagierten Sie sich für die Menschenrechte und haben sich mit der deutschen Teilung auseinandergesetzt. Das Haus am Checkpoint Charlie, auch Mauermuseum genannt, ist Ihr Lebenswerk. War der Ausspruch Walter Ulbrichts, daß kein Mensch daran denkt, eine Mauer zu bauen, eine faustdicke Lüge?

Ja, das war's, und eine faustdicke Lüge sich zu leisten, war auch systemimmanent für die im Stalinismus, wenn es Vorteile bringen konnte. Jeden Tag flüchtete ein Dorf. Und jetzt kamen auch noch in größerem Maße die technische Intelligenz und Leute aus der Versorgung dazu. Man konnte sich also ausrechnen: Wenn jetzt ein Schwellenwert überschritten ist, daß dann ein Zusammenbruch erfolgt. Es mußte also eine blitzartige hermetische Abriegelung erfolgen, und es mußte der Westen getäuscht, irregeführt werden. Und das gelang auch an einem Sonntag. Über Nacht also kam die Abriegelung, und die westlichen Politiker waren auf Wahlreise, und die Menschen in der DDR fühlten sich isoliert, verloren, weil wir im Westen nicht in der Lage gewesen waren, sie ausreichend zu warnen.

Bei Rainer Hildebrandt im Haus am Checkpoint Charlie

Warum haben die Amerikaner eigentlich nicht beim Bau der Mauer eingegriffen?

Es war die Weltenteilung. Zwei Atommächte standen sich gegenüber. Man nannte es Gleichgewicht des Schreckens, aber man nannte es auch Gleichgewicht des Friedens. Und in diesem Prozeß wurde die Welt geteilt in Interessensphären. Die Teilung sollte noch weitergehen. Wenn wir daran denken, an den Prager Frühling, wie er niedergeschlagen worden war. Es war so, daß die Amerikaner auch ihre Probleme hatten, besonders dann in Vietnam und in Kuba. Und so war es eine Politik, eine Weltpolitik, die alle mitbestimmten nach der Devise: Tust du mir nichts, tu ich dir nichts. Und die war noch nicht abgeschlossen. In dieser Politik war die Mauer nur das stärkste Glied in der Weltenteilung.

60

*Können Sie uns sagen,
welche Rolle der Schieß-
befehl spielte?*

Er war unerläßlich, damit die Mauer ihre
Funktion erfüllte. Ein Politiker sagte einmal:
„Würde es keinen Schießbefehl geben,
wären in der DDR die Leitern ausverkauft."
Das sagt schon alles.

*Warum haben die
Grenzsoldaten denn
nicht vorbeigeschossen?*

Oh, sie haben! Am Anfang sehr viele. Ich
denke daran, wie auch mancher über seiner
Kalaschnikow, wenn er sie abgenommen hat,
ein Kreuz gemacht hat. Aber das System sta-
bilisierte sich ja, und in der Politik gilt: Nichts
ist erfolgreicher als der Erfolg. Das heißt, die
Indoktrinierung, der Glaube, wir schützen
den ersten sozialistischen Staat auf deutschem Boden. Der wurde eben auch bei den
Grenzsoldaten durch die Auslese, durch die
Indoktrinierung haltbarer und haltbarer.

*Gibt es für Sie ein Erleb-
nis, wo Sie das Fremd-
sein besonders stark
gefühlt haben?*

Oh ja, es war in den letzten Kriegstagen.
Man hatte mich gefaßt, ich war fahnenflüch-
tig, aber meine Papiere waren in Ordnung.
Draußen hingen schon an den Bäumen die
Opfer der Werwolf-Kommandos, und es gab
eine Leibesvisitation. Ich hatte einen Hand-
schuh, den ließ ich fallen, da stand drin, daß
man mich nicht gefangennehmen möchte,
daß ich politischer Gefangener war.
Und den hab' ich dann auch mit dem Fuß
unter den Tisch geschoben, und während die
Leibesvisitation stattfindet, sagt ein
Mädchen, daß ich etwas eindringlich ange-
schaut hatte, zu dem, der die Leibesvisitation
macht: „Laßt den, an dem ist nichts dran."

Und ich habe noch in derselben Nacht mit
diesem Mädchen, in demselben Hotel, in einem Bett gelegen, und mit ihrer Freundin
auch, und da fingen sie an zu beten: „Lieber
Gott, rette die SS, vernichte noch alle Juden."
Und sie hatten neben sich in ihrem Bett einen, der auch jüdischer Abstammung war
und der sich vorgenommen hat: Wenn ich
das überlebe, werde ich diesen Mädchen
nichts tun.

Hinweise zur Erschließung des Gesprächs mit Rainer Hildebrandt

Die Aussagen Dr. Hildebrandts umkreisen das
Geschehen in der DDR seit dem Mauerbau:
1. Der Mauerbau als blitzartige hermetische
Abschottung der DDR ergab sich aus der
Notwendigkeit, aufgrund erheblicher Ab-
wanderung einen sonst vorsehbaren Zusammenbruch des Staates zu vermeiden.
2. Der Mauerbau ist das Ergebnis einer Auf-
teilung der Interessensphären zwischen Ost
(UdSSR) und West (USA).
3. Was als Unmenschlichkeit erscheint, hier
der Schießbefehl, ist Ergebnis einer ideologischen Indoktrinierung.
Zum anderen verdeutlicht die Biographie,
was Zivilcourage, bewußt die Strategie des
gewaltlosen Widerstands aufnehmend, vermag, wenn es darum geht, gegen Unrecht
anzugehen.

Zur Person: Dr. Rainer Hildebrandt

Wer ihn erlebt, wird ihm die 70 Jahre nicht
ansehen. Es sind nicht nur die sprühenden
Augen und die Begeisterungsfähigkeit, die
Rainer Hildebrandt jünger wirken lassen, als
er es vom Geburtsdatum her ist. Wenn er im
Haus am Checkpoint Charlie, das sein Lebenswerk wurde, unterwegs ist, wenn er
dort Besucher empfängt, über seine Arbeit
spricht, neue Ideen entwickelt und dafür
um Unterstützung wirbt, könnten ihn wesentlich Jüngere um seine Energie und Vita-
lität beneiden.

Rainer Hildebrandt wurde 1924 in einer südwestdeutschen Künstlerfamilie geboren, verbrachte seine Jugend in Berlin und studierte
dort auch Kunstgeschichte und Psychologie.
Durch Albrecht Haushofer, einen seiner akademischen Lehrer, kam er in Kontakt zu den
zivilen Kreisen der Widerstandsverschwörung
von 1944. Hildebrandt hatte Glück, mit kür-
zerer Haft davonzukommen, die Zeit des
antinazistischen Widerstands blieb aber prägend für sein späteres Leben.

Im Westberlin der Nachkriegszeit kümmerte
sich Rainer Hildebrandt um die Situation der
Flüchtlinge, Kriegsgefangenen und Vertriebenen. Er erlebte die Blockadezeit Westberlins
1948/49 und half dabei, den demokratischen
Überlebenswillen der Bevölkerung zu mobilisieren.

**Rainer Hildebrandt
wurde 1924 in einer südwestdeutschen Künstlerfamilie geboren,
verbrachte seine Jugend in Berlin und studierte dort auch Kunstgeschichte und Psychologie.**

Mit dem Bau der Berliner Mauer 1961 stand
Hildebrandt vor der wahrscheinlich größten
Herausforderung seines Lebens. Eine Millio-
nenstadt wurde nicht nur politisch geteilt,
mit dieser Mauer wurde auch eines der mon-
strösesten politischen Bauwerke der Geschichte geschaffen. Freundschaften und Familien waren auseinandergerissen, das Leben
in der Stadt völlig zerschnitten. Die Reaktio-
nen der großen Politik im Westen waren hilflos. Mit einer Handvoll Idealisten, jungen Studenten der Freien Universität, Bekannten und
Freunden gründete Rainer Hildebrandt die
Arbeitsgemeinschaft 13. August. Aktive

Bau der Mauer in
Berlin am
13. August 1961

Fluchthilfe war die eine nicht ungefährliche
Seite der Arbeit, die Dokumentation des
Mauerunrechts die andere, die immer wichtiger wurde. Hildebrandt war in all den Jahren,
in denen er die Ausstellungen seines Hauses
aufbaute, überzeugt davon, daß noch lange
Jahrzehnte nach der Überwindung der Mauer
die Menschen staunend vor dieser Ungeheu-
erlichkeit stehen würden, ihre Fragen und ihr
Interesse nicht verstummten.

So ist es auch gekommen. Bis heute, mehr als
fünf Jahre nach dem Fall der Mauer, zieht das
Mauermuseum jährlich hunderttausende Besucher in seinen Bann. Gleichzeitig ist das
Haus am Checkpoint Charlie alles andere als
ein reines Museum, sondern ein Ort der le-
bendigen kontroversen Begegnung und der
Auseinandersetzung mit Gegenwartsfragen.

Im Laufe seines Lebens wurden für Rainer
Hildebrandt die Fragen nach den Prinzipien
gewaltlosen Kampfes immer wichtiger. „Von
Gandhi bis Walesa" ist der programmatische
Titel eines seiner Bücher, und er spannt den
Bogen tatsächlich, von der Tradition Gandhis
über die amerikanischen Bürgerrechtsaktivi-
sten um Martin Luther King bis zur osteuropäischen Menschenrechtsbewegung und
der polnischen Solidarnosc. „Nicht die
Darstellung des Unrechts und der Verbre-
chen ist das Wichtigste", pflegt Hildebrandt
zu sagen, „sondern die beispielhaften Initiativen dagegen."

Zivilcourage, der gewaltlose Einsatz für Menschenrechte und der Anspruch der Versöh-
nung mit dem früheren Feind sind Werte, die
in Deutschland selten eine Heimat fanden.
Um so wichtiger sind die Orte und Menschen, wo sie zu finden sind.   *Wolfgang Templin*

Bei den Filmauf-
nahmen vor dem
Museum am
Checkpoint Charlie

Im Park mit Günter Schabowski

Herr Schabowski, in der Endphase der DDR waren Sie eines der führenden Mitglieder des Politbüros. Am 9. November 1989 haben Sie über die Medien den Fall der Mauer bekanntgegeben. Damit haben Sie auch Ihren eigenen Fall eingeleitet. Bereuen Sie das aus Ihrer heutigen Sicht?

Tja, so ist das nun mal. Der Mensch bildet sich irgendwas ein, und das Schicksal und der liebe Gott lenken, wenn man so will. Aber ich bereue das nicht. Als es passierte, war es natürlich schlimm, weil es ein Absturz war. Aber inzwischen sind ja einige Jahre vergangen, und da hat man Zeit, darüber nachzudenken, man liest viel, man diskutiert. Auch heute ist klar, und längst ist klar, daß dieses Ende unausweichlich war. Also muß man es akzeptieren, wenn man weiterleben will, wenn man bestehen will.

Warum haben die Russen eigentlich nicht eingegriffen? Sie hätten die Einheit Deutschlands doch verhindern können?

Sie haben nicht eingegriffen, weil sie zu diesem Zeitpunkt nicht mehr eingreifen wollten und nicht mehr eingreifen konnten. Natürlich hat man in Moskau zu diesem Zeitpunkt noch nicht daran gedacht, daß sich aus der Selbstbefreiung der Menschen in der DDR die Einheit Deutschlands entwickeln würde. Zu dem Zeitpunkt ging es ja nur darum, ob sowjetische Truppen eingreifen würden, die in der DDR stationiert waren, um diese revolutionäre Bewegung zu stoppen. Aber das konnte Gorbatschow zu diesem Zeitpunkt schon nicht mehr, denn er war ja der Reprä-

sentant oder Verkünder einer Politik, die darauf abzielte, die ideologische Feindschaft, die die Welt in zwei Lager teilte, zu überwinden. Und wenn sowjetische Truppen Menschen in der DDR niedergeschossen hätten, dann wäre das der Verrat an seiner eigenen Sache, an seiner eigenen Ideologie gewesen. Das war sicherlich das Bestimmende dafür, daß die sowjetischen Truppen nicht eingegriffen haben.

Günter Schabowski bei der historischen Pressekonferenz am 9. November 1989

64

Gab es zu DDR-Zeiten
auch schon Ausländer-
feindlichkeit?

Tja, wenn man mir diese Frage zu Zeiten der
DDR gestellt hätte, dann hätte ich sie natürlich entschieden bestritten, weil in der DDR
Internationalismus und Völkerfreundschaft
Bestandteil der offiziellen Politik waren. Und
was nicht sein durfte, konnte nicht sein. Also,
wie die Leute aber zu Hause in ihren vier
Wänden über einen Algerier oder Afrikaner
dachten, ist eine ganz andere Frage. Und
nach dem Ende der DDR hat sich herausge-
stellt, daß diese von oben verordnete Auslän-
derfreundlichkeit eher im Grunde nicht re-
flektiert war und nicht sehr tief saß. Das zeigen ja die Exzesse, die auch in der
ehemaligen DDR stattgefunden haben. Aber
eine andere Sache scheint mir doch noch
sehr viel wesentlicher zu sein. Es gab eine
Ausländerfeindlichkeit, die sich aus ganz anderen Wurzeln speiste. Es gab also die Haltung zur Bundesrepublik zum Beispiel, also
zum zweiten deutschen Staat, als ein Verhältnis zu einem ausländischen Land, und nicht
nur also zu irgendeinem ausländischen Land;
sondern es war ein Feindesland, wenn man
so wollte, weil das ja ein kapitalistisches, ein
imperialistisches und demzufolge ein dem
Sozialismus unfreundlich gegenüberstehen-
des Land war, und jeder Bürger war sozusagen ein Ausländer, dem man überhaupt
nicht freundlich begegnen durfte, wenn man
nicht gegen die eigene staatliche Räson verstoßen wollte.

*Für die einen sind Sie ein
Wendehals und Verräter.
Für die anderen bleibt es
dabei: einmal Kommu-
nist, immer Kommunist.
Wie gehen Sie mit dieser
Isolation und Ausgren-
zung um?*

Mit solchen Vorwürfen oder Verurteilungen
muß natürlich jemand leben wie ich, der eine
solche Vergangenheit hat, der in dieser Phase
der Geschichte, der deutschen Geschichte,
eine bestimmte Verantwortung getragen hat.
Aber ich glaube, es wäre das Falscheste – und
meine Realität hat mir das auch bewiesen –,
wenn ich in Selbstbemitleidung versacken

Vor dem Palast der Republik

oder bei meinen alten Denkfehlern verharren
wollte. Also wichtig ist, daß man die Courage
findet und die Courage sucht, sich mit seinen
eigenen Fehlern auseinanderzusetzen, dann
kann man neue Freiheiten gewinnen, dann
kann man auch eine solche Isolation, wenn
sie sich aufbauen sollte im Umfeld, überwinden. Aber man muß auch den Mut besitzen,
zu einer solchen Öffnung und Öffentlichkeit
– also euer Film, der ist auch eine Chance für
jemanden wie mich, diesen Weg zu wählen,
sich mit sich selbst und mit der eigenen Vergangenheit auseinanderzusetzen. Einen anderen Weg aus der Selbstisolation oder aus
der Isolation gibt es nicht.

Hinweise zur Erschließung des Gesprächs mit Günter Schabowski

Günter Schabowski stellt sich in diesem Gespräch schwierigen Fragen nach der Ursache von Entwicklung in der Geschichte, nach eigenem Versagen in solchen Wendefällen.

– *Wie vollzieht sich Wandel in der Geschichte?*

– *Machen Männer (Gorbatschow) und Militärs Geschichte oder rollt der Geschichtswagen unaufhaltsam dahin, orientiert an Weichenstellungen wie Selbstbefreiung, Menschenrechtsdeklarierungen, Ideen, Tugenden?*

Schabowski analysiert, daß es zu Zeiten der DDR auch so etwas wie Ausländerfeindlichkeit gab, wenn auch aus anderen politischen Zielsetzungen. Er weist hin auf das Feindbild Westdeutschland, das aus staatlicher Räson mit allen Negativbildern wie Imperialismus, Kapitalismus, Faschismus besetzt wurde, um als Feindbild zu taugen.

– *Welche Funktionen haben Feindbilder in politischen und gesellschaftspolitischen Strategien?*

Schabowski hat den Mut, den Vorwurf, er sei ein Wendehals, ein Opportunist, ein Verräter, anzunehmen und sich damit auseinanderzusetzen.

– *Welche Möglichkeiten hat ein Mensch, sich aus dem Selbstmitleid, der Isolation, der Verschlossenheit zu befreien?*

Zur Person: Günter Schabowski

Zur Vertiefung M4:
Artikel „Geschichte"
und „Gesellschaftliche
Triebkräfte" aus dem
Philosophischen Wörterbuch von Georg
Klaus und Manfred
Buhr

Günter Schabowski wurde 1929 im vorpommerschen Anklam geboren und begann in den 50er Jahren im mecklenburgischen Vorpommern als überzeugter Jungkommunist, Mitglied der Freien Deutschen Jugend und der SED seine Parteikarriere. Er ließ sich zum Journalisten ausbilden, arbeitete bei der DDR-Gewerkschaftszeitung und studierte in den 60er Jahren in Moskau. Später wechselte er zum Zentralorgan der SED, dem „Neuen Deutschland", und rückte dort in die Chefredaktion auf. Er wurde zu einem der wichtigsten Mitarbeiter im Propagandaapparat, stieg in die Höhen des Zentralkomitees, wurde Anfang der 80er Jahre Kandidat und wenig später Vollmitglied des Politbüros.

Immer wenn die Rede vom Leben in der DDR ist, wenn man auf das Unrecht in der Diktatur und die Toten an der Mauer zu sprechen kommt, taucht die Frage auf: Wer war eigentlich dafür verantwortlich? War das ganze System von den Russen aufgezwungen, und waren alle deutschen Kommunisten nur unfreiwillige Erfüllungsgehilfen? Wer konnte unter dem Dach der sowjetischen Herrschaft und unter dem Schutz der russischen Panzer in der DDR reale Macht ausüben?

Massenaufmarsch zum 1. Mai 1989; FDJ-Mitglieder tragen Fotos der Mitglieder des SED-Politbüros

Irgendwann kommt in solchen Gesprächen unweigerlich das höchste Führungsgremium der SED vor, das Politbüro. Eine Runde von anderthalb Dutzend meist sehr alten Männern, drei bis vier Frauen darunter gemischt. Über dieses Politbüro gab es in der DDR Hunderte von Geschichten, Witzen, Anekdoten. Eine Mischung aus Furcht und Gruseln überfiel die meisten Menschen, wenn sie davon sprachen. Was sich genau hinter den gewaltigen Mauern der SED-Parteizentrale am Marx-Engels-Platz abspielte, wo das Politbüro jeden Dienstag tagte und seine Mitglieder residierten, wußte niemand, der nicht drinnen saß. Bekannt war nur, daß dieses Politbüro Entscheidungen traf, die für das Leben in der DDR bestimmend waren. Kein Minister der Regierung, kein Richter, kein Direktor eines staatlichen Betriebes konnte eine einigermaßen wichtige Entscheidung treffen, wenn er dafür nicht den Segen des Politbüros hatte. Dort wurde im wahrsten Sinne des Wortes über „Leben und Tod" entschieden (oft taten dies aber auch die Generalsekretäre der SED, Walter Ulbricht und später Erich Honecker, mit einem einzigen Federstrich). Dort wurden Lohnerhöhungen besprochen, Versorgungsengpässe diskutiert und der Bau der Mauer vorbereitet.

Zu diesem Gremium gehörte in den letzten zehn Jahren bis zum Zusammenbruch des SED-Regimes auch Günter Schabowski. Er wurde 1929 im vorpommerschen Anklam geboren und begann in den 50er Jahren im mecklenburgischen Vorpommern als überzeugter Jungkommunist, Mitglied der Freien Deutschen Jugend und der SED, seine Parteikarriere. Er ließ sich zum Journalisten ausbilden, arbeitete bei der DDR-Gewerkschaftszeitung und studierte in den 60er Jahren in Moskau. Später wechselte er zum Zentralorgan der SED, dem „Neuen Deutschland", und rückte dort in die Chefredaktion auf. Er wurde zu einem der wichtigsten Mitarbeiter im Propagandaapparat, stieg in die Höhen des Zentralkomitees, wurde Anfang der 80er Jahre Kandidat und wenig später Vollmitglied des Politbüros. Stationen einer Bilderbuchkarriere, so sollte man meinen. Schabowski galt für viele als Hardliner und unbeirrbarer Kommunist. Andere sahen in ihm den geschickten Mann der zweiten Reihe, der sich anschickte, Honecker zu beerben.

Weltbekannt sind die Bilder aus den Herbsttagen 1989 geworden: Schabowski zieht auf einer Pressekonferenz einen Zettel aus der Tasche und verliest überraschend den Beschluß über die Öffnung der Mauer; Schabowski in erbitterter Diskussion mit der aufgebrachten Bevölkerung; Schabowski nach der Ablösung Honeckers mit Hans Modrow und Egon Krenz. Wer ist Günter Schabowski heute? Warum wird er von seinen alten Freunden und Genossen als Verräter und Abtrünniger gemieden und gebrandmarkt? Warum vermag er es als einziger aus dem Kreis der alten Führungsriege, offen über eigene Schuld und Verantwortung zu sprechen? Warum bekennt er sich zu der Einsicht und Erkenntnis, die DDR sei ein Unrechtstaat gewesen? Kann man das wirklich als Manöver eines „Wendehalses" abtun? Schabowski hat die Konsequenz aus den schweren Fehlern seines bisherigen Lebens gezogen, spricht darüber und hat den Neuanfang gewagt. Er arbeitet als einfacher Zeitungsredakteur in einer hessischen Kleinstadt, drängt sich nicht in die Öffentlichkeit, stellt sich aber den unangenehmen Fragen und Herausforderungen.

Der Weg vom überzeugten Kommunisten zum Demokraten, der dornenreiche Weg des Renegaten, den vor ihm viele gingen und dafür auch den Hohn und die Abscheu der alten Genossen ernteten, ist für Günter Schabowski zu einer neuen Herausforderung geworden. *Thomas Flügge*

Mit Ulrike Poppe
in der Gethsemane-Kirche

Frau Poppe, Sie kommen aus der Unabhängigen Bürgerbewegung der DDR. 1985 haben Sie die Oppositionsgruppe „Initiative für Frieden und Menschenrechte" mitgegründet. Hat sich Ihr Lebensgefühl heute, im Vergleich zu DDR-Zeit, grundlegend geändert?

Mein Lebensgefühl hat sich total verändert. Erst einmal ist die Angst weg. Wer in der Opposition gearbeitet hat, mußte immer mit Verhaftungen rechnen oder anderen Repressionen, was besonders problematisch ist für den, der Kinder hat, und ich habe zwei Kinder. Und ich mußte doch befürchten, daß sie bei einer Verhaftung vielleicht in ein Heim kommen oder auch keine Ausbildungschancen kriegen. Ich hatte auch keine Arbeit mehr zum Schluß, mein Mann durfte nicht in seinem Beruf arbeiten, unsere Wohnung wurde abgehört, das Telefon wurde abgehört, die Briefe geöffnet. Dieses Gefühl, ständig kontrolliert und überwacht zu werden, ist schon ein schwer zu ertragendes Gefühl, das mir so erst richtig bewußt wurde, als alles vorbei war.

„Ossis" und „Wessis"
sind ja eigentlich zwei
scheußliche Begriffe, die
die Deutschen trennen.
Wie sehen Sie das?

Nicht die Begriffe trennen die Deutschen, sondern die gegenseitigen Abwertungen, die damit verbunden sind. Ich denke, es ist ganz normal, daß in unterschiedlichen Gesellschaften sich auch verschiedene Prägungen, verschiedene Mentalitäten herausbilden. Nur ist es die Frage, ob man die abwerten muß, indem man z. B. vom Besserwessi oder Jammerossi spricht. Ich denke, das Problem liegt darin, daß die Deutschen dazu neigen, immer Sündenböcke, Schuldige für die Krise zu suchen. Und da bietet es sich an, diese im jeweils anderen Teil Deutschlands zu finden. Und ich sehe auch ein Problem in diesen Klischees darin, daß damit suggeriert wird, daß es so eine Gemeinschaft der Ostdeutschen gegeben hat und auch heute noch gibt, und ich glaube, das ist ein Mythos, denn mir z. B. sind viele, die dem Regime nah waren in der DDR, bis heute außerordentlich fremd und viele in Westdeutschland eher nah. So meine ich, man sollte dies nicht kultivieren, diese Unterschiede.

Ja, hier habe ich zu DDR-Zeiten gewohnt, mit meinem Mann und meiner Familie. Dort oben, wo Sie das grüne Fenster sehen, das war unser Wohnzimmer, wo unsere Gesprächsabende immer stattfanden. Das Hinterhaus war damals noch bewohnt, der Seitenflügel war schon immer eine Ruine.

Sie haben von Ihrer Zeit
als Oppositionelle in der
DDR und als Bürger-
rechtlerin erzählt. Wie
können Sie diese Erfah-
rung in Ihre jetzige
Arbeit einbringen?

Opposition in der Diktatur ist etwas völlig anderes als in der Demokratie. Und wir waren mit unseren speziellen Arbeitsmethoden oft auf die Diktatur ausgerichtet, und insofern kann ich nicht von diesen Erfahrungen profitieren. Aber dennoch nützen mir die Erfahrungen etwas, und zwar, glaub' ich, bin ich empfindsam geworden gegen alle Anmaßungen von Autoritäten. Ich bin inzwischen außerordentlich mißtrauisch gegenüber Leuten, die glauben, die absolute Wahrheit verkünden zu können, und ich würde mich immer dafür einsetzen, daß auch anderen Meinungen Geltung verschafft wird, anderen Positionen, auch wenn sie nicht meine sind.

Und dazu habe ich eine gute Möglichkeit in meiner Arbeit. Ich mache politische Bildung. Hier oben an der Decke, unterm Putz, befand sich ein Mikrofon, welches von oben, vom Trockenboden her hier installiert worden ist. Wir hatten das damals gefunden und ausgebaut. Hier war nämlich der Tisch mit den Sitzmöbeln drumherum. Und da draußen, in der Wohnung gegenüber, gab es eine Videokamera. Wir haben in der Stasiakte lesen können, das war der sogenannte Beobachtungsposten „Linde", und mit dieser Kamera wurde unser Eingang überwacht und damit wurde auch hier in dieses Zimmer hineingefilmt.

Die DDR war Ihre Heimat. Gab es für Sie dennoch Situationen, in denen Sie sich als Fremde gefühlt haben?

Ja, die gab es. Ich bin zwar in der DDR groß und auch von ihr geprägt geworden, aber dennoch gab es Situationen, wo ich mich doch sehr als Außenseiterin gefühlt habe, sehr alleine. Zum Beispiel, wenn am 1. Mai oder am 7. Oktober die Jubelparaden durch die Straßen zogen, dann fühlte ich mich nicht zu diesem Land dazugehörig, fühlte ich mich fremd. Oder auch z. B. einmal, als ich verhaftet werden sollte auf der Straße, einer Hauptverkehrsstraße, der Prenzlauer Allee. Da stürzten mehrere Männer in Zivil auf mich zu und versuchten, mich mit Gewalt in ein Auto zu zerren, und ich schrie ganz laut, ich wollte mich wehren, weil meine Kinder auch alleine zu Hause waren, die waren damals noch sehr klein, und ich kriegte mit, daß die Passanten wie mit Scheuklappen versehen so ihrer Wege gingen und niemand fragte: Was passiert da eigentlich? Und da habe ich mich schrecklich fremd gefühlt.

Hinweise zur Erschließung des Gesprächs mit Ulrike Poppe

Ulrike Poppe berichtet leise über ihre Zeit in der DDR als Bürgerrechtlerin. Sie beschreibt den alltäglichen, den banalen, den wirksamen Terror, der den Dauerton Angst verursacht, vor allem dann, wenn man mit Mann und Kindern lebt, denen man sich verantwortlich fühlt.

– *Beschreiben Sie die gängigen, in aller Welt ähnlichen Techniken des Terrors.*

Ulrike Poppe äußert sich zu Schlagworten wie „Ossi", wie „Wessi", zu dem Problem, daß jeweilige Gesellschaften bestimmte Prägungen, mentale Besetzungen, Klischeevorstellungen produzieren, um ein Gemeinschaftsgefühl zu erzeugen, das nur falsch und verlogen sein kann, aber Aufgaben erfüllt.

– *Machen Sie sich Gedanken über die Herkunft und Bedeutung von Vorurteilen: der „faule Italiener", der „knarrende Deutsche", der „geizige Schotte", der schlagende, neonazistische glatzköpfige Hauptschüler.*

Ulrike Poppe äußert sich über den grundlegenden Unterschied von Opposition in der Diktatur und in der Demokratie. Opposition in der Diktatur ist sicherlich gefährlicher, aber auch spannender, heroischer. Opposition in der Demokratie ist scheinbar weniger notwendig, schafft keine medienwirksamen Helden, ist aber gleichwohl für eine lebendige Demokratie notwendig.

– *Wo ist meine Heimat? Da, wo ich helfende Menschen finde, die mich verstehen, die wie Freunde sind?*

Zur Vertiefung M5: Jochen Klepper, Unter dem Schatten deiner Flügel

Filmaufnahmen in der Gethsemane-Kirche

Zur Person: Ulrike Poppe

Ulrike Poppe wurde im Januar 1953 geboren, wenige Jahre nach Gründung der DDR und nur fünf Monate vor dem Volksaufstand des 17. Juni 1953. Ihre Kindheit und Jugend verbrachte sie in Rostock und Hohenneuendorf bei Berlin. Sie wuchs in einem behüteten Intellektuellenhaushalt auf, der Vater war Historiker und die Mutter Slavistin.

Der schönen dunkelhaarigen Frau sieht man ihr Alter und die Jahre der Oppositionszeit in der DDR nicht an. Es gibt ein bestimmtes Medienbild von den Frauen und Männern der Bürgerrechtsbewegung, die diese als weltfremd und moralisierend, vom Gedanken der Rache besessen und gesellschaftlich in der Ecke stehend, wahrnehmen will. Nichts von alldem trifft auf Ulrike Poppe zu. Als Studienleiterin an der Evangelischen Akademie Berlin-Brandenburg ist sie viel mit Öffentlichkeit konfrontiert, wird häufig zu Veranstaltungen und Vorträgen eingeladen und bewegt sich im akademischen Raum genauso sicher wie auf der politischen Bühne oder im heimatlichen Prenzlauer Berg.

Ulrike Poppe wurde im Januar 1953 geboren, wenige Jahre nach Gründung der DDR und nur fünf Monate vor dem Volksaufstand des 17. Juni 1953. Ihre Kindheit und Jugend verbrachte sie in Rostock und Hohenneuendorf bei Berlin. Sie wuchs in einem behüteten Intellektuellenhaushalt auf, der Vater war Historiker und die Mutter Slavistin. Dennoch begann ihr kritisches Fragen bereits in der Schule. 1971 begann sie mit dem Studium der Kunsterziehung und Geschichte an der Ostberliner Humboldt-Universität, merkte aber nach wenigen Semestern, daß sie zum Lehrerberuf in der DDR nicht taugte. Sie brach das Studium ab und arbeitete bis Ende der 80er Jahre in einem Museum. Mit ihrem Mann, dem Physiker und Oppositionellen Gerd Poppe, lebte sie seit Mitte der 70er Jahre im Ostberliner Aussteigerviertel Prenzlauer Berg. Ihre Wohnung wurde zu einem Zentrum der Alternativkultur und der Dissidenz. Lesungen, Ausstellungen, Diskussionen, deren Inhalte und Beteiligte von der offiziellen DDR abgelehnt und bekämpft wurden, fanden hier regelmäßig statt. Ulrike und Gerd Poppe hatten enge Kontakte zu Robert Havemann, dem DDR-Staatsfeind Nr. 1 in den 70er Jahren. Als die unabhängige Friedensbewegung der DDR mit ihrem Symbol „Schwerter zu Pflugscharen" entstanden war, gründete Ulrike Poppe zusammen mit der

Malerin Bärbel Bohley und weiteren Frauen den Aktionskreis „Frauen für den Frieden". Ende 1983 kam es zu ihrer ersten Inhaftierung durch die DDR-Staatssicherheit, die den Versuch bedeutete, die oppositionelle Frauengruppe zu zerschlagen. Ulrike Poppe selbst zu dieser Situation: „Im Rückblick muß ich sagen, daß die U-Haft nicht das Schlimmste war. Schlimmer war die permanente Verunsicherung, waren die Zersetzungsversuche und all das, was die Staatssicherheit unternommen hat, um uns das tägliche Leben zu erschweren. Es gab eine ständige Angst, in der wir gelebt haben. Wir hatten Angst, daß wir beide – mein Mann und ich – gleichzeitig verhaftet würden und unsere Kinder dann ins Heim kämen."

Durch die Solidarität und den Protest vieler Menschen war die Staatssicherheit der DDR gezwungen, Ulrike Poppe nach wenigen Wochen zu entlassen. Zwei Jahre später wurde sie zur Mitbegründerin der „Initiative für Frieden und Menschenrechte", einer staats- und kirchenunabhängigen Menschenrechtsgruppe. Bis zum Ende der DDR setzte sich Ulrike Poppe für die Menschenrechts- und Demokratiebewegung ein und konnte den Herbst 1989 als einen Höhepunkt ihres Lebens begrüßen. Die Jahre des Widerstandes in der DDR, die Repressionen der Staatssicherheit und die stetige Angst um ihre Familie haben sie nicht hart und verbittert werden lassen, aber ihren Sinn für Zivilcourage und Gerechtigkeit geschärft. Keine Demokratie wird solche Eigenschaften ihrer Bürgerinnen und Bürger auf Dauer unbeschadet entbehren können.   *Wolfgang Templin*

Auf der Terrasse bei Artur Brauner

Herr Brauner, wir freuen uns, bei Ihnen zu Gast zu sein. Sie sind in der ganzen Welt als Filmproduzent bekannt. In dem Film „Hitlerjunge Salomon" stellen Sie das Schicksal eines Juden dar, der in der Hitlerjugend Karriere macht. Weist dieser Film Parallelen zu Ihrem Leben auf?

Nein. Wie gesagt, die Anfänge sind die gleichen, wir stammen beide aus der Stadt Lodz, die Familien waren sehr bekannt miteinander, aber die Story von ihm, seine Lebensgeschichte, ist so einzigartig, daß sie nicht wiederholbar war. Er war passiv in seiner ganzen Art und schlenderte hinein in die Hitler-Jugend, ich war aktiv und hatte nur einen einzigen Traum, einen Wunsch: in die Nähe von Hitler zu kommen, um ihn dann nach Möglichkeit bei der nächsten Gelegenheit umzubringen. Insofern sind es zwei verschiedene Schicksale.

Aus dem Film
„Hitlerjunge Salomon"

Gibt es ein Erlebnis,
welches für Ihr Leben
wegweisend war?

Zur Vertiefung M6:
„Die Auflösung der
Parteien"

Ja, der 25. August 1939. An diesem Tage hat
Stalin mit Hitler zusammen den Pakt unter-
schrieben, der zum Zweiten Weltkrieg führte
und 55 Millionen Tote verursachte. Ich war
erschüttert in meinem Glauben – ich war in
eurem Alter –, und mein ganzes Lebensbild
war zerstört, daß Hitler und Stalin einen solchen Vertrag unterschreiben konnten, um
andere Länder zu überfallen. Von diesem
Moment an habe ich eigentlich jedes Vertrauen an Parteien verloren, und negiere und
ignoriere jede Partei, weil ich weiß, daß es
nicht um das Wohl der Wähler geht, sondern
um die eigene Partei. Und ich muß sagen,
daß Politik ein schmutziges Geschäft gewesen ist und geblieben ist. Ihr müßt alle vorsichtig sein vor Dogmen und Parolen und
Euch nicht durch Sprüche überrollen lassen.

Für viele stellt der Frem-
denhaß in Deutschland
schon wieder eine Bedro-
hung dar. Wie sehen Sie
das?

Ich würde sagen, vor allem ist er eine Bedrohung für das Image Deutschlands in der
Welt. Im Fernsehen laufen die Bilder von den
grölenden Nazis, von den Schlägereien, von
den Heimen, die brennen, und das ist ein
Schaden, den man gar nicht mehr bezahlen
kann und gutmachen kann. Im Innern
Deutschlands wissen wir alle, was passiert,
und ich meine, daß, solange ein Schönhuber,
ein ehemaliger SS-Sturmführer, in der Lage
ist, Parteiführer zu sein und eine Partei offen
zu führen, und solange er sein Hetzblatt her-
ausgeben darf, darf man sich nicht wundern,
daß es neue Nazis gibt. Es liegt jetzt an der
Jugend, an Euch, an der positiven, demokratischen Jugend, dagegen anzukämpfen. Nur
Ihr könnt – mit niemand anderem – Euch ge-
genüberstellen und überall, wo es solche
Ausschreitungen gibt, dagegen einschreiten.

Hinweise zur Erschließung des Gesprächs mit Artur Brauner

Der Jude Brauner erläutert, wie er als Jugend-
licher – erschüttert über den Stalin-Hitler-
Pakt vom 25. August 1939 – den Plan faßt,
Hitlerjunge zu werden, um Hitler umzubrin-
gen. Zugleich verliert er von nun an jegliches
Vertrauen in die Politik, in Politiker, in
Parteien.

– *Welche politische Wirkung hat es auf Jugendli-*
  che, vorsichtig zu sein gegenüber Dogmen,
  Parolen und Sprüchen? Ist diese Vorsicht
  berechtigt?

Brauner weiß, wie schädlich es für das Image
Deutschlands ist, wenn Nazis wieder grölen,
wenn es neonazistische Parteien gibt und
diese nicht verboten werden.

– *Können Jugendliche dafür Verständnis aufbrin-*
  gen, wenn aus öffentlich-taktischen Erwägun-
  gen neonazistische Parteien nicht nur nicht
  verboten werden, sondern Gelegenheit haben,
  in der Öffentlichkeit zu agieren, in Landtagen
  zu sitzen, finanzielle Mittel des Staates zu
  erhalten?

Zur Person: Artur Brauner

Artur Brauner, 1918 in Lodz, Polen, geboren, überlebte die deutsche Besatzung Polens und die mörderische Verfolgung der Juden. Gegen Kriegsende floh er aus einem Lager und kam im Frühsommer 1945 mit seinem Bruder Wolf nach Stettin. Die Stadt ist im Krieg stark zerstört worden, fiel an Polen und mußte von der deutschen Bevölkerung geräumt werden.

Mitten in Zerstörung und Umbruch sprachen die Brüder Brauner über Zukunftspläne. „Es war eine Unterhaltung von abenteuerlicher Groteskheit," schreibt Brauner in seinen 1976 erschienenen Memoiren. Der Bruder wollte nach Amerika und in den Juwelenhandel; Steine seien wertbeständig, meinte er. Artur Brauner wollte zum Film. „Ich brauche nur zu filmen, was wir erlebt haben", begründete er seinen Wunsch.

Zunächst aber kamen zwei blonde Mädchen, Maria und Julia, durch die Trümmerlandschaft. In Hannover hatten sie Zwangsarbeit leisten müssen. Sie stammten aus Lemberg, nun aber wollten sie nach Warschau, wohin es sie und ihre Mutter schon während der deutschen Besatzung verschlagen hatte. Sie wollten die Mutter suchen. „Wir sind Jüdinnen", sagten die Mädchen. Die Brauner-Brüder glaubten ihnen nicht. Die Mädchen trugen nämlich Kreuze am Hals, ihre Haare schienen blond, waren allerdings gefärbt – wie sich später herausstellte.

Artur Brauner, 1918 in Lodz, Polen, geboren, überlebte die deutsche Besatzung Polens und die mörderische Verfolgung der Juden. Gegen Kriegsende floh er aus einem Lager und kam im Frühsommer 1945 mit seinem Bruder Wolf nach Stettin. Die Stadt ist im Krieg stark zerstört worden, fiel an Polen und mußte von der deutschen Bevölkerung geräumt werden.

Färbung, Kreuze, alles war Tarnung. Die Mädchen brachen in Tränen aus, als ihnen von Leidensgenossen nicht geglaubt wurde. Artur Brauner vermerkt 1976: „Dann erzählten sie, ich schäme mich noch heute, wenn ich an meinen (damaligen ersten) finsteren unberechtigten Verdacht denke".

Artur und Maria Brauner haben 1947 in Berlin geheiratet. Die Mutter Marias, die in Warschau überlebt hatte, war dabei, und das junge Paar konnte sich in Heidenheim in einem „DP-(displaced persons) Lager" auch den Eltern des Bräutigams vorstellen.

Die jungen Brauners blieben in Berlin. In der Blockade Westberlins 1948/49 waren sie vom Selbstbehauptungswillen der Bevölkerung beeindruckt und ergriffen bewußt Partei. Sie haben vier inzwischen erwachsene Kinder, und Maria Brauner gehört heute zum Vorstand der Jüdischen Gemeinde in der Stadt. Artur Brauner schreibt: „Berliner zu werden, war ohnehin keine Sache des Geburtsscheins, es war eine Sache der Mentalität, sagte man mir. Ich glaubte zu spüren, wie sie mich langsam akzeptierten. Mich, den Ausländer. Und als sie später aus meinem Vornamen Artur den Spitznamen „Atze" machten, da wußte ich ..." Weiter sagte Brauner: „In einer Stadt etwas auf die Beine zu stellen, in der nichts mehr auf den Beinen stand, das war eine Aufgabe ..., mich hat das sehr gereizt."

Helmut Spiering (Projektleiter), Christiane Ketteler (Darstellerin), Artur Brauner (Zeitzeuge) und Horst Seemann (Regisseur)

Er gründete die CCC-Filmgesellschaft und war seit 1946 Produzent unzähliger Filme. Er wollte unterhalten, er wollte Lebensmut vermitteln. Nie hatte er dabei vergessen, was er 1945 in den Ruinen Stettins seinem Bruder gesagt hatte, daß er nämlich eigene Erfahrungen und Vorstellungen ins Filmgeschäft einbringen wollte.

Als Beispiel sei hier sein Bemühen um Janusz Korczak genannt, dessen Andenken als Kinderarzt und Autor heute in der ganzen Welt in hohem Ansehen steht. Janusz Korczak begleitete am 2. 8. 1942 die Kinder des von ihm geleiteten jüdischen Waisenhauses in Warschau auf dem Transport ins Vernichtungslager und wurde mit ihnen ermordet. Die Möglichkeit, mit gefälschten Papieren unterzutauchen, hatte er abgelehnt. Er hatte die ihm Anvertrauten nicht im Stich lassen wollen.

Über die Zeit vor 1939 berichtet Artur Brauner: „Ich hörte auch regelmäßig die Sendungen Korczaks im Warschauer Rundfunk. Die ‚Radioplaudereien eines alten Doktors', in denen er Eltern und Kindern helfen wollte, sich besser zu verstehen, waren in Polen sehr beliebt."

1959 begann Brauner mit den Vorbereitungen für seinen Korczak-Film. Er sollte in Polen mit dem Regisseur Aleksander Ford gedreht werden. Die Vorbereitungsarbeiten schleppten sich hin, bis 1968 plötzlich alle Verträge zwischen dem polnischen Staat und der CCC-Film gekündigt wurden. Die Ursache für den Bruch lag in der nach 1967 in Polen amtlich organisierten „antizionistischen Welle", in der zahlreiche Juden ihre Stellung verloren und wo ein Film mit einem jüdischen Widerstandshelden nicht paßte. Im Oktober 1974 erlebte der Film dann in Tel Aviv seine Uraufführung und wurde wenig später auch in Deutschland gezeigt.

In dem Film spielten die beiden jüngsten Brauner-Kinder als Komparsen mit. Aber Dreharbeiten, die sehr zähflüssig sind, langweilten die Kinder. „Ich spiele nicht mehr mit in einem Film, wo ich so olle Sachen tragen muß", sagte die kleine Alice Brauner. Der Vater aber kommentiert in seinen Memoiren: „Mir hatte sich das Herz zusammengekrampft bei ihrem Anblick – Alice und Sammy auf dem Weg in ein Todeslager. Sie hätten es sein können, es war nur eine Frage des Geburtsdatums. ... Ich schüttelte die schreckliche Vision von mir ab. Was sollten solche Gedanken? Meine beiden, sie waren wie alle Kinder hier: Im Frieden geboren, im Frieden aufgewachsen, gehegt von den Eltern, umsorgt mit Liebe und Zuneigung. Wie sollten sie verstehen, was damals geschehen war?" Brauners Film „Hitlerjunge Salomon" von 1991 ist von der deutschen Filmwirtschaft nicht für die „Oscar"-Filmpreisverleihung in Hollywood, wo er Chancen gehabt hätte, nominiert worden. Man fürchtete um das deutsche Ansehen.

Heute, wo der „Eiserne Vorhang" in Europa auch zwischen Deutschland und Polen gefallen ist, kommt es darauf an, aus der Geschichte Beispiele zu finden, die Menschen aller Lager, Parteien und Weltanschauungen – seien es Deutsche, Polen, Juden, seien es Russen, Amerikaner oder Israelis – für die Zukunft ermutigen können. In schweren und komplizierten Zeiten hat Artur Brauner so gewirkt, daß er Vorbild sein kann.   *Thomas Flügge*

Mit Lew Kopelew im Garten von Rainer Hildebrandt

Herr Kopelew, Sie haben sich als Russe viel mit deutscher Kultur und Philosophie befaßt. In den 60er und 70er Jahren zählten Sie zu den wichtigsten Vertretern der demokratischen Opposition in der Sowjetunion. Sie haben Brücken gebaut zwischen Ost und West. Wurden Sie in Ihrer Bemühung unterstützt oder mehr behindert?

Mehr unterstützt, von vielen Freunden. Von Freunden in Moskau, in Leningrad – damals hieß die Stadt noch Leningrad –, in Kiew, in Wladiwostok, in vielen Städten. Von meiner Frau ganz besonders, die nicht mehr lebt. Und auch behindert, behindert von den Behörden, wie alle Menschen von der Art, wie ich war. Aber ich habe auch Hilfe von draußen bekommen: Der größte Helfer für uns war Heinrich Böll.

Berlin war zu Beginn des 20. Jahrhunderts eine europäische Metropole. Glauben Sie, daß Berlin nach der Wiedervereinigung eine Chance hat, nochmals ein geistig-kulturelles Zentrum in Europa zu werden?

Ich bin fest davon überzeugt; ich glaube, es hat nie aufgehört, so zu sein. So im Osten wie im Westen. Im Osten war das Berliner Ensemble, im Osten lebten Anna Seghers und Christa Wolff und Erwin Strittmatter und gute Lyriker und gute Schauspieler und gute Musiker. Also ich glaubte nie an die Möglichkeit der Trennung einer Nation und einer Kultur durch Mauer.

Polen, Russen und Deutsche hatten eine wechselvolle Geschichte. Glauben Sie, daß heute die Zeit gekommen ist, daß sich die Verständigung untereinander zum Positiven entwickeln kann?

Höchste Zeit! Die gemeinsame Geschichte nicht nur von Polen, Russen und Deutschen, auch von Ukrainern, Belorussen, Litauern ist eine tausendjährige Geschichte voll auch tragischer Ereignisse und Mißverständnisse, und jetzt ist es höchste Zeit, mal nicht nur friedlich, gewaltlos miteinander, sondern fleißig, fruchtbar miteinander zu leben. Und das muß kommen. Und dazu sind alle Vorbedingungen da.

Hinweise zur Erschließung des Gesprächs mit Lew Kopelew

Kopelew wird hier gefragt in seiner Rolle als Brückenbauer zwischen Ost und West. Er integriert in seiner Biographie, in seiner Person das Gute, das Schöne, das Gerechte beider Welten.

Kopelew bejaht die Frage, daß der Osten und der Westen im Schnittpunkt Berlin zusammenfinden können – dank der gemeinsamen Geschichte von Polen, Russen, Deutschen.

– Läßt sich Geschichte nutzen, nicht nur um Beispiele, angebliche Beweise zu finden für Schuld, sondern auch um Völker über Sprachen, Kulturen, Religionen hinaus zu verbinden, auf der Ebene des Humanen zusammenzuführen?

Zur Person: Lew Kopelew

Ich werde unsere erste Begegnung mit Lew Kopelew nicht vergessen. Es war in der Zeit des Kölner Karnevals, im Februar 1988. Meine Frau Lotte, die Kinder Jozek und Sascha und ich waren wenige Tage vorher aus der DDR-Untersuchungshaft in die Bundesrepublik gekommen. Emigranten wider Willen hatten wir große Mühe, uns zurecht zu finden. Ein Anruf von Lew Kopelew: „Kommt vorbei, Kinder". Er hatte jedem der Verhafteten ins Gefängnis geschrieben und damit zugleich gegen die Repressionen protestiert. Als wir vor seiner Kölner Wohnung ankamen, stand er im Flur und erwartete uns. Das bestickte weiße Hemd, das schlohweiße Haar, sein Lachen ließ die Kinder jede Scheu vergessen. Er nahm den dreijährigen Jozek auf den Arm und ließ ihn fast in seinem Bart verschwinden. Dann kamen seine Fragen und ein langes Gespräch. Er interessierte sich für die DDR-Situation, unsere Pläne in der Bundesrepublik, die Kontakte nach Osteuropa. So wie wir werden ihn viele kennengelernt haben. Lew Kopelew, selbst ausgebürgert und mit allen Problemen der Emigration vertraut, ist zu einem der wichtigsten kulturellen und politischen Mittler zwischen Ost und West geworden. Der 1912 in Kiew geborene Germanist nahm als Offizier am Zweiten Weltkrieg teil und erlebte 1945 in Ostpreußen die Vergewaltigungen und Übergriffe der Roten Armee gegen Zivilpersonen. Er stellte sich diesen Handlungen entgegen und wurde wegen „Mitleid mit dem Feind" zu zehn Jahren Straflager verurteilt. Nach seiner späteren Rehabilitierung lehrte er in Moskau deutsche Literatur und Theaterwissenschaften. Er hatte zahlreiche Kontakte zu sowjetischen Dissidenten der 60er und 70er Jahre und wurde zu einem der international bekannten Vertreter der unabhängigen russischen Intelligenz.

Während eines Studienaufenthaltes in der Bundesrepublik wurde er im Januar 1981 von den Sowjetbehörden ausgebürgert. Seitdem lebt er in Köln und setzt sich unermüdlich für den Dialog zwischen Rußland und Deutschland ein. Er ist ein russischer Patriot im besten Sinne des Wortes und verteidigt die guten kulturellen und gesellschaftlichen Traditionen seines Landes gegen den russischen Großmachtchauvinismus und den Unglauben an die Demokratiefähigkeit des russischen Volkes. Die langen Jahrzehnte kommunistischer Herrschaft haben das Land gegenüber den entwickelten Demokratien Westeuropas noch einmal entsetzlich zurückgeworfen. Mit dem Ende des kommunistischen Weltsystems und den Umwälzungen in Osteuropa steht

Der 1912 in Kiew geborene Germanist nahm als Offizier am Zweiten Weltkrieg teil und erlebte 1945 in Ostpreußen die Vergewaltigungen und Übergriffe der Roten Armee gegen Zivilpersonen. Er stellte sich diesen Handlungen entgegen und wurde wegen „Mitleid mit dem Feind" zu zehn Jahren Straflager verurteilt. Nach seiner späteren Rehabilitierung lehrte er in Moskau deutsche Literatur und Theaterwissenschaften. Er hatte zahlreiche Kontakte zu sowjetischen Dissidenten der 60er und 70er Jahre und wurde zu einem der international bekannten Vertreter der unabhängigen russischen Intelligenz.

die Frage neu, ob es gelingt, zwischen den Interessen der kleineren osteuropäischen Länder und dem riesigen Rußland zu Ausgleich und Verständigung zu kommen. Auch die Frage der deutsch-russischen Beziehungen stellt sich auf neue Weise. Die Stimme von Lew Kopelew ist in diesem Dialog wichtig und unverzichtbar.   *Wolfgang Templin*

Die Spielszenen

Erste Szene: Zeitungsmeldungen (1929)

Impulse zeitgenössischen Kabaretts aufnehmend (konkret in diesem Fall: die „Zeitungs-Parodie" von Kurt Robitschek, vorgetragen von Paul Morgan 1929 im Kabarett der Komiker – „Kadeko" –, dem bekanntesten Berliner Kabarett der 20er Jahre), zeigt diese Szene, in welchen prekären Zustand Informationen zu geraten vermögen, wenn sie der politischen Propaganda ausgeliefert sind.

Ausgehend von der ganz banalen Rundfunkmeldung, ein Hund sei am Kurfürstendamm überfahren worden, wird hier parodiert, wie die einzelnen Presseorgane – ihrer jeweiligen weltanschaulichen Ausrichtung entsprechend – diese Meldung in ihrem Sinne ausschlachten.

Vier Zeitungen werden dabei durch ausrufende Zeitungsverkäuferinnen bzw. -verkäufer konkurrierend vorgestellt:

- das republikbejahende **Berliner Tageblatt**
- der konservative **Berliner Lokal-Anzeiger**
- die kommunistische **Rote Fahne**
- der nationalsozialistische **Völkische Beobachter**.

Das Ende der Szene: Eine allgemeine Kakophonie der herausgeschrieenen Meldungen, in der die Einzelaussage nicht mehr verstanden werden kann, der Eindruck des Chaotischen überwiegt.

Der von den Darstellern in diesen Szenen verwandte Text sei in der Originalfassung hier wiedergegeben:

Das Berliner Tageblatt meldet:

*Der Kurfürstendamm liegt still und versonnen da.
Denn die Republik ist gefestigt in ihren Grundlagen. Ein Radfahrer jubelt den Kurfürstendamm
entlang. Mit weit ausgebreiteten Armen und eben-
solchen Augen ruft er: „Zehn Jahre freiheitliche
Verfassung!" Da springt ein Hund aus dem fah-
renden Autobus. Hund und Radfahrer jagen den
Kurfürstendamm entlang, sie eilen, wenn es auch
hier und da eine kleine Schramme gibt, in die
glänzende Zukunft der deutschen Republik, von
der schon Shakespeare so treffend sagte: „To be
or not to be, singing fool, that is the question."*

Der Berliner Lokal-Anzeiger
meldet:

*Radfahrer, Hunde und die deutsche Republik.
Wie viele tausend deutsche Herzmuskeln sitzen
heute am sonnigen Eckfenster und gedenken des
August vor fünfzehn Jahren! Wie waren damals
die Straßen von jauchzenden, jubelnden, singen-
den Menschen erfüllt! Und heute? Radfahrer
schleichen über den Asphalt der Straße. Gestern
hat ein ausländischer Radfahrer den Hund eines
Generals a. D. überfahren. Vor fünfzehn Jahren
wäre das deutsche Volk wie ein Mann aufgestan-
den und hätte den ausländischen Radfahrer in
hellem, männlichem Zorne hinweggefegt! Heute
aber liegen unsere treuen Hündchen kraftlos am
Boden, niedergeschmettert durch jene Schmach-
verträge, die uns immer wieder beweisen, daß an
allem nur die Radfahrer schuld sind.*

Die Rote Fahne meldet:

*Arbeiter! Arbeiterinnen und Jugendliche! Werktäti-
ge und national Unterdrückte aller Länder!
Auf dem Kurfürstendamm, jener Prunkstraße der
satten Kapitalisten, auf der in kürzester Zeit die
proletarische Revolution gegen die Imperialisten
marschieren muß, hat ein Hund einen einfachen,
proletarischen Radfahrer überfallen! So fängt es
an! Erst überfällt ein Hund den einzelnen Radfahrer, und dann vereinigen sich alle Hunde gegen
die Sowjetunion!
Es ist höchste Zeit zu handeln! Denn schon ersteht
dem Hund vom Kurfürstendamm ein Helfer in Person des Generals Ching Kai-shek, der die Ost-Chi-
na-Bahn den Händen der Sowjets entreißen und
durch die Kantstraße auf den Alexanderplatz leiten
will, wo Zörgiebel und seine Gummiknüppelgar-
den bereitstehen, um die proletarische Armee der
Radfahrer den nationalfaschistischen Weltunter-
drückern auszuliefern.
Darum sei die Parole: Heraus aus den Betrieben!
An die Bäume mit den Hunden! Es lebe die Diktatur der Radfahrer!*

Der Völkische Beobachter meldet:

Der gestrige Vorfall am Kurfürstendamm, dem ein aufrecht fahrender deutscher Radfahrer zum Opfer gefallen ist, hat gezeigt, welcher Werkzeuge sich die Weisen von Zion bedienen. Wieder ist ein Parteigenosse von einem krummbeinigen o-füßigen Dackel bei Nacht und Nebel hinterrücks überfallen worden. Krummbeinig – das verrät die wahre Rasse dieser ostjüdischen Haustiere, die mit herabhängenden, gelockten Ohren am Rückenmark

Fragen zur Erschließung der Spielszene

– *Was ist die Darstellungsabsicht?*

– *Auf welche verschiedenen politischen Grundeinstellungen läßt sich aus den einzelnen Zeitungsmeldungen schließen?*

– *In welcher Weise spiegelt sich im Verhalten der Zeitungsverkäufer das, was sie als Meldung verkaufen wollen?*

– *Inwiefern trifft die Szene Typisches, was das politische Klima der Zeit angeht?*

– *Überlegen Sie, was das zeitgenössische Kabarett bewogen haben mag, eine solche Parodie aufzuführen.*

unserer Volksgenossen saugen und unserem deutschen Schäferhund den Knochen vor der Nase wegschnappen. Unser Führer Adolf Hitler spricht morgen im Sportpalast zu dieser nationalen Sache. Parteigenossen erscheinen in einfacher Feldausrüstung, mit Handgranaten und Flammenwerfern.

Kleinkunststücke, hg. von Volker Kühn, Band 2: Hoppala, wir beben, Weinheim, Berlin, 1988, S. 216 ff.

Zweite Szene:
Deutsch-jüdische „Freunde"

In dieser Szene – zur Zeit der beginnenden NS-Herrschaft spielend – geht es um die Auseinandersetzung unter deutschen Schülern, von denen der eine erst seit kurzem weiß, daß er jüdischer Abstammung ist.

Eingangs zeigt die Szene den (aus großbürgerlichem Hause stammenden) Gymnasiasten Helmut bei den Schularbeiten. Seine Aufgabe in Naturkunde lautet, die Merkmale eines jüdischen Ohres im Unterschied zu deutschen und asiatischen Ohren zu bestimmen. Unterbrochen wird seine Tätigkeit, mit der er nur bedingt fertig wird, von drei Jugendlichen, die ihn besuchen: Hannes, der Helmut nicht leiden kann, weil dieser in der Schule besser und außerdem Jude ist, sowie Didi – die Kleidung der HJ tragend – und Susi, die enttäuscht von Helmut ist und sich an ihm rächen will.

Unklar ist zunächst, was die drei Besucher eigentlich bei Helmut wollen. Ihre intellektuelle Ignoranz wird hinreichend deutlich (Didi kennt „Die Judenbuche" der Annette von Droste-Hülshoff nicht, die als Lektüre auf dem Tisch liegt). Aggressiv wird die Situation, als Didi eine bereitliegende Geige nimmt und eine Saite so spannt, daß sie reißt und er

sich verletzt. Einen Augenblick gelingt es zwar noch, die auf Gewalt hin angelegte Situation zu stoppen; dann aber eskaliert das Geschehen. Helmut wird von Didi auf den Boden gestoßen und gezwungen, das Parkett mit einer Zahnbürste zu putzen.

Eingeleitet und begleitet wird dieses Geschehen von antisemitischen Kampfliedparolen aus dem Arsenal der SA.

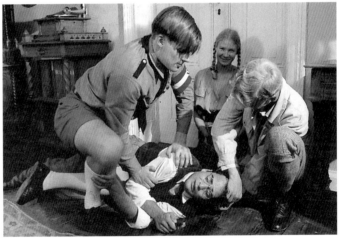

Fragen zur Erschließung der Spielszene:

- *Inwiefern folgt die Personenkonstellation des Films dem typischen Bild vom Juden und vom Hitlerjungen?*
- *Was bedingt die Aggressivität der drei Besucher?*
- *Wie reagiert Helmut?*
- *Welche Ideologie bestimmt das Verhalten der drei Besucher?*
- *Inwiefern ist die Szene typisch für die Zeit ab 1933?*

Dritte Szene: Trümmerfrauen

Eine Frau, die alles verloren hat, dem Inferno
des Bombardements in Dresden allein ent-
kommen, sucht in Berlin 1945 – das selbst
zerbombt ist – Schutz und Unterkommen.
Sie trifft auf eine Berlinerin („Trümmerfrau"),
die ihr hilft: den Arm reichend, trostspen-
dend.

Fragen zur Erschließung der Spielszene:

– *Wie betraf der moderne Krieg alle Menschen?*
– *Warum waren Frauen die ersten, die Initiative
  im zerbrombten Deutschland ergriffen und
  wesentlich beim Wiederaufbau mitgeholfen
  haben?*
– *Was heißt es, Flüchtling zu sein?*

In einer Musikschule der DDR im Jahr 1988 treffen zwei junge Leute aufeinander, die sich erkennbar unterscheiden: Kurt übt geordnet seine Lektionen auf der Trompete, die Studentin Helga sitzt in Ökojacke am Klavier, fühlt sich gestört und drischt genervt auf die Tasten. Nun ist Kurt gestört, unterbricht seine Etüden und muß anhören, wie Helga eine Unterhaltung beginnt, in der sie Träume artikuliert. Sie möchte wie die privilegierten DDR-Bonzen in den Westen fahren, Schuhe kaufen, eine neue Frisur, Kaffee kaufen – sie möchte West-Appeal. Jetzt ist Kurt verstört, alarmiert: Er versteht nicht, wie einer, der vom System lebt, dieses System kritisieren kann. Beide verlassen ihre Instrumente, gehen aufeinander zu: Kurt formuliert das Wort „politische Querulantin". Helga klappt zusammen: Sie hatte doch nur geträumt, wollte Verwandte besuchen. Für Kurt gibt es keine Verwandten, die jenseits der Mauer wohnen. Er setzt seine Übungen mit der Trompete fort. Helga ist leise.

Fragen zur Erschließung der Spielszene:

– *Muß einer, der von einem System lebt, diesem System treu sein, unabhängig von den Zielen dieses Systems?*

– *Hat einer, der von einem System lebt, das Recht und die Pflicht, dieses System zu kritisieren?*

– *Wieweit wird in dieser Szene das SED-System als totalitär sichtbar?*

Vierte Szene: In einer Musikhochschule der DDR

Kurt: Nein, hab' ich nicht, denn der Staat hier bezahlt mir mein Studium, und dafür bin ich dankbar. Und deshalb werde ich dem Sozialismus immer treu bleiben. Kannst Du mir folgen?
Sag mal, könnte es sein, daß Du Dich in letzter Zeit weniger um Dein Studium kümmerst und Dich mehr als politische Querulantin qualifizierst? Könnte es nicht so sein?

Helga: Politische Querulantin? Habe ich da eben was von einer politischen Querulantin gehört?

Kurt: Allerdings, das hast Du.

Helga: Ich will doch einfach nur mal meine Verwandten wiedersehen! – Kannst Du mir vielleicht mal erklären, was das mit Politik zu tun hat?

Kurt: Ha! Verwandte wiedersehen. Gefühlsduselei! Ich hab' drüben keine Verwandte. Und selbst wenn ich welche hätte, ich würde nie 'rüber fahren. Die Mauer heißt nicht umsonst – vielleicht hast Du davon schon mal gehört – die Mauer heißt: „Antifaschistischer Schutzwall."

Helga: Wer denkt sich bloß sowas aus.

Fünfte Szene:
Vor dem Asylbewerberheim

Die Ereignisse entwickeln sich in verschiedenen Phasen vor dem Asylbewerberheim. Christine und Rainer bringen Geschenke in das Heim. Sie sind sich nicht ganz einig über den Wert der Dinge, die sie verschenken wollen. Diese „Dinge" werden formuliert als „Klamotten", „Zeug", „Müll". Sie begegnen Michael – „hat keine eigene Meinung" –, Tina – „oberflächlich, politisch nicht interessiert, Mitläuferin" – und Rabea – „an politischen und sozialen Dingen ist sie nicht sonderlich interessiert".

Michael weigert sich, ins Heim zu gehen; Asylbewerber und Flüchtlinge sind für ihn „Aseks, Kriminelle, Gesocks, Infektionsherde, Vergewaltiger, Schläger". Rainer redet von Vorurteilen, zweifelt an der Freundschaft mit seinen „Freunden".
Es kommt zu leichtem Geplänkel, schließlich gehen sie schweigend weiter.
Es nähern sich Heil-brüllend „Rechte, Glatzköpfe" und verbreiten Angst. Ruf nach der Polizei.

Der Wortführer der Rechten kennt Michael und macht ihn lächerlich. „Verräter, Kleiner, Freundchen, Hosenscheißer". Michael verteidigt sich gegenüber dem Wortführer, indem er beteuert, er sei nur zufällig dabei. Rabea bezeichnet Michael darauf als Feigling. Michael rafft sich auf und gibt den Begriff Feigling an die Rechten weiter.
Der Wortführer der Rechten formuliert noch einmal den Begriff „Hosenscheißer" und bekundet im Vorbeigehen seine Sympathie für Tina.

Aus dem Drehbuch:
Aus der Ferne sind Rufe zu hören: „Sieg Heil! Sieg Heil! Haut se, haut se, haut se auf die Schnauze!"
Tina: Was ist denn das?
Michael: Scheiße, das sind die Rechten. Wir müssen die anderen warnen.
„Deutschland den Deutschen, Ausländer raus! Zecke verrecke!
Sieg Heil, Sieg Heil!"
Tina: Mist! Sie kommen, 'ne ganze Meute!
Rainer: Jemand muß die Polizei holen! Schnell zum Heim!
Christine: Wir müssen versuchen, ganz ruhig zu bleiben. Wir können uns eh nicht mit Fäusten gegen die wehren, die schlagen uns tot, ganz locker!
Rainer: Ich rufe die Polizei.
„Deutschland den Deutschen; Ausländer raus! Haut se, haut se, haut se auf die Schnauze! Sieg Heil, Sieg Heil!"

Die zehn „Rechten" kommen vor dem Asylbe-
werberheim an. Sie schreien und reißen ihre Ar-
me zum Hitlergruß hoch: „Sieg Heil!"
Der Wortführer der „Rechten" kennt Michael.
Er löst sich von seiner Truppe und geht auf
Michael zu.

Der Wortführer: Ach nee, gick mal! Wen
seh' ich denn da! Ist das nicht der kleine
Michael? Du enttäuschst mich, mein Kleiner.
Ich dachte, er hängt nicht mit so 'nem Pack
zusammen. Noch een kleiner Verräter mehr!
Der Wortführer geht auf Michael zu und
packt ihn sich.

Der Wortführer: Das mögen wir aber gar
nicht, ganz und gar nicht, Freundchen! Was
meinst Du eigentlich, mein Kleiner, was Dein
Bruder macht, wenn wir ihm stecken, daß
Du mit so 'nem Scheißpack rumhängst, he?
Michael: Hör mal zu! Ich bin ganz zufällig
hier. Ich hab mit denen sonst nichts zu tun,
rein gar nichts!
Rabea: Michael! Wenn Du uns jetzt im Stich
läßt, nur um Deinen eigenen Arsch zu retten,
ist es aus, dann will ich Dich echt nicht mehr
sehn! Sag 'mal, merkst Du denn nicht, was
hier los ist? Die wolln das Heim abfackeln!
Der Wortführer: Oh, was hören meine
Ohren? Eine Superschlaue, die Kleine da.

Die Szene legt die Vermutung nahe, daß
Mut, Courage durchaus erfolgreich ist, wenn
dieses Verhalten gewagt wird. Feiges Verhalten führt eher in Schwierigkeiten als tapferes
Auftreten.

Fragen zur Erschließung der Spielszene:

– *Was sind Vorurteile?*
– *Worin zeigt sich Freundschaft?*
– *Was ist Zivilcourage?*

Zur Vertiefung M7:
Hannah Arendt, Macht
und Gewalt

Zur Vertiefung
M8a und b:
Aus einer Umfrage:
Die „positivsten" und
die „negativsten" Erin-
nerungen an die DDR;
Heike Schmall, Kinder
und Jugendliche nach
der Wende

Sechste Szene: Aussteiger

„Ostaussteiger" tanzt und trinkt (West-Whisky) mit Westmädchen auf einer Wiese. Aus einer Nichtigkeit entwickelt sich Streit. Karen mokiert sich über die Kleidung des Ostberliners, Ralph über die der Westfrau. Ralph gibt die Schuld an seiner Arbeitslosigkeit seinem Meister, der aus dem Westen ist. Karen, ebenfalls arbeitslos, gibt die Schuld daran der Tatsache, daß der Osten für den Westen sehr teuer sei.

Karen: Kiek hin, Junge, kiek hin!

Ralph: Du siehst ja auch nicht gerade aus wie 'ne gepflegte Westfrau!

Karen: Du Arsch, auf die inneren Werte kommt es an. Schon was davon gehört?

Ralph: Innere Werte? Die sind ja wahnsinnig auffällig bei Dir ausgeprägt. Wunderbar! Andere Leute ausrauben ... Wenn Du wüßtest, wie die uns in die Partei gezwungen haben ...

Karen: Klar wie Kloßbrühe. Jetzt heißt es schon wieder mal – gezwungen! Ich glaub, mich laust'n Affe.

Ralph: Ja, so war es auch! Arbeitslos bin ich jetzt seit Dezember 92. Da kommt der Meister an meine Hobelbank und sagt ganz cool: Du kannst gehn. Das war so ein Westarsch wie Du. Wir brauchen Dich nicht mehr ... Verstehste? Ich hab' eben nicht den Westanstrich, ich.

Karen: Meinste, mir gings besser? Ich hab auch keinen Job gekriegt. Und warum die ganze Scheiße? Ja, das weißte natürlich nich. Aber ich, ich hab mal nachgefragt.

Ralph: Das sieht Dir ähnlich ...

Karen: Ihr kostet uns was, ihr Ossis. Und das nicht zu wenig ... Wie Vieh, erst mästen, dann ausschlachten, bloß schade, daß auch'n paar Wessis dabei draufgehen.

Schließlich trinken und träumen sie gemeinsam von bürgerlichen Werten und einer heilen Welt, in der sich Ossis und Wessis vertragen.

Die Szene macht deutlich, wie nach dem Wegfall der Mauer die Ost-West-Mentalitäten aufeinander treffen. Deutlich wird auch, daß die Jugendlichen wie Erwachsene einfache Rationalisierungen aus der Luft greifen, um eigenes Versagen sich selbst und anderen zu erklären.

Angesprochene Problemfelder sind der Ost-West-Gegensatz angesichts des Wegfalls der Mauer, die Unfähigkeit, Schuld bei sich selbst zu suchen, der Mangel an Reflexion und die Flucht aus der Realität in die Drogen.

Fragen zur Erschließung der Spielszene:

– *Auf welche Weise lernt der Mensch, sich selbst gegenüber ehrlich zu sein?*

– *Wie lernt er, Probleme selbst zu lösen, ohne sofort zu Alkohol und Drogen zu greifen?*

– *Wer schützt Jugendliche und Erwachsene vor der Flucht in das Irrationale?*

In einer Kneipe führt ein Redner seine Parteifreunde in den Exzeß. Mit allen Künsten der Propaganda dirigiert er die Jugendlichen, entindividualisiert sie, macht sie zu jubelnden Claqueuren. Inhaltlich nutzt er dabei Vorurteile gegen Ausländer. Die Parteifreunde singen von Macht, vom Wehren, von Stärke, von einem gesäuberten Staat, von einem starken Führer, von einer neuen Mauer. Der Redner verläßt unter dem Jubel der Parteifreunde den Saal.

In einer Ecke sitzen die klatschende Ivonne und der nicht klatschende John. John hat ein

Problem. Er findet für seine russischen Freunde, die ihn besuchen wollen, keinen Platz. Alle haben Ausreden. Ivonne hat eine Tante mit einem Gartenhaus, die vielleicht helfen kann.

John ist glücklich über die Tante in der trostlosen Welt.

Hier wird deutlich, wie schwer es ist, im konkreten Fall Hilfe zu finden. Jeder ist zu Sprüchen bereit, kaum einer engagiert sich, wenn es nottut.

Fragen zur Erschließung der Spielszene:

– *Welche Mittel werden eingesetzt, um Menschen zu manipulieren?*

– *Wie ist der Prozeß zu erklären, daß einzelne in einer verfügbaren, manipulierten Masse aufgehen?*

– *Wieso ist es so schwierig, die eigenen Interessen zugunsten eines Engagements für die Mitmenschen zurückzustellen?*

Zur Vertiefung M9
a bis c:
Adolf Hitler, Bilder aus
dem Leben des Führers;
Dietmar Kienast, Cato
der Zensor; Gustave Le
Bon, Psychologie der
Massen.

Siebte Szene:
Wie es sein könnte – Ausblicke

John: Alles Scheiße!!!
Ivonne: Was is'n los?
John: Ist doch total verblödet, was die hier abziehen, die Jungs hier. Mit mir nicht mehr, ich hab' andere Probleme.
Ivonne: Was ist los, erzähl!
John: Ich hab' Dir doch von meiner Reise nach Rußland erzählt.
Ivonne: Ja und?
John: Jetzt will die Gastfamilie nach Deutschland kommen.
Ivonne: Und? Wo liegt das Problem?
John: Es können nicht alle kommen. Du kennst doch meine mickerige Wohnung!
Ivonne: Und was ist mit Deinen Freunden oder Verwandten? Irgendeiner wird doch wohl Platz haben!
John: Dacht' ich auch ...
Ivonne: Na und?
John: Ich hab' mindestens zehn meiner Freunde gefragt, umsonst. Dieter tapeziert sein Zimmer, Max kriegt' nen neuen Teppich, Schneiders Fernseher ist kaputt und so weiter und so fort ...
Ivonne: Ist ja lächerlich ... Ich frag mal meine Eltern.
John: Und Du meinst, daß die nichts gegen Russen haben?
Ivonne: So sicher bin ich mir da nicht ... Aber meine Tante ... Sie hat was für junge Leute übrig. Sie hat ein großes Gartenhaus mit genug Betten, Kochmöglichkeit, Bad und Toiletten. Da rufen wir gleich mal an.
John: Meinst Du echt?
Ivonne: Na klar!
John: Das find ich echt stark! Wenn es mehr Leute gäbe wie Dich und Deine Tante, dann wären wir schon 'ne ganze Ecke weiter auf dieser beschissenen Welt.

Zusatzmaterialien

M1

Zur Vertiefung des Problemfeldes „Machtergreifung"

Hans Ulrich Thamer, Autoritärer Staat und nationalsozialistische Machteroberung: Hindenburg und Hitler 1932/1933, in: Geschichte, Politik und ihre Didaktik 23. Jg. 1995, Heft 1/2, S. 26–28 (Auszug)

Trotz aller Massenerfolge der NS-Bewegung gilt die Feststellung, daß sie niemals allein die Mehrheiten erreicht hätte, die zur Machtergreifung ausreichte. Die andere Erfolgsbedingung des Rechtsradikalismus war in der Republikfeindschaft der alten Eliten in Militär- und Staatsapparat, Großgrundbesitz und Großindustrie zu suchen. … Die Verantwortung von großen Teilen dieser Machtgruppen lag darin, daß sie mit ihrem autoritären Verfassungsexperiment alles getan hatten, die sozialen Kompromisse und die Verfassungsordnung von 1918/19 auszuhöhlen.

Damit sind wir schließlich beim Verhältnis von Hindenburg zu Hitler, d. h. dem Verhältnis eines Mannes, der zum Symbol des alten Deutschlands und seiner Eliten wurde, zu einem entwurzelten Demagogen, der sein Schicksal propagandistisch wirkungsvoll mit der Stimmungslage und den Erfahrungen breiter Massen identifizieren konnte. Beide stehen zugleich für das ambivalente Verhältnis einer autoritären Staatlichkeit zur nationalsozialistisch totalitären Parteidiktatur und ihren Entstehungsbedingungen … Diese Ambivalenz wurde jedoch erst nach der Machtmonopolisierung durch die Nationalsozialisten in der permanenten Verlagerung innerhalb des Machtbündnisses deutlich, das Hitler 1933 an die Macht gebracht hatte.

Immer wieder gab es Versuche von Repräsentanten dieser konservativen Tradition, die Ausgangsbedingungen des Jahre 1933 wiederherzustellen oder die Entwicklung noch weiter zurückzudrehen, wobei sie feststellen mußten, daß sie sehr bald von der Dynamik des Nationalsozialismus und seiner Gewaltbereitschaft bei gleichzeitiger hoher Massenloyalität des Regimes und seines „Führers" hinweggespült wurden.

In dem Prozeß des historischen Machtkompromisses reichte die Kraft der alten Eliten nur zur Zerstörung der Republik, nicht mehr zum Aufbau ihrer konservativen Träume von Monarchie, Ständestaat oder sozialer Militärdiktatur. Ihr Beitrag zu Hitlers Machtergreifung lag nicht so sehr darin, daß sie ihn nach oben getragen oder gar finanziert hätten, das besorgte vielmehr ein breiter Massenanhang, sondern daß sie einerseits die republikanische Verfassung schrittweise ausgehöhlt hatten, andererseits aber selbst zu einer eigenständigen Strategie zu schwach waren, sich in der Situation von Offizieren ohne Soldaten sahen, die nun nur noch versuchen konnten, im Bündnis mit der nationalsozialistischen Massenbewegung ihren Weg fortzusetzen …

Die Stufen der Auflösung der parlamentarischen Demokratie und damit auch der Zerstörung verschiedener Alternativen zwischen 1930 und Ende 1932 sind seit Karl Dietrich Brachers Meisterwerk über die Auflösung der Weimarer Republik hinreichend beschrieben worden. Sie reichen vom Machtverfall bis hin zu einem Machtvakuum, in das die radikalen republikfeindlichen Bewegungen und politischen Konzepte eindringen können. In dem Moment, in dem die demokratischen Verfassungsinstitutionen zunehmend ausgehöhlt waren, setzte der Punkt ein, wo außerparlamentarische Machtgruppen und Interessen, wo schließlich Intrigen, Zufälle und persönliche Qualitäten bzw. Unzulänglichkeiten eine Rolle spielten, d. h., daß zu den langfristigen strukturellen Ursachen und den mittelfristigen Verfassungsproblemen einschließlich der schweren Krise der Staatsfinanzen nun auch kurzfristige politische, teilweise auch persönliche Gründe bis hin zur Altersstarrheit des seinerseits zum Mythos überhöhten Reichspräsidenten Hindenburg gehörten. In diesem Moment der Auflösung der verschiedensten verfassungsmäßigen Institutionen und Sperren konnte es dazu kommen, daß persönliche Bekanntschaften und Intrigen weitreichende politische Entscheidungen verursachten oder zumindest ermöglichten; konnte es dazu kommen, daß die Machtposition des Reichspräsidenten für Machtgruppen in seiner Umgebung zum entscheidenden Instrument wurde, um die Verfassung auszuhöhlen.

Als die konservativ-autoritären Kräfte feststellen mußten, daß sie in der Krise einer modernen Massengesellschaft eine solche Restauration nicht aus eigenen Kräften betreiben konnten, geriet ihr Konzept der autoritären Verfassungsänderung zunehmend in Abhängigkeit von der nationalsozialistischen Massenbewegung. In diesem Moment gab es kein Zurück; der Weg zur autoritären Verfassungsveränderung war schon so weit beschritten, daß es keine andere Alternative mehr als die nationalsozialistische Machtbe-

teilung gab. Dies war der Moment, wo die seit längerem entwickelte Zähmungsstrategie als letzter Ausweg aus einer selbstverursachten Krise ventiliert wurde …

Erst das Konzept der sog. Zähmung, das sich bald als eine grandiose Fehleinschätzung herausstellen sollte, … war die Formel, durch die Hindenburg von seiner Umgebung in einem Knäuel von Intrigen, persönlichen Rachebedürfnissen und falschen Versprechungen überzeugt wurde, es mit dem böhmischen Gefreiten als Reichskanzler zu versuchen, um nicht selbst in die Gefahr gebracht zu werden, gegen die Verfassung verstoßen zu müssen. Denn auch hier lag ein entscheidender Unterschied des Repräsentanten einer autoritären Staatlichkeit zum Führer einer charismatischen, diktatorischen Bewegung. Während der Repräsentant der alten Ordnung an dem Begriff von Rechtsstaat und Verpflichtung gegenüber einem Eid, auch wenn er einer demokratischen Verfassung galt, festhielt, war für den Revolutionär Hitler all dies nur ein Fetzen Papier. Gerade die Furcht, als Ausweg aus der verfahrenen Situation zu einem Verfassungsbruch greifen zu müssen, hat den autoritätsgläubigen Hindenburg letztendlich auch dazu veranlaßt, vor der propagandistischen Mobilisierung der Gewalt und der Straße zurückzuweichen, um dieser den Weg zur Macht zu eröffnen. Für Hitler umgekehrt bedeutete diese Machtübertragung eine Rettung im letzten Moment, denn die Bewegung drohte zu stagnieren, in neue Flügelkämpfe zu zerfallen, und dies wäre für das Konzept einer charismatischen Führung geradezu verheerend geworden.

So handelten beide Parteien in dem Machtbündnis des 30. Januars aus einer Situation der Defensive und der Ausweglosigkeit, die Dynamik der NSDAP und ihres Massenanhanges sollte jedoch bald darüber entscheiden, wer wen in diesem Bündnis an die Wand drückte.

a) Entwicklung der Arbeitslosigkeit in Deutschland (in Mio.)

	Januar	Juli		Januar	Juli
1927		1,00	1931	4,89	3,99
1928	1,86	1,01	1932	6,04	5,39
1929	2,85	1,25	1933	6,01	4,46
1930	3,22	2,76	1934	3,77	2,42

Gesamtzahl der Erwerbstätigen (Berufszählung 1925): 32 Millionen

M2

Zur Vertiefung des Problemfeldes „Weltwirtschaftskrise"
aus: Fragen an die Geschichte, Bd. 4. Die Welt im 20. Jahrhundert, hrsg. v. Heinz Dieter Schmid, Berlin 1993, S. 34

b) Arbeitslose, Kurzarbeiter und Vollbeschäftigte nach den Gewerkschaftsmeldungen 1928–1932 (in % der erfaßten Mitglieder*)

Jahresdurchschnitt	1928	1929	1930	1931	1932
Arbeitslose	8,4	13,1	22,2	33,7	43,7
Kurzarbeiter	5,6	7,5	13,4	19,7	22,6
Vollbeschäftigte	90,4	85,2	74,5	61,2	50,6

* Freie-, Christliche- und Hirsch-Dunkersche Gewerkschaften

c) Beschäftigungsstand der Industrie

(Zahl der Beschäftigten in % der Arbeitsplatzkapazität)

	Gesamtindustrie	Bergbau	Bauwirtschaft	Kulturbedarf*
Juli 1929	73,2	93,7	71,2	61,4
Dez. 1932	42,1	57,5	18,8	34,4
Mai 1933	45,5	57,4	28,6	33,0

* Lederwaren, Pianos, Photoindustrie, Funkgeräte, Edelmetall- und Schmuckwaren, Spielwaren, Papierwaren, Kosmetik

d) Welthandel 1930–1932 (Außenhandel der vier größten Handelsmächte in Mio. RM)

	Einfuhr		Ausfuhr	
	1930	1932	1930	1932
Deutsches Reich	10 400	4 700	12 000	5 700
Frankreich	8 600	4 900	7 000	3 300
Großbritannien	21 300	10 400	11 600	5 400
USA	12 800	5 600	16 100	6 800
Welthandel insg.	120 000	57 800	108 700	52 000
Anteil der vier größten Handelsmächte	42,6 %	42,6 %	42,8 %	40,4 %

*a) Edward P. Harris, Moses Mendelssohn, in:
Deutsche Schriftsteller im Portrait. Bd. 2. hg. v.
J. Stenzel, München 1980, S. 125*

Moses Mendelssohn war wohl der bekannte-
ste jüdische Intellektuelle der Aufklärung. Die
Zeitgenossen glaubten in ihm das Vorbild
des weisen Nathan zu erkennen. Nach einem
plumpen Versuch des Enthusiasten Lavater,
ihn öffentlich zu bekehren, wogegen sich
Mendelssohn öffentlich zur Wehr setzte,
wandte er sich vom vorwiegend spekulativen
Denken den Problemen des Judentums zu. In
der Nachfolge des Moses Maimonides
(1135–1204) wollte er die Juden aus dem
geistigen Ghetto führen … Durch eine Rück-
gratverkrümmung schon als Junge mißge-
staltet und von einer Nervenkrankheit ge-
schwächt, folgte der am 6. September 1729
geborene Sohn des Schreibers und Lehrers
Mendel aus Dessau dem Oberrabbiner David
Fränkel nach Berlin. Dort erarbeitete er sich
im Selbststudium den Zugang zur europäischen Bildung der Aufklärung. Bei dem Sei-
denfabrikanten Issak Bernhard wurde er
zunächst Hauslehrer, dann Buchhalter und
1754 Korrespondent. Im gleichen Jahre lernte er Lessing kennen, der seine „Philosophischen Gespräche" zum Druck beförderte. Zusammen verfaßten die beiden Freunde den
Aufsatz „Pope ein Metaphysiker!" und nahmen regen Anteil an Friedrich Nicolais „Bi-

bliothek" und „Literaturbriefen". 1763 erhielt
Mendelssohn zum ersten Mal und gegen die
Konkurrenz Kants und Abbts den Preis der
Berliner Akademie und wurde zum „Schutz-
Juden" erklärt. Obwohl mehrere seiner Auf-
sätze mit Preisen gekrönt waren, wurde seine
von Sulzer vorgeschlagene Wahl in die Berliner Akademie von Friedrich II. nicht bestä-
tigt. 1767 erschien sein Hauptwerk, „Phä-
don", drei Gespräche über die Unsterblich-
keit, dem Muster Platons nachgebildet.
Dieses Werk trug ihm den Ehrennamen eines
„deutschen Sokrates" ein. In den späteren
Werken stellte er Geist und Feder in den
Dienst des Toleranzgedankens. In „Jerusalem
oder über religiöse Macht und Judenthum"
(1783) bewies er, der Staat habe kein Recht,
Glaubenszwang auszuüben oder Religions-
parteien vom Genuß bürgerlicher Rechte
auszuschließen. Sein letztes Werk „An die
Freunde Lessings", dessen Drucklegung er
nicht mehr erlebte, war eine Verteidigung
des verstorbenen Freundes. Seine ästheti-
schen Theorien wirkten bei Kant, Herder und
Schiller fort. Ein Schlagfluß machte seinem
Leben am 4. Januar 1786 ein Ende.

*b) Moses Mendelssohn: „Über die Frage: was
heißt aufklären?" 1784, zit. nach: E. Bahr, Was ist
Aufklärung, Stuttgart 1983, S. 3–5*

Die Worte Aufklärung, Kultur, Bildung sind in
unserer Sprache noch neue Ankömmlinge. Sie
gehören vor der Hand bloß zur Bücherspra-
che. Der gemeine Haufe verstehet sie kaum.
Sollte dieses ein Beweis sein, daß auch die Sache bei uns noch neu sei? Ich glaube nicht. …
Indessen hat der Sprachgebrauch, der zwischen diesen gleichbedeutenden Wörtern einen Unterschied angeben zu wollen scheint,
noch nicht Zeit gehabt, die Grenzen derselben festzusetzen. Bildung, Kultur und Aufklärung sind Modifikationen des geselligen
Lebens; Wirkungen des Fleißes und der
Bemühungen der Menschen, ihren geselligen
Zustand zu verbessern.
Je mehr der gesellige Zustand eines Volkes

Moses Mendelssohn
auf einer Miniatur-
malerei 1767

Lavater und Lessing bei Mendelssohn, gemalt von Moritz Oppenheimer 1856

durch Kunst und Fleiß mit der Bestimmung des Menschen in Harmonie gebracht werden, desto mehr Bildung hat dieses Volk. Bildung zerfällt in Kultur und Aufklärung. Jene scheint mehr auf das Praktische zu gehen: auf Güte, Feinheit und Schönheit in Handwerken, Künsten und Geselligkeitssitten (objektive); auf Fertigkeit, Fleiß und Geschicklichkeit in jenen, Neigungen, Triebe und Gewohnheit in diesen (subjektive). Je mehr diese bei einem Volke der Bestimmung des Menschen entsprechen, desto mehr Kultur wird demselben beigelegt; so wie einem Grundstücke desto mehr Kultur und Anbau zugeschrieben wird, je mehr es durch den Fleiß der Menschen in den Stand gesetzt worden, dem Menschen nützliche Dinge hervorzubringen. – Aufklärung hingegen scheinet sich mehr auf das Theoretische zu beziehen. Auf vernünftige Erkenntnis (objekt.) und Fertigkeit (subj.) zum vernünftigen Nachdenken über Dinge des menschlichen Lebens nach Maßgebung ihrer Wichtigkeit und ihres Einflusses in die Bestimmung des Menschen. Ich setze allezeit die Bestimmung des Menschen als Maß und Ziel aller unserer Bestrebungen und Bemühungen, als einen Punkt, worauf wir unsere Augen richten müssen, wenn wir uns nicht verlieren wollen. Eine Sprache erlanget Aufklärung durch die Wissenschaften und erlanget Kultur durch gesellschaftlichen Umgang, Poesie und Be-

redsamkeit. Durch jene wird sie geschickter zu theoretischem, durch diese zu praktischem Gebrauche. Beides zusammen gibt einer Sprache die Bildung …

Aufklärung verhält sich zur Kultur wie überhaupt Theorie zur Praxis; wie Erkenntnis zur Sittlichkeit; wie Kritik zur Virtuosität. An und für sich betrachtet (objektive), stehen sie in dem genauesten Zusammenhange, ob sie gleich subjektive sehr oft getrennt sein können.

Man kann sagen: die Nürnberger haben mehr Kultur, die Berliner mehr Aufklärung; die Franzosen mehr Kultur, die Engländer mehr Aufklärung; die Sineser viel Kultur und wenig Aufklärung. Die Griechen hatten beides, Kultur und Aufklärung. Sie waren eine gebildete Nation, so wie ihre Sprache ein gebildete Sprache ist. – Überhaupt ist die Sprache eines Volkes die beste Anzeige seiner Bildung, der Kultur sowohl als der Aufklärung, der Ausdehnung sowohl als der Stärke nach.

c) Marcel Reich-Ranicki: „Die verkehrte Krone", in: Frankfurter Allgemeine Zeitung vom 15. 7. 1995
Der Geschichte der Juden in der deutschen Literatur mangelt es nicht an Siegen, an wahren Triumphen. Ein Jude aus Düsseldorf ist der erfolgreichste deutsche Lyriker nach Goethe. Ein Jude aus Prag hat die moderne Literatur geprägt – die der Deutschen und die der ganzen Welt. Und unter den populärsten Erzählern des 19. wie des 20. Jahrhunderts gibt es nicht wenige Juden. Doch allen Erfolgen zum Trotz ist dieses Kapitel der Literaturgeschichte so dunkel wie deprimierend: Wir haben es mit einer Leidensgeschichte ohnegleichen zu tun. Dabei geht es nicht um Fehlschläge und Niederlagen – sie gehören immer und überall zur Biographie derer, die öffentlich wirken. Ich meine vielmehr die fortwährenden Erniedrigungen, die grausamen Demütigungen, die keinem deutschen Juden, welchen Beruf er auch ausübte, erspart geblieben sind; nur empfindet sie ein Schriftsteller stets doppelt und dreifach.

Am Anfang dieser jüdischen Passionsge-schichte sehen wir zwei in jeder Hinsicht un-gewöhnliche Menschen, einen Mann und eine Frau. Er sehr klein und verwachsen, ja bucklig, sie ebenfalls klein und nicht gerade schön. Beide standen im Mittelpunkt des gei-stigen Lebens von Berlin und von Preußen. Beide sind Jahrhundertfiguren der deutschen Kultur geworden und geblieben. Und beide verkörpern wie niemand vor ihnen und wie kaum jemand nach ihnen den Glanz und zu-gleich das Elend des jüdischen Daseins in Deutschland.

Im Oktober 1743 meldet sich am Rosenthaler Tor der Stadt Berlin ein vierzehnjähriger Kna-be, der Sohn des Dessauer Synagogendieners und Thoraschreibers. Aus seiner Geburtsstadt Dessau zu Fuß gekommen, bat er um Einlaß nach Berlin, der ihm auch bewilligt wurde. So findet sich im Journal für diesen Oktober-tag 1743 die knappe Eintragung: „Heute passierten das Rosenthaler Tor sechs Ochsen, sieben Schweine, ein Jude." Warum hat ihn der Wachtposten damals nicht abgewiesen? Vielleicht deshalb, weil ihn der ärmliche und jugendliche Neuankömmling mit einer denk-würdigen Antwort verblüffte. Denn befragt, was er in Berlin wolle, sagte der Knabe, jedenfalls der Legende zufolge, nur ein einzi-ges Wort: „Lernen." Er hat dann in Berlin in kurzer Zeit tatsächlich viel gelernt und sehr bald andere gelehrt.

Die Zeitgenossen haben ihn, Moses Mendels-sohn, als Autorität höchsten Ranges anerkannt: Er wurde einer der bedeutendsten Denker je-ner Epoche, in der Kant und Lessing wirkten. Und er wurde es, ohne je, wie er mit leisem Stolz betonte, auf einer Universität gewesen zu sein oder ein Collegium gehört zu haben. Erstaunlich ist es also nicht, daß der Autodi-dakt gerne Mitglied der Preußischen Akade-mie der Wissenschaften geworden wäre. Das wäre ihm auch beinahe geglückt, nur hatte der König, Friedrich II., Einspruch erhoben. Wichtiger noch: Mendelssohn hatte gehofft, er könne ein gleichberechtigter Bürger des preußischen Staates werden. Aber er hatte

die Situation allzu optimistisch eingeschätzt: So überwältigend seine wissenschaftlichen Leistungen auch waren – der jüdische Philo-soph wurde nach wie vor als wunderlicher Fremdling empfunden, als sonderbares We-sen angestaunt. Von Gleichberechtigung konnte keine Rede sein: Man hat ihn gerühmt und zugleich geschmäht, gepriesen und ge-quält.

Auch die andere kleine Person, die das Kapi-tel der Juden in der Geschichte der deut-schen Literatur eröffnet, Rahel Levin, die spä-tere Rahel Varnhagen, kam, wie Mendels-sohn, aus der Judengasse und aus einer ortho-doxen Familie, auch sie sprach in ihrer Jugend das noch im 18. Jahrhundert gebräuchliche Judendeutsch, das mit hebräischen Lettern geschrieben wurde. Sie indes war doppelt benachteiligt, doppelt geschlagen – als Frau und als Jüdin. Mit den Grenzen, die dem weiblichen Dasein gesteckt waren, wollte sie sich auf keinen Fall abfinden. Und mit dem Judentum? Mit aller Kraft, über die sie verfüg-te, hat sie sich gegen ihre Abstammung em-pört und aufgelehnt: Diese Rebellion bildet, auch wenn Rahel es nicht selten für richtig hielt, sich mit Winken und mit Andeutungen zu begnügen, das zentrale Thema, das Leit-motiv ihrer Schriften … In einem Brief spricht sie von dem Unglück ihrer „falschen Geburt". 1795 gibt sie einem jungen Juden, David Veit, einen Ratschlag: „Kenntnisse sind die einzige Macht, die man sich verschaffen kann, wenn man sie nicht hat, Macht ist Kraft, und Kraft ist alles." An nichts anderes denkt sie als an eine Möglichkeit, die „falsche Geburt" zu überwinden und sich von dem uralten Fluch zu befreien. Sie ist es satt, un-entwegt gekränkt und beleidigt zu werden. Die Gleichberechtigung will sie – wie Moses Mendelssohn. Was sie David Veit empfohlen hat, das soll auch sie selber retten: Sie brennt darauf, sich Kenntnisse zu erwerben, sich Wissen anzueignen. Nur so lasse sich – davon ist sie überzeugt – die zwischen den Juden und den Nichtjuden bestehende Kluft zumin-dest verringern.

Mit ihrem Salon in der Dachstube protestierte sie gegen die überlieferten Schranken. Denn dort, in der Jägerstraße, trafen sich Männer und Frauen, adlige Offiziere und bürgerliche Intellektuelle, Philosophen und Schauspieler und schließlich und vor allem: Christen und Juden. Oft nennt man die Namen jener, die in diesem Salon verkehrten – es sind die besten der Epoche: von Jean Paul und Friedrich Schlegel bis zu Chamisso und Brentano. Und in ihrer Mitte die umsichtige, die imponierende Gastgeberin.

Die Berühmtheiten – sie folgten den Einladungen offenbar immer und sehr gern. Doch ist nicht bekannt, daß einer von ihnen je Rahel Levin zu sich eingeladen hätte. Diese oft attraktiv geschilderten Berliner Salons – es waren in der Tat wichtige Zentren des geistigen Lebens. Aber nicht von der Gleichberechtigung der Juden zeugten sie, sondern bloß von ihrem durchdringenden Wunsch, mit gebildeten Nichtjuden zusammenzukommen und von ihnen anerkannt zu werden. Für die christlichen Freunde war Rahel letztlich eine Ausnahmejüdin, eine nichtjüdische Jüdin, auf jeden Fall eine Fremde. Daß sie als emanzipierte Mitbürgerin leben wollte, konnte man schon begreifen. Absonderlich blieb es dennoch: Ähnlich wie Moses Mendelssohn wurde auch sie natürlich nicht geliebt, wohl aber angestaunt; ähnlich wie ihn empfand man auch sie als ein reizvolles, ein durchaus originelles, jedoch exotisches Wesen …

Wiederholt erklärte sie in ihren Briefen, zumal in jenen an die Geschwister, man könne als Jude überhaupt nicht existieren. Nur zwei Möglichkeiten gebe es: die Taufe und die Ehe mit einem Nichtjuden. 1814 tritt sie zum Christentum über und heiratet Karl August Varnhagen von Ense. Doch neunzehn Jahre später, wenige Tage vor ihrem Tod, diktiert sie ihrem Mann: „Was so lange Zeit meines Lebens mit die größte Schmach, das herbste Leid und Unglück war, eine Jüdin geboren zu sein, um keinen Preis möcht' ich das jetzt missen." War das Einsicht oder Resignation oder vielleicht Trotz? Sicher ist: Wenn wir uns heu-

Rahel Varnhagen, nach einem zeitgenössischen Stich

te, obwohl ihre Schriften fast nur noch von Fachgelehrten gelesen werden, mit Rahel Varnhagen beschäftigen, so vor allem deshalb, weil ihr Leben mehr als aufschlußreich, weil es exemplarisch ist. Exemplarisch wofür? Ich meine: Für die Wege und Irrwege der Juden in der deutschen Literatur im 19. und eben auch im 20. Jahrhundert.

d) Hannah Arendt: Rahel Varnhagen, Lebensgeschichte einer deutschen Jüdin aus der Romantik. 9. Auflage. München 1992, S. 35 f.

Rahel will aus dem Judentum heraus; eine andere Möglichkeit sich zu assimilieren, scheint es nicht zu geben. Trotz gemischter Geselligkeit, trotz ephemeren Verschwindens des Judenhasses unter den Gebildeten verschärft sich die Situation schon in den 90er Jahren (des 18. Jahrhunderts). Solange es möglich gewesen war, sich an die Aufklärung zu assimilieren und nur an sie, weil sie das geistige Leben Deutschlands voll repräsentierte, war der soziale Aufstieg für den Juden noch nicht unbedingt notwendig. Es gab die Möglichkeit der Rezeption, die Chance einer Bildung, die leicht war, solange die Eigenmächtigkeit der menschlichen Vernunft noch von keiner Ahnung von Geschichte beeinträchtigt war. So hatte noch Moses Mendelssohn sich an die fremde Umwelt assimilieren können, ohne sein Judentum aufzugeben. Er brauchte nur in einer sehr trügerischen Gegenwart alte „Vorurteile" abzulegen und denken zu lernen. Er konnte noch glauben, daß sein Weg vorbildlich sei und nicht das zufällige Schicksal eines einzelnen. Fünfzig Jahre früher war er in Berlin angekommen, dreißig Jahre früher nannte man ihn, der erst zwei Jahrzehnte in Berlin lebte, schon zusammen mit dem „gelehrten Berlin", mit Ramler, Nicolai und Lessing. Er zählte mit zu den Repräsentanten der deutschen Aufklärung, er, von dem jeder wußte, daß er ein Jude war, er, der ausdrücklich an jüdischer Tradition festhielt. Sein bürgerliches Ausgestoßensein drückte ihn wenig … Mendelssohn selbst hatte an einer sozialen

Einordnung noch ein sehr sekundäres Interesse. Ihm genügte der aufgeklärte Absolutismus Friedrichs II., in welchem „die Juden in der Ausübung ihrer Religion die anständigste Freiheit genießen"; in welchem „Künste und Wissenschaften blühend und vernünftige Freiheit zu denken so allgemein gemacht ist, daß sich ihre Wirkungen bis auf den geringsten Einwohner seiner Staaten erstreckt". (Mendelssohn)

Er war es zufrieden, der „geringste Einwohner" zu sein. Denn auch als solcher hatte er „Gelegenheit und Veranlassung gefunden, sich zu bilden, über seine und seiner Mitbürger Bestimmung nachzudenken und über Menschen, Schicksal und Vorsehung nach Maßgabe seiner Kräfte Betrachtungen anzustellen". (Mendelssohn) Da er am Judentum festhielt, da er die Geschichte nicht kannte, hatte er eine stolze Gelassenheit der Gesellschaft gegenüber, die ihn an die unterste Stelle ihrer Stufenleiter verwies. Er wollte höchstens das Judentum verteidigen, er wollte für alle Juden die Achtung, die ihm von Lessing und dem geistigen Deutschland entgegengebracht ward; aber er wollte sich auf keinen Fall für oder wider das Christentum entscheiden, „wie es ein Sokrates getan hätte" (Lavater); denn „solange wir keine so authentische Befreiung vom Gesetze aufzuweisen haben, kann uns unsere Vernünftelei nicht von dem strengen Gehorsam befreien, den wir dem Gesetze schuldig sein". (Mendelssohn)

Artikel „Geschichte" und „Gesellschaftliche Triebkräfte", aus: Philosophisches Wörterbuch, hg. von Georg Klaus und Manfred Buhr, Leipzig 1972, S. 402 u. 428

Geschichte – Entwicklungsprozeß in Natur und Gesellschaft; im engeren Sinne: der Verlauf des objektiven und in seiner Mannigfaltigkeit gesetzmäßigen Entwicklungsprozesses der Gesellschaft vom Niederen zum Höheren, der mit der Bewegung von Gesellschaftsordnungen – ihrer Entstehung und Entwicklung, ihrem Untergang und ihrer Ablösung durch eine neue – identisch ist.

Alle bürgerlichen Geschichtsauffassungen reduzieren dagegen die Geschichte der Gesellschaft auf die Geschichte einzelner ideologischer Verhältnisse (vornehmlich Politik und Religion) bzw. auf die Entwicklung der technischen Elemente der Produktion und klammern damit die materiellen Verhältnisse der Gesellschaft, die Produktionsverhältnisse aus, die – in Abhängigkeit von den Produktivkräften und in Wechselwirkung mit ihnen – die eigentliche Grundlage der Geschichte bilden und als das entscheidende Teilsystem der Gesellschaft die Entwicklung aller übrigen Teilsysteme, wie Politik, Religion, Moral usw., bestimmen.

Der historische Materialismus geht davon aus, daß in der Geschichte wie in der Natur allgemeine, wesentliche und notwendige

M4
Zur Vertiefung des Problemfeldes „Historischer Materialismus" und „Bewegung in der Geschichte"

Zusammenhänge existieren, die die Wiederholbarkeit und Regelmäßigkeit bestimmter gesellschaftlicher Prozesse ausdrücken; er geht mit anderen Worten davon aus, daß Existenz und Entwicklung der Gesellschaft bestimmten Gesetzmäßigkeiten unterliegen … Die Geschichte der Menschheit ist trotz ihrer vielseitigen, ungleichmäßigen und widersprüchlichen Entwicklung ein objektiv gesetzmäßiger einheitlicher Prozeß. Die Einheit der Weltgeschichte besteht erstens darin, daß alle Völker und Länder in der Regel in etwa gleicher Reihenfolge dieselben sozialökonomischen Stufen durchschreiten und die diesen Stufen entsprechenden politischen und ideologischen Prozesse aufweisen. Sie äußert sich ferner darin, daß die einzelnen, isolierten „Geschichten" der Stämme und Völker in dem Maße, wie sich die Beziehungen (ökonomische, politische, kulturelle u. a.) zwischen ihnen verstärken und festigen, zu einer einheitlichen Weltgeschichte verschmelzen, in die im Laufe der Zeit immer mehr Völker, Länder und Territorien einbezogen werden.

Gesellschaftliche Triebkräfte – Gesamtheit der im praktischen gesellschaftlichen Lebensprozeß wurzelnden bewegenden Ursachen, die das Handeln von Klassenkräften, sozialen Gruppen und Individuen für längere Dauer und mit hinlänglicher Intensität stimulieren und in eine bestimmte, im Sinne der gesellschaftlichen Entwicklung relevante Richtung lenken.

Die Menschen machen ihre Geschichte selbst. Ob sich der geschichtliche Prozeß hinter dem Rücken der agierenden Kräfte durchsetzt (–> Spontanität) oder ob er durch diese im Bewußtsein der gesellschaftlichen Hauptresultate ihrer Tätigkeit vollzogen wird (–> Bewußtheit) – stets ist die geschichtliche Entwicklung das Resultat des mit bestimmten subjektiven Absichten und Zwecken erfolgenden Handelns der Menschen; sie geht aus einer praktisch unendlich großen Zahl sich durchkreuzender Einzelaktionen hervor. Die unmittelbaren Beweggründe des menschlichen Handelns sind in jedem Falle –> Motive dieser oder jener Art, stellen also ideelle Triebkräfte dar. In der Sicht der Philosophie und Soziologie ist jedoch, wie Engels bemerkt, zu fragen, „welche treibenden Kräfte wieder hinter diesen Beweggründen stehn, welche geschichtlichen Ursachen es sind, die sich in den Köpfen der Handelnden zu solchen Beweggründen umformen?" Das theoretische und letztlich praktisch entscheidende Problem besteht darin, zu ergründen, „was die Triebkräfte dieser Triebkräfte sind. Nicht darin liegt die Inkonsequenz, daß ideelle Triebkräfte anerkannt werden, sondern darin, daß von diesen nicht weiter zurückgegangen wird auf ihre bewegenden Ursachen". Es kommt also darauf an, „die treibenden Mächte zu erforschen, die – bewußt oder unbewußt, und zwar sehr häufig unbewußt – hinter den Beweggründen der geschichtlich handelnden Menschen stehn und die eigentlich letzten Triebkräfte der Geschichte ausmachen".

Eine befriedigende, wissenschaftliche und im revolutionären Kampf praktisch anwendbare Lösung dieser Fragen liefert nur der dialektische und historische Materialismus, vor allem in Gestalt der Theorie der Produktivkräfte und der Produktionsverhältnisse, der Theorie von Basis und Überbau, der Theorie des Klassenkampfes und der sozialistischen Revolution.

Jochen Klepper: „Unter dem Schatten deiner Flügel", Stuttgart 1956

10. November 1938, Donnerstag
Der junge Gesandtschaftssekretär vom Rath ist an den Folgen des Attentats gestorben. – Heute sind alle Schaufenster der jüdischen Geschäfte zertrümmert und in den Synagogen ist Feuer gelegt, doch ungefährlich. Daß die Bevölkerung wieder nicht dahintersteht, lehrt ein kurzer Gang durch jüdische Gegenden; ich habe es selber gesehen, denn ich war heute morgen gerade im Bayerischen Viertel. Was wird man an Maßnahmen wieder aus diesem neuen „Aufflackern der Volkswut" ableiten? Es ist ein neuer, furchtbarer Schlag. Viele glauben, daß es bei der wachsenden Wohnungs- und Geschäftsnot nun an die jüdischen Wohnungen und Läden geht, wie bei den Anwälten und Ärzten, und daß der Gedanke eines Barackenghettos immer näher rückt. – Im Reiche mehrere Synagogen niedergebrannt. – Aus den verschiedenen „jüdischen" Gegenden der Stadt hören wir, wie ablehnend die Bevölkerung solchen organisierten Aktionen gegenübersteht. Es ist, als wäre der 1933 noch reichlich vorhandene Antisemitismus seit der Übersteigerung der Gesetze in Nürnberg 1935 weithin geschwunden. Anders steht es aber wohl bei der alle deutsche Jugend erfassenden und erziehenden Hitler-Jugend. Ich weiß nicht, wie

weit die Elternhäuser da noch ein Gegengewicht sein können. –

Nach einer Auswahl, die unergründlich ist, werden jüdische Männer aus ihren Wohnungen von der Geheimen Staatspolizei weggebracht.

Wie man im Schlafe aufschrickt – als würden Hanni, Brigitte, Renerle abgeholt –, das sagt genug.

Hanni ist in der Vermögensangabeangelegenheit nun für diesen Sonnabend aufs Polizeiamt bestellt.

12. November 1938, Sonnabend
Die Morgenzeitung. Dr. Goebbels: „Deutschland wird auf die Schüsse Grünspans legal, aber hart antworten." Waffenbesitz für Juden

Die am 9. November 1938 zerstörte Synagoge in der Fasanenstraße in Berlin

bei schwerer Strafe verboten. Die Abendzeitung: „Juden dürfen kulturelle Veranstaltungen nicht mehr besuchen. Verordnung von Dr. Goebbels untersagt Zutritt zu Theatern, Kinos, Konzerten, Vorträgen und Ausstellungen ..." „eine der weiteren Maßnahmen, die mit Schärfe gegen die Juden durchgeführt werden."

Brief von Toni Milch und Renerle, das ihr solchen Beistand bedeuten soll: auch Werner Milch weggebracht, und niemand weiß, wohin.

Mit welchen Gefühlen zu Besprechungen auf dem Bau! Zum ersten Mal stiegen wir auf Leitern im Hause hoch, sahen die Umrisse der künftigen Töchtermansarden und der oberen Wohnung; die Massivdecke zwischen dem Keller und unserer Erdgeschoßwohnung fehlt noch. Vom Fenster der Bodendiele der einzigartige schöne Blick auf den Kirchturm über Birken und Kiefern – wie ein Wald – und eine mächtige Tanne im sanften Lichte einer nach strahlendem Tage sinkenden Sonne. –

Auch in Italien die Ehe mit Juden verboten. Schrecklich die Ohnmacht der beiden Kirchen, die den Judenchristen nicht helfen können; die Ohnmacht der Frontkämpfer, die das furchtbare Unrecht an ihren Kameraden mitansehen müssen.

Eben Anruf Ilse: auch August weggeholt, das Geschäft (das mit arischer Kundschaft nach vorgestrigem Brief „wie Weihnachten" ging) demoliert. Hanni soll doch kommen.

13. November 1938, Sonntag
Alle eure Sorge werfet auf ihn; denn er sorgt für euch. I. Petrus 5-7
„Eine Milliarde Mark Buße für das Pariser Attentat den Juden auferlegt. Ab 1. Januar keine jüdischen Geschäfte, Handwerker und Betriebsführer mehr. Weitere Verordnungen und Gesetze sind für die nächste Zeit in Aussicht gestellt.
Alle Schäden, welche durch die Empörung des Volkes (ja, das Volk ist empört; aber gegen wen –!) über die Hetze des internationalen Judentums gegen das nationalsozialisti-

sche Deutschland am 8., 9. und 10., 11. November 1938 an jüdischen Gewerbebetrieben und Wohnungen entstanden sind, sind von dem jüdischen Inhaber sofort zu beseitigen.

Die Kosten der Wiederherstellung trägt der Inhaber der betroffenen jüdischen Gewerbebetriebe und Wohnungen. Versicherungsansprüche von Juden deutscher Staatsangehörigkeit werden zugungsten des Reiches beschlagnahmt."

Diese Meldungen füllen die erste Seite der Zeitungen.

Die Juden dürfen für keine „Idee" leiden. Aber den Judenchristen bleibt, was keinem von uns genommen wird: Glaube will unter allen Umständen bezeugt sein. –

14. November 1938, Montag
Gestern neue Goebbelsrede: Die Judenfrage wird endgültig gelöst. –
„Es ist eine Entwürdigung unseres deutschen Kunstlebens, daß einem Deutschen zugemutet werden soll, in einem Theater oder Kino neben einem Juden zu sitzen! – Jede Aktion des internationalen Judentums in der Welt fügt den Juden in Deutschland nur Schaden zu. – Die Judenfrage wird in kürzester Frist einer das deutsche Volksempfinden befriedigenden Lösung zugeführt! Das Volk will es so (!!), und wir vollstrecken nur seinen Willen!"
Ich weiß in diesen schweren Tagen nur, daß es Gott anheimgestellt sein muß, wie er den Glauben in uns bewähren will. Aber in der Welt haben wir Angst. –
Hanni und ich wollen alles mit uns abmachen und das Haus – Brigittes wegen, Renerles wegen – von allem Bedrückenden zu entlasten suchen, wo das Leben ihnen so furchtbar hart begegnet und so frühe sie auf so schweren Ernst verweist. Das treibt Hanni, die doch nie weint, immer wieder die Tränen in die Augen. – Die Nächte sind wieder so schwer. Und daß man ebensoviel Ekel wie Schmerz empfinden muß.

15. November 1938, Dienstag
Gestern abend betete ich, daß Gott mich auf nichts hören lassen möge, was in meinem Herzen vorgeht, sondern daß er mich durch diese Tage führen möge allein durch sein Wort. – Da dachte ich: wie leicht kann da doch das Herz sich's nach den eigenen Wünschen suchen, wenn man täglich so viel Bibel liest. – Sehr stark mußte sich's da einprägen, als heute früh, als ein „Dank für Kyrie" von zwei fremden Graphikern zwei Sprüche aus dem „Kyrie" (Reformationslied und Abendlied) in schön entworfener Schrift, und einer vertont, eintrafen: „Ich liege und schlafe ganz im Frieden; denn allein du, Herr, hilfst mir, da ich sicher wohne" (Psalm 4, 9) und „Wir haben einen Gott, der da hilft, und den Herrn, der vom Tode errettet" – dieser Spruch aber war es, den ich mir als Leitspruch für die immer wieder so gefährdete Arbeit am „Ewigen Hause" niederschrieb. –

17. November 1938, Donnerstag
Mit notarieller Vollmacht von Hanni – weil Hanni, bis sie die Kennkarte bekommt, doch keinen polizeilichen Ausweis für das persönliche Erscheinen hat – bei der Reichsbahndirektion zur abschließenden notariellen Verhandlung. Sie waren von der Polizei angewiesen, festzustellen, ob einer von uns jüdisch sei und mußten das auch in den Vertrag aufnehmen. Und das ist das Bezeichnende für die „Volkswut" in Berlin: nach einer solchen Feststellung werden die Menschen höflicher, interessevoller, herzlicher. – Über die Konsequenzen dieses Passus im Vertrage weiß man nichts. –

19. November 1938, Sonnabend
Hüte dich, daß du nicht des Herrn vergessest, der dich aus Ägyptenland, aus dem Diensthaus, geführt hat. 5. Mose 6, 12
Nun schreiben auch Meschkes von Selbstmorden in ihrem jüdischen Bekanntenkreise.

Die Auflösung der Parteien. Aus der nationalsozialistischen Schrift „Deutschland erwacht", 1933, S. 101

Was sollen in einem geeinten Vaterland, in einer geeinten Nation, in einem einigen Volke Parteien?
Wenn ein Volk einig ist, ganz geschlossen einer Idee nachlebt, einem Ziele gemeinsam zumarschiert, – muß dann nicht jede Partei, und gäbe es viele Hundert, genau dasselbe wollen, sagen, vertreten? Selbstverständlich muß sie das, – und also ist es sinnlos, daß es überhaupt mehr als eine einzige Partei gibt, da es ja auch nur ein einziges Wollen gibt.

Propagandabild
aus der NS-Zeit

So lösen sich denn, sang- und klanglos oder mit ein wenig Geräusch, die alten Parteien auf, – ihre Zeit ist abgelaufen, in der sie gediehen, deren Ausdruck sie waren, und wie diese Zeit verging, so vergehen nun auch sie. Die meisten begreifen es von selbst, – und bei denen, die es nicht begreifen möchten, die zum mindesten nicht zugeben möchten, daß sie es natürlich längst begriffen haben, hilft das Volk mit sanftem Drucke nach. Und nach einem Monat gibt es nur noch eine Nationalsozialistische Deutsche Arbeiter-Partei, und auch das ist gar keine Partei mehr, war überhaupt niemals eine Partei, sondern hieß nur so, weil es im liberalistisch-demokratischen Staate nun einmal ohne die Parteiform nicht abging, und der Führer

M6
Zur Vertiefung des Problemfeldes „Parteienverdrossenheit"

geschworen hatte, legal zur Macht zu gelangen, – sondern war von Anfang an und jetzt erst recht eine Bewegung, eine Nationalsozialistische Deutsche Arbeiter-Bewegung – und also entsprach endlich dem einheitlichen Wollen des Volkes auch seine politisch-organisatorische Formgebung: das Ende der Parteien, – die alleinige Vertretung des einheitlichen Volkes im einheitlichen Reich durch eine einheitliche Bewegung.

Hannah Arendt: „Recht und Gewalt", München 1970, S. 56 ff.

M7
Zur Vertiefung des Problemfeldes „Terror und Gewalt"

Nirgends tritt das selbstzerstörerische Element, das dem Sieg der Gewalt über die Macht innewohnt, schärfer zutage als in der Terrorherrschaft, über deren unheimliche Erfolge und schließliches Scheitern wir vielleicht besser Bescheid wissen als irgendeine Zeit vor uns. Terror und Gewalt sind nicht dasselbe. Die Terrorherrschaft löst eine Gewaltherrschaft ab, und zwar in den, wie wir wissen, nicht seltenen Fällen, in denen die Gewalt nach Vernichtung aller Gegner nicht abdankt, sondern im Gegenteil die zentrale Kontrolle über den Staatsapparat ergreift. Die Gewaltherrschaft bezweckt und erreicht die Entmachtung der Gesellschaft, bis sie einer organisierten Opposition nicht mehr fähig ist, und dies ist der Augenblick, wo der eigentliche Terror entfesselt werden kann. Die Tyrannis erzeugt die Ohnmacht, welche dann totale Herrschaft ermöglicht. Der Terror konserviert und intensiviert die Entmachtung durch die Atomisierung der Gesellschaft – ein empörend akademisch-blasses Wort für einen grauenhaften Tatbestand –, die im wesentlichen durch die Allgegenwart des Denunzianten erreicht wird, der nun buchstäblich überall sein kann, weil es sich nicht mehr um bezahlte Agenten handelt; jeder Mensch, mit dem man in Berührung kommt, kann morgen gezwungen werden zu denunzieren. Wie ein solcher vollständig entwickelter Polizeistaat organisiert ist und wie er funktioniert, bzw. wie nichts mehr funktioniert, kann man jetzt auf das genaueste nachlesen in dem großen Roman von Alexander Solschenizyn „Der erste Kreis der Hölle", der voraussichtlich eines der literarischen Meisterwerke des 20. Jahrhunderts bleiben wird und sicher die bei weitem beste Darstellung des Stalin-Regimes bietet. Der entscheidende Unterschied zwischen totaler Herrschaft, die auf Terror beruht, und den verschiedenen Arten der Gewaltherrschaft besteht darin, daß die erstere nicht nur ihren Gegnern, sondern auch ihren Freunden und Anhängern den Garaus macht, da sie sich gegen Macht schlechthin, also auch gegen die mögliche Macht organisierter Anhänger wendet. Der Terror erreicht seinen Gipfel, wenn der … Polizeistaat beginnt, seine eigenen Kinder zu verschlingen, und dem Henker von Gestern morgen die Rolle des Opfers zugeteilt wird. Und das ist auch der Augenblick, da Macht in jeglichem Sinne aus dem Lande verschwunden ist. Zur Erklärung der Entstalinisierung Rußlands sind eine Reihe einleuchtender Gründe vorgebracht worden; keiner scheint mir so zwingend wie die Erkenntnis der stalinistischen Funktionäre selbst, daß eine Fortdauer des Regimes zwar keinen Aufstand zur Folge haben würde – dagegen bietet Terror in der Tat den zuverlässigsten Schutz –, wohl aber die totale wirtschaftliche und schließlich auch militärische Lähmung des Landes.

a) Aus einer Emnid-Umfrage im Auftrag des Spiegel. In: Der Spiegel Nr. 27/1995, S. 42

Antworten auf die Frage nach den „positvsten Erinnerungen" an die DDR:

– Es war alles ruhiger, geordneter – Jeder hatte Sicherheit – Es gab keine Miethaie.

– Man konnte sich auf Nachbarn und Freunde verlassen, was nicht mehr der Fall ist, da jeder nur an sich denkt.

– Beruflicher Streß war geringer – Man brauchte sich nicht um so viele Dinge kümmern – Es gab damals nicht solche erbitterten Konkurrenzkämpfe wie heute.

– Für die Kinder wurde viel mehr getan.

– Wenn man Hilfe brauchte, wurde einem geholfen. Irgendwie lief alles mehr in Ruhe ab – Billige FDGB-Reisen.

– Keine Mutter brauchte sich um ihre Arbeit Sorgen zu machen – Man kannte keine Überfälle am Tage in der Stadt – Kollegialität im Arbeitsprozeß.

– Die Kinder hatten es sehr schön. Kindergarten, Ferienlager und viele Veranstaltungen in der Schule, Jugendklubs.

– Jeder hatte sein Auskommen, ohne Angst vor dem nächsten Tag – Das Leben war ruhig, kein Streß – Für jeden Menschen wurde eine Arbeitsstelle geschaffen, ob nötig oder nicht.

– Man konnte Tag und Nacht ohne Angst durch die Parks, Felder, Wälder und einsame Straßen gehen.

– Die Schule war nicht so anstrengend – Fast alle waren gleich – Jeder hatte Arbeit bis zur Rente sicher – Das Kumpelhafte zwischen Leitung und Belegschaft im Betrieb – Billige Scheidung.

– Bus und Kino waren billiger – Polizei und Justiz gingen härter gegen Kriminalität vor – Keine Staus auf den Straßen – Einfache Art der Steuern und Sozialversicherung – Die Jugend war disziplinierter – Kultur war für alle erreichbar – Alle hatten Arbeit, was man so Arbeit nannte – Die Bürokratie war nicht so extrem wie heute – Niedrige, stabile Mieten, für jeden bezahlbar.

Antworten auf die Frage nach den „negativsten Erinnerungen" an die DDR:

– Die Lauferei beim Einkaufen, das Anstehen, wenn man mal was haben wollte. In den Urlaub mußte man sich Zwiebeln und teils sogar Kartoffeln mitnehmen, weil man nichts bekam.

– Eine Wohnung zu bekommen, war nur über Beziehungen möglich – Es ging alles zu extrem nach Plan – Bevorzugung der SED-Genossen in allen Lebensbereichen.

– Die Partei hatte immer recht – Bummelanten wurden durchgefüttert – Bei Reisen in die BRD starke Kontrolle (Hunde) – Man konnte keine eigenen Entscheidungen treffen, alles wurde vorgegeben – Nicht mal einen Sack Zement bekam man ohne Beziehungen.

– Jahrelang auf eine Wohnung warten war für Kinderreiche besonders schlimm – Schlechte Versorgung mit Babynahrung – Schießen auf Menschen – Als DDR-Bürger im östlichen Ausland nur Mensch 2. Klasse mit seinem Geld – Politische Zwangserziehung bereits in Kinderkrippen und Kindergärten – Machtlosigkeit gegenüber den staatlichen Organen.

– Der Hochmut der Handwerker – Die kleine DDR mußte die große Sowjetunion versorgen – Trennung von Verwandten im Westen – Die ständige Bespitzelung – Es gab wenig Obst und Fleisch.

M8
Zur Vertiefung des Problemfeldes „DDR-Nostalgie"

- Materialmangel im Krankenhaus – Niedrige
Renten – Keine Aufstiegschancen, ohne in der
Partei zu sein – Es gab keine großen schlim-
men Sachen, es waren die Kleinigkeiten.
- Das Schlimmste war die Lüge, mit der wir
gelebt haben. Wenn man die Zeitung auf-
machte, da war von Erfolgen und Planerfül-
lung zu lesen, und jeder wußte, daß das
nicht stimmte.
- Die Vereinnahmung von Kindern durch
den Staat – Daß man seine Westverwandt-
schaft „sterben" lassen mußte.
- Auf einen Trabi mußte man 14 Jahre warten, und er war sehr teuer.

*b) Heike Schmoll, Kinder und Jugendliche nach der
Wende. In: Frankfurter Allgemeine Zeitung vom
24. 7. 1995*

„Wenn ich an der S-Bahn abschmiere, dann
wünsche ich mir ein großes blutiges Bild in
der Zeitung, dann würde meine Mutter end-
lich sehen, was aus mir geworden ist", antwortet ein ostdeutscher Jugendlicher auf die
Frage, was ihn eigentlich beim S-Bahn-Surfen
reize. Nach der Wende ist die Gewalt unter
Jugendlichen nicht quantitativ gewachsen,
wohl aber die Tendenz zur Gewalt gegen
sich selbst. Beziehungslos gewordene Jugendliche neigen dazu, sich selbst zu ver-
stümmeln und sich oder anderen Schmerzen
zuzufügen. In den ostdeutschen Familien hat
sich durch die Wende viel geändert. Oder hat
es vor der Wende ohnehin nur eine große öffentliche Familie gegeben, ohne daß über die
individuelle Familienwirklichkeit viel bekannt-
geworden wäre? Wie erleben Kinder das Ende der früheren DDR?
Der gelernte Soziologe Hans Ullrich Krause,
zu DDR-Zeiten Erzieher ..., leitet den Heim-
verbund der Kinderhäuser Berlin-Mark Brandenburg ... Es gibt Tagesgruppen, Jugend-
wohngemeinschaften, auch Projekte, die die
Familien mit einbeziehen. Insgesamt leben
200 Kinder in den Heimen. Die meisten kommen aus Ostberlin, Potsdam, Bernau und den
umliegenden Gemeinden. Nur ganz selten ist

auch einmal ein Westberliner Kind darunter –
zumeist bleibt es nicht lange. Die Mauern
zwischen den elf- bis zwölfjährigen Kindern
sind noch nicht verschwunden. Als eines Tages ein Junge aus Neukölln ins Heim aufgenommen wird, versteht sich die zugeordnete
Wohngruppe gut mit ihm. Aber von Anfang
an spielt er als „Wessi" eine Sonderrolle. Von
seinem Westberliner Stadtteil erzählt er wie
der Onkel aus dem fernen Amerika zunächst
noch einigermaßen wahrheitsgetreu, später
mit Übertreibungen und Erfindungen. Erst
wird er bewundert, dann bestaunt und
schließlich abgelehnt.
Was die Erwachsenen nicht aussprächen,
werde unbewußt an die Jugendlichen weiter-
gegeben, die es dann auszutragen hätten,
sagt Krause. Die ostdeutschen Jugendlichen
müssen die bisher nicht thematisierten Konflikte ihrer Eltern ausfechten. Zwar verdienten
die Eltern einerseits wesentlich mehr als zu
DDR-Zeiten; das sichere ihnen materielle
Freiheit. Andererseits aber sei die Wende
nach wie vor mit einer tiefen Kränkung verbunden, die nicht besprochen werde. Die
oberflächliche Diskussion um die Wirkung
der SED verschütte diese Schwierigkeiten einer geschlossenen Gesellschaft, sagt Krause
und berichtet von einer seltsamen Fahrt in einem Bus des Berliner Verkehrsverbundes.
Dort beginnt eine Schulklasse fünf Jahre nach
der Wende, zunächst die Internationale,
dann die DDR-Hymne zu singen. Die umsit-
zenden Erwachsenen grinsen in sich hinein,
würden am liebsten selbst mit einstimmen.
Schließlich kann sich ein alter Mann nicht
mehr halten und singt auch mit. Die gemeinsam gesungene Hymne ist kaum zu verstehen als Bekenntnis zur früheren SED-Diktatur.
Das gemeinsame Singen zeigte, wie sich
Identitätsgefühle in einer Gruppe ganz unabhängig von der politischen Verfaßtheit des jeweiligen Staates bilden können.
Die soziale Einheit hält Krause für eine Fikti-
on, noch heute nehmen die Osberliner Jugendlichen zum Eishockey-Spiel ihre alten
DDR-Fahnen mit. Viele Jugendliche weigern

sich, nach Westberlin zu gehen, und wehren sich dagegen, daß ihre Lehrer nach Westberlin geschickt werden sollen, um dort zu unterrichten. Sie hüten ihre FDJ-Ausweise wie Schätze. In einem punktuell gelebten Zugehörigkeitsgefühl nehmen die Kinder den Konflikt der Eltern auf, die erlittene Niederlage der Eltern spiegelt sich in den Abwehrmechanismen der Kinder …

Selbst Krause, dem larmoyante DDR-Stilisierung völlig abgeht, stellt bei den Kindern eine tendenzielle Bejahung der in der DDR erlebten Gemeinschaft fest. Manche trauern den Pioniernachmittagen in der Schule nach, andere sind erleichtert, die damit verbundene Indoktrination los zu sein. Immerhin waren die Schüler an zwei Nachmittagen in der Woche beschäftigt. Und es habe auch zu DDR-Zeiten engagierte Lehrer gegeben, die einfach nur etwas für die Kinder wollten, berichtet der frühere Kieler Professor für Sozialpädagogik und ehemalige Schulleiter Heinrich Kupffer. Die echte Sorge um die Kinder habe sich allerdings weniger in den Unterrichtsmethoden und den Inhalten gezeigt als in der Art des Umgangs mit den Schülern. In einer Mischung aus Resignation und Häme sähen sich die ostdeutschen Lehrer nun auf ihre Lehrerfunktion reduziert. Die Verwahrlosung der Kinder erklärten sie sich damit, daß ihnen die Erzieheraufgabe genommen ist, wenigstens so, wie sie diese früher verstanden haben …

Viele Lehrer sind den Schülern schon aus DDR-Zeiten bekannt, sie vermitteln jetzt ein Schulbild, das mit dem vorherigen nichts gemein hat. Auch wenn die Schüler keineswegs unmündig sind, beklagen sie die erhöhten Leistungsanforderungen nach der Wende. Denn das sichere Gefühl, sozial nicht scheitern zu können, ist ihnen notwendigerweise abhanden gekommen.

a) Zur Rolle von „Propaganda": „Bilder aus dem Leben des Führers", Hamburg 1936

Auch die Propaganda muß gekonnt sein. Es nutzt gar nichts, je nach Bedarf ein paar findige Köpfe zu ihr abzukommandieren. Sie hat wie jede große Kunst ihre dafür besonders befähigten Menschen, die meistens eine Schule begründen und damit auch Schule machen. Es muß auch aufgeräumt werden mit dem weitverbreiteten Irrtum, daß ihr etwas Unehrenhaftes oder Minderwertiges anhafte. Es kommt bei ihr nur darauf an, wie ja auch überall sonstwo im Leben, wofür sie sich einsetzt und was sie praktisch in die Welt der Erscheinungen hineinführt. Sie hat in diesem Sinne gar nichts mit Reklame zu tun. Sie läßt am besten Dinge und Menschen für sich selbst sprechen und sorgt dafür, daß sie, wenn sie von Wert sind, auch in ihrem vollen Wert dargestellt und erläutert werden. Denn gute Dinge und große Menschen wirken für sich selbst. Man muß sie deshalb auch selbst und uneingeschränkt zu Worte kommen lassen. Es ist dabei das wichtigste

Kennzeichen einer besonders erfolgreichen Propaganda, daß sie nichts wegläßt, aber auch nichts hinzufügt, was nicht zum Wesen des behandelten Gegenstandes gehört. Die charakteristischen Merkmale von Zuständen oder Persönlichkeiten sollen klar, eindringlich und so einfach und ungekünstelt aus dem

Truppenparade in Berlin, April 1939

M9
Zur Vertiefung des Problemfeldes „Propaganda", „Feindbild" und „Masse"

verwirrenden Beiwerk herausgehoben werden, daß sie für die breite Masse derer, die davon erwärmt und dafür geworben werden sollen, verständlich und erkennbar wirken.

Der Nationalsozialismus und seine hauptsächlichen Vertreter haben für diese Kunst nicht nur eine natürliche Begabung mitgebracht, sondern sie haben sie in steter Arbeit, in unermüdlichem und engstem Kontakt mit dem Volke und in fortschreitender, höchster Verfeinerung gelernt und angewandt. Der Führer selbst war dabei ihr großer Lehrmeister.

b) Dietmar Kienast zur Funktion von „Feindbildern", in: „Cato der Zensor", Darmstadt 1979, S. 130 ff.

Cato stand einer Gruppe von Senatoren gegenüber, die an der traditionellen Afrikapolitik festhalten wollte, wohl aus dem gleichen Grunde, aus dem sich auch einst der ältere Scipio Africanus gegen eine Zerstörung Karthagos gewandt und aus dem sich Cato selbst gegen die Einrichtung Makedoniens als Provinz gesträubt hatte. Ihr Wortführer war P. Scipio Nasica Corculum. So oft Cato sein „Carthago delenda est" sprach, so oft widersprach Nasica. Den antiken Berichten nach ließ er sich von dem Gedanken leiten, man müsse Karthago „als einen ein Gegengewicht bildenden Gegenstand der Furcht" bestehen lassen, um Rom zur Mäßigung und zur inneren Eintracht zu zwingen …

Doch waren diese Worte Nasicas eigene Gedanken oder waren sie rhetorische Gemeinplätze, hinter denen sich eine sehr viel nüchterne, weniger philosophisch orientierte Politik verbarg? Gedanken, wie sie Nasica äußerte, wurden schon von den Griechen konzipiert. Auch in Rom selbst sind diese Gedanken nicht neu, der ältere Scipio und Q. Caecilius Metellus haben sie bereits in ähnlicher Form wie Nasica geäußert. Gelzer, der alle diese Tatsachen aufführt, hält den Gedanken des „ein Gegengewicht bildenden

Gegenstandes der Furcht" für einen rhetorischen Gemeinplatz, glaubt aber dennoch, daß sich hinter Nasicas Widerspruch ein neues politisches Wollen, eine grundsätzliche Abkehr von der bisherigen Politik des divide et impera verbirgt.

Gelzer stützt diese Ansicht über Nasicas angebliches Konzept allein auf eine Aussage Diodors, die deshalb genauer untersucht werden muß. Diodor schreibt (34, 33, 4–6): „Von denen aber, die sich durch Einsicht auszeichneten, wurde bedacht, daß der Meinung Nasicas bei weitem der Vorzug gebühre. Denn nicht aus der Schwäche der anderen, urteilen sie, dürfe die Stärke Roms erkannt werden, sondern daraus, daß die Stadt sich größer zeige als die Großen. Dazu zwänge, wenn Karthago erhalten bliebe, die von dieser Stadt ausgehende Furcht die Römer, einträchtig zu sein und über die von ihnen abhängigen Völker gerecht und ruhmvoll zu herrschen. Nichts ist aber besser als dies für Dauer und Mehrung der Herrschaft. Wenn aber die ein gewisses Gegengewicht bildende Stadt vernichtet sei, wäre es klar, daß unter den Bürgern Bürgerkrieg entstünde, von allen Bundesgenossen aber Haß gegen die Herrschaft wegen Habsucht und Gesetzlosigkeit der Beamten ihnen gegenüber. Und dies alles stieß Rom zu nach der Zerstörung Karthagos."

c) Gustave Le Bon zur Bedeutung der „Masse", in: „Psychologie der Massen", Stuttgart 1968, S. 10 f.

Im gewöhnlichen Wortsinn bedeutet Masse eine Vereinigung irgendwelcher einzelner von beliebiger Nationalität, beliebigem Beruf und Geschlecht und beliebigem Anlaß der Vereinigung.

Vom psychologischen Gesichtspunkt bedeutet der Ausdruck „Masse" etwas ganz anderes. Unter bestimmten Umständen, und nur unter diesen Umständen, besitzt eine Versammlung von Menschen neue, von den Eigenschaften der einzelnen, die diese Gesellschaft bilden, ganz verschiedene Eigentümlichkeiten. Die bewußte Persönlichkeit schwindet, die Gefühle und Gedanken aller einzelnen sind nach derselben Richtung orientiert. Es bildet sich eine Gemeinschaftsseele, die wohl veränderlich, aber von ganz bestimmter Art ist. Die Gesamtheit ist nun das geworden, was ich mangels eines besseren Ausdrucks als organisierte Masse oder, wenn man lieber will, als psychologische Masse bezeichnen werde. Sie bildet ein einziges Wesen und unterliegt dem Gesetz der seelischen Einheit der Massen (loi de l' unité mentale des foules). Die Tatsache, daß viele Individuen sich zufällig zusammenfinden, verleiht ihnen noch nicht die Eigenschaften einer organisierten Masse. Tausend zufällig auf einem öffentlichen Platz, ohne einen bestimmten Zweck versammelte einzelne bilden keineswegs eine Masse im psychologischen Sinne. Damit sie die besonderen Wesenszüge der Masse annehmen, bedarf es des Einflusses gewisser Reize, deren Wesensart wir zu bestimmen haben.

Das Schwinden der bewußten Persönlichkeit und die Orientierung der Gefühle und Gedanken nach einer bestimmten Richtung, die ersten Vorstöße der Masse auf dem Weg, sich zu organisieren, erfordern nicht immer die gleichzeitige Anwesenheit mehrerer einzelner an einem einzigen Ort. Tausende von getrennten einzelnen können im gegebenen Augenblick unter dem Einfluß gewisser heftiger Gemütsbewegungen, etwa eines großen nationalen Ereignisses, die Kennzeichen einer psychologischen Masse annehmen. Irgendein Zufall, der sie vereinigt, genügt dann, daß ihre Handlungen sogleich die besondere Form der Massenhandlungen annehmen. In gewissen historischen Augenblicken kann ein halbes Dutzend Menschen eine psychologische Masse ausmachen, während hunderte zufällig vereinigte Menschen sie nicht bilden können. Andererseits kann bisweilen ein ganzes Volk ohne sichtbare Zusammenscharung unter dem Druck gewisser Einflüsse zur Masse werden.

„Das Verhängnis",
Zeichnung von
A. Paul Weber, 1932

Wir und die anderen

von Gerd Westphal

Befindlichkeiten im vereinigten Deutschland

Im Grunde geht es um ein altes Thema: Toleranz.

Gad Beck spricht es im Film an und verweist auf Moses Mendelssohn, den großen Berliner Aufklärer, Vorbild für Lessings Nathan.

Die Frage, wie Menschen unterschiedlicher Herkunft, Nationalität und Weltanschauung verträglich miteinander umgehen können, wird im Lessingschen Schauspiel beeindruckend konkret, umfassend und vorbildlich beantwortet.

Der von Mendelssohn und Lessing, schließlich auch von Kant formulierte hohe ethische Anspruch, ausgehend von einer Kritik der Vorurteile, das Zusammenleben der Menschen auf eine humanere Grundlage zu stellen, trifft nun auf eine immer wieder wahrnehmbare gesellschaftliche Realität, die keineswegs willens ist, sich den von den Aufklärern formulierten Maximen zu beugen. Allein schon aus dieser skeptischen Einschätzung heraus verbietet es sich, dem Thema Toleranz eine Ruhepause zu gönnen.

Aber das ist nur das eine. Das andere, uns unmittelbar Berührende ist, daß die Thematik höchst aktuell geworden ist und gegenwärtig eine Brisanz entfaltet, mit der keiner in den vergangenen Jahrzehnten gerechnet hat. Was hat sich geändert in Deutschland?

Zuerst einmal ist es üblich geworden, die neuen Befindlichkeiten auf die wiederhergestellte nationale Einheit zurückzuführen. In der Tat zeitigt dieses Faktum belegbare Folgen: Suchbewegungen, was denn dies „neue Deutschland" nun sein könnte, sind allenthalben festzustellen.

Der Wunsch, sich in neuer Weise „deutsch" zu definieren, ist allerdings insofern höchst problematisch geworden, als hochgesteckte Erwartungen an die Wiedervereinigung auf beiden Seiten enttäuscht worden sind. Vor allem soziale Erwartungen sind nicht erfüllt worden. Dies erzeugt Frust, der tendenziell dazu neigt, sich abzureagieren.

Einher geht mit dem Prozeß der Suche nach nationaler Identität eine Zunahme an Ausländerfeindlichkeit. Die Bereitschaft, den Fremden – einst als „Gastarbeiter" oder als Tourist herzlich begrüßt – zu tolerieren, hat – zumindest bei Minderheiten – eine deutliche Abnahme erfahren. Gewaltbereitschaft – vor allem bei rechtsradikalen Skins – hat gegenüber Ausländern, Flüchtlingen, Asylsuchenden, Umsiedlern usw. eine nicht mehr zu übersehende „Qualität" erreicht. Worin diese „Qualität" besteht, beschreibt Klaus J. Bade in seinem Aufsatz „Migration in Geschichte und Gegenwart" so:

„Angst geht um in der vereinigten Republik –
Angst vor Tätern und Angst um Opfer. Die
rechtsradikalen Täter eröffneten auf breiter
Front 1991, zuerst im Osten, dann auch im
Westen der Republik, mit den Kampfparolen
„Ausländer raus" und „Deutschland den
Deutschen" die Straßenjagd auf Fremde.
Ihre Opfer waren und sind meist wehrlose
Asylsuchende, die unter den Deutschen
Schutz zu finden hofften vor Verfolgung,
aber auch vor Krieg, Armut und Elend in den
Krisenzonen der Welt. Opfer der Aggression
von rechts wurden neben ausländischen
Flüchtlingen bald auch „inländische Auslän-
der" mit langem Inlandsaufenthalt, Aus-
siedler und schließlich auch Obdachlose und
Behinderte."

(in: Geschichte lernen, 6. Jahrgang, Heft 33, S. 16)

Wolfgang Benz, Historiker und Leiter des
Zentrums für Antisemitismusforschung an
der TU Berlin, ist kürzlich in einem Spiegel-
Gespräch entschieden der Meinung entge-
gengetreten, daß es sich bei dem gewalttäti-
gen Auftreten rechtsradikaler Skins allein um
eine Abreaktion von Aggressionen handele,
bei dem die neonazistischen Rituale gleich-
sam nur der provokativen Kostümierung die-
nen. Für ihn ist erwiesen, daß dies nur eine
Seite der Erklärung für das Gewaltverhalten
darstellt.
Ein eindeutig festzumachender „klassischer"
Antisemitismus (zum Beispiel vertreten in der
Nationalzeitung) trete indoktrinierend auf
und liefere die Stichworte. Darüber hinaus
mache sich ein „subtiler Antisemitismus" in
der gegenwärtigen Kulturszene breit. Eindeutig fällt seine Aussage aus: „Die Zahl der
Bürger, die antisemitistische Einstellungen
haben, scheint größer geworden zu sein."

(Der Spiegel 5/1995, S. 39 ff.)

Das Merkwürdige ist nun, daß wir relativ genau zu erklären vermögen, welche psychi-
schen und gesellschaftlichen Mechanismen
diese neue „conditio Germaniae" hervorge-
bracht haben und dennoch den oben ge-
nannten gesellschaftlichen Verwerfungen
relativ hilflos ausgeliefert scheinen.

Das Fremde als Erfahrungsfeld

Wir wissen: Wir Menschen sind nicht nur
dem „principium individuationis" ausgesetzt,
das uns radikal einsam erscheinen läßt, sondern wir definieren uns auch als soziale Wesen, getragen von einer nicht minder radikalen Sehnsucht nach Gemeinschaft und Gesellschaft. Erst die Begegnung mit dem
anderen eröffnet uns, wer wir sind.
Das Erfahren des Fremden hat reflexive Wirkung: Es wird zum Sich-Erfahren. Und es entsteht das, was wir Identität nennen. Udo
Marquard hat dies so ausgedrückt: „Diese
Erfahrung dementiert, daß wir nur das sind,
für das wir uns bisher gehalten haben; und
diese Erfahrung akzeptiert, daß wir auch das
sind, als was wir uns nunmehr bemerkt haben und fortan erwarten."

*(in: Skepsis und Zustimmung, Reclam Universal-
Bibliothek, Nr. 9334, S. 84)*

Wir wissen auch: Der ich-stärkende Dialog
mit dem anderen kann sich verfehlen. Der
schlimmste Fall trifft ein, wenn grundsätzliche Orientierungen verloren gehen. Der
Gang nach außen findet nicht zurück ins
Selbst. Das Ergebnis: Die eigene Kontur geht
verloren. Wir sprechen in diesem Zusammenhang von Selbstentfremdung, Identitätsver-
lust. Das heißt: Es gibt kein Zuhause, kein
Zurückziehen mehr, das nötig wäre, „selbst"
zu sein. „Aus dem Häuschen sein" – diese
Redensart mag das spiegeln.

Wir wissen schließlich auch: Die Begegnung mit dem Fremden ist besetzt mit Gefühlen wie Neugier und Angst. Das Unbekannte reizt; je exotischer das Fremde erscheint, um so mehr fühle ich mich zu ihm hingezogen, erwarte im Gegenbild des ganz anderen besonders scharfen Aufschluß über mich selbst. Sich einlassen auf das Fremde bereitet aber nicht nur Genuß, sondern ist aus vielfältigen Gründen begleitet von Angst. Das Fremde wird hier als das „Unheimliche" erfahren.

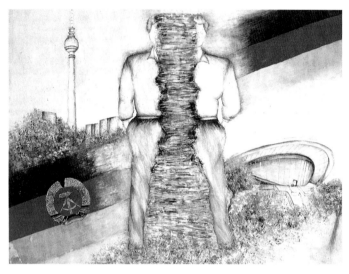

„Der zerrissene Mensch" (Schülerarbeit)

Auch dies kann dazu führen, daß eine Begegnung mit dem anderen scheitert.

Die Reaktion kann nun sein: Das Fremde erscheint feindlich, ihm wird nun zudem die eigene Unzulänglichkeit angelastet. Alles an erfahrener Selbstverfehlung wird auf den Fremden projiziert. Das eigene Defizit wird auf das Konto des anderen, des Fremden, überschrieben. Die folgenden eskalierenden Mechanismen sind immer wieder feststellbar: Ausgrenzung, Feindschaft – die Gewalt bekommt ihre Chance.

Wo liegen die Ursachen?

An den oben aufgezeigten Befindlichkeiten in Deutschland lassen sich nun einige grundsätzliche Überlegungen anknüpfen, die zumindest ansatzweise zu erklären vermögen, was da an Prozessen abläuft.

1. An der derzeitigen Situation im vereinten Deutschland wird deutlich, wie hergestellte Nähe umschlagen kann in Fremdheit, wie man fremd werden kann sogar im eigenen Land. Bade schreibt dazu: „Seit der Vereinigung … gibt es mentale ‚Eingliederungsprobleme' vieler Menschen in den fünf neuen Bundesländern in einer Art importierten Einwanderungssituation, in der nicht Menschen in die Fremde gingen, sondern die vertraute Umwelt selbst zur Fremde geriet. Es geht um die Lebensfragen derer, die zwar blieben, wo sie waren, von denen aber viele wegen der einseitigen Überformung von Wirtschaft, Gesellschaft und politischer Kultur ihrer Lebenswelt durch die früheren ideologischen Erzfeinde ‚Kapitalismus' und ‚Marktwirtschaft' das Gefühl haben, fremd im eigenen Land geworden zu sein. Sie sind konfrontiert mit der Alternative von bedingungsloser Anpassung oder fortschreitender Entfremdung in der Begegnung mit dem, was der Dramatiker Heiner Müller das ‚eiserne Gesicht' der Freiheit genannt hat. Die damit verbundenen Strapazen minderten die Bereitschaft zur Eingliederung anderer, von außen kommender Fremder, mehrten fremdenfeindliche Abwehrhaltung und hatten schon lange vor dem Fanal im sächsischen Hoyerswerda (Herbst 1991) zu brutalen Exzessen geführt."

(in: Geschichte lernen, 6. Jg. Heft 33, S. 21f.)

2. Die Entstehung von gewalttätigem Verhalten versucht die Aggressionsforschung zu erklären. Im wesentlichen sind es drei, zum Teil widersprüchliche Erklärungsansätze. Der erste Ansatz geht davon aus, daß es sich bei der Aggression um eine angeborene Eigenschaft handelt. Von Zeit zu Zeit drängt angestaute Triebenergie dazu, „aus der Haut zu fahren", zu „explodieren". Klassischer Vertreter dieses Ansatzes ist Thomas Hobbes (1588–1679), der in seinem „Leviathan" die Auffassung vertritt, daß nur ein starker Staat der aggressiven menschlichen Natur beizukommen vermag.

Der zweite Ansatz erklärt das Phänomen Aggression als eine Folge von Frustrationen. Hemmungen und Unterdrückungen von Regungen und Wünschen, die sich persönlich nicht verwirklichen lassen, werden auf anderes und andere übertragen und erfahren so ihre gewalttätige Lösung. Der dritte Ansatz geht davon aus, daß Aggression gelernt wird wie andere Formen des sozialen Verhaltens auch. Ansatz zwei und drei finden ihre klassische Ausformulierung bei Jean-Jacques Rousseau (1712–1778). Ausgehend von einer grundsätzlich guten menschlichen Natur kommt er zu der Auffassung, daß das gesellschaftliche Umfeld entscheidend verursachend ist für aggressives Verhalten.

„Wenn der Alte Fritz das sähe" – Vermag die Vergangenheit Antworten auf unsere Fragen zu geben? (Schülerarbeit)

3. Ohne Zweifel wird man den offenen und latenten Antisemitismus in unserer Gesellschaft auch auf den dritten Erklärungsansatz für Aggression zurückführen können. Verstärkt wird die „furchtbare" Rezeption antisemitischer Gedankens einmal durch ein Phänomen, auf das Wolfgang Benz in seinem Gespräch verwiesen hat.

Für ihn hat das mit der „Entfernung von der Tatzeit zu tun und damit, daß die Stimmen der Opfer, der Überlebenden, schwächer werden". Zum anderen beklagt er die Art, wie mit dem Gedenken an Auschwitz in unserer Gesellschaft umgegangen wird: „Das Gedenken wurde an Historiker, Moralisten und Pfarrer delegiert. An gute Menschen, die die Aufgabe hatten, zu erinnern, Zerknirschung und Betroffenheit zu erzeugen. Daß die junge Generation sich dagegen wendet, dafür habe ich Verständnis. Zerknirschung und Betroffenheit waren immer die schlechtesten Wege für Pädagogik und Einsicht."

(Der Spiegel 5/1995, S. 42)

Außerdem sei mit Sicherheit anzunehmen, daß der Antisemitismus in Schuld- und Schamgefühlen wegen Auschwitz wurzelt, die sich nicht gegen die Täter, sondern gegen die Opfer wenden.

Was können wir tun?

Der Toleranz ein Requiem zu singen und dann zur Tagesordnung überzugehen – es wäre das Fatalste, was passieren könnte. Toleranz bedarf zu ihrer Realisierung der Tat – will man wirklich jener unheilvollen Entwicklung entgegentreten, die alles Andersartige als minderwertig einstuft und auf dem Fremden alles versammelt, was einzelne oder Gruppen an sich selbst verabscheuen.

Die Tat der Jugendlichen: Das Filmprojekt. Und so zeigt sich: Nicht „Zerknirschung" – mit dem fatalen Beigeschmack „so ist es halt" –, sondern waches, aktives Reagieren auf Befunde unserer Zeit sind mögliche Antworten auf die Probleme. Daß Jugendliche hierbei selbst das Thermometer in die Hand nehmen und der Gesellschaft die Temperatur messen – das scheint mir das Entscheidende zu sein.

Pathologisches kommt so ins Bild, Nachdenklichkeit erzeugend. Aber in einigen Szenen auch berührend Versöhnliches, das hoffen läßt. Indem die Jugendlichen in fremde Rollen schlüpfen, gelingt ihnen etwas, was Toleranz erst ermöglicht: Einfühlung, Sicht-Wechsel, Verstehen.

– *Welche Wertvorstellungen sind ablesbar aus den einzelnen Sequenzen? (Werteeinsicht)*

Analyse und Interpretation der Inhalte und Intentionen des Films mögen im Vordergrund stehen; ein Desiderat wäre es, wenn nicht auch die formalen Mittel der Filmsprache erschlossen würden.

– *Welches Spannungsverhältnis besteht zwischen den filmischen Zeichen und der abgebildeten Realität? Wie unterscheiden sich dabei die drei den Film prägenden Darstellungsformen: das Dokumentarische, die Spielszenen, die Gespräche mit den Zeitzeugen?*

– *Wie und mit welcher Funktion werden im Film Kameraeinstellungen (u. a. Einstellungsgröße/-dauer und Perspektive), Montage und Ton (z. B. Rolle der Musik) eingesetzt?*

Darüber hinaus erscheint es befragenswert, wie sich die jugendlichen Schauspieler/Interviewer/Interviewpartner in den einzelnen Szenen darstellen:

– *Wie stellen sie sich den Sachverhalten?*
– *Was ist ihre Darstellungsabsicht?*
– *Wie gehen sie mit den Sachverhalten um?*

Die methodischen Einsatzmöglichkeiten sind vielfältig:

Je nach Kenntnisstand der Lerngruppe wird es erforderlich sein, der Filmvorführung eine knappe Einführung voranzustellen. Ansonsten hat es sich bewährt, vom unmittelbaren persönlichen Eindruck her zu einer vertiefenden Wahrnehmung zu gelangen.

Sofern der Film als Videofassung zur Verfügung steht, wird die Perspektive einzelner Sequenzen die subjektive Wahrnehmung differenzieren und relativieren helfen.

Hinweise zur unterrichtlichen Erschließung

Natürlich ist der Film auch ohne Kommentar beeindruckend. Seine Sprache weist Strukturen auf, die auch ohne Kenntnis des historisch-politischen Kontextes zu verstehen sind. Appellativer Duktus und emotionale Elemente spielen hierbei eine nicht zu unterschätzende Rolle und lösen Betroffenheit aus.

So sehr der Film Gegenwartserfahrung im Spiegel personeller Wahrnehmung vermittelt, diese zudem noch überhöht wird durch künstlerisch-ästhetische Inszenierungselemente – Intention ist aber nun doch, das Phänomen „Fremdsein" rational und kritisch einem historisch-politischem Verstehensprozeß zu unterziehen und dies

so zu vermitteln, daß kognitive Erkenntnisse über bloßes subjektives Betroffensein hinaus ermöglicht werden.

Ein solchermaßen auf rationales Verstehen zielendes Verfahren wird den Film unter drei in der Didaktik bewährten Aspekten befragen und versuchen, hier zu fundierten Einsichten zu gelangen:

– *Welche Sachzusammenhänge (historischer, politischer, gesellschaftlicher Art) bestimmen die jeweilig dargestellte Situation? (Sacheinsicht)*

– *Welche Schlüsse sind aus dem Durchdenken der gesellschaftlichen Zusammenhänge, die die Situationen bestimmen, zu ziehen? (Sozialeinsicht)*

Wie sich systematisch dem Film bzw. seinen durchaus auch separat verwendbaren Einzelsequenzen zu nähern ist, ist sicher abhängig vom Eingangsverhalten der Lerngruppe und von der Akzentsetzung, die die Gruppe bzw. die jeweilige Gruppenleitung zu befolgen beabsichtigt.

Das vorliegende Begleitbuch versucht in seinen Teilen I und II und hinsichtlich der historischen Grundierung auch in Teil III Hilfen zu geben, sei es, daß zentrale Aussagen wörtlich wiedergegeben, wesentliche Problemstellungen angesprochen und Leitfragen der Untersuchung formuliert werden, sei es, daß auf zusätzliche Quellen und Materialien verwiesen wird.

Wünschenswert im Sinne des Gesamtprojekts wäre es, die Frage nach den Konsequenzen zu stellen, die aus der Filmaussage für den einzelnen und für die Lerngruppe zu ziehen wären. Ein solcher handlungsorientierter Ansatz fände seine Erfüllung, wenn sich der Wunsch ergäbe, selbst tätig zu werden, sei es per Erkundung, sei es in der Durchführung eines eigenen Projekts.

Auf die Möglichkeit eines fächerübergreifenden Einsatzes des Films sei abschließend hingewiesen, wenngleich der genuine Ort der Erarbeitung wohl der Geschichts- und der Politikunterricht darstellt. Neben den Fächern, die sich mit ethischen Fragestellungen insbesondere befassen (wie Philosophie, Religion, Werte und Normen), ist hier sicher auch das Fach Biologie zu nennen, dessen fachspezifische Frageansätze hinsichtlich ererbtem und gelerntem menschlichen Verhaltens durchaus bedenkenswert erscheinen.

Das Team vor dem Haus am Checkpoint Charlie

Hilfen zur Arbeit mit dem Film

Übersicht über den Filmaufbau

Unmittelbar vor dem Gespräch mit Wolfgang Stresemann:

- Brandenburger Tor, Fahrt auf das Tor, Unter den Linden *(20er Jahre)*
- Pferde-Bierwagen „Schultheiß-Patzenhofer", Auslieferung von Bier *(Kaiserreich oder frühe 20er Jahre)*

Während des Gesprächs mit Wolfgang Stresemann:

- Straßenverkehr am Potsdamer Platz *(20/30er Jahre)*
- Blick auf die Neue Wache, Unter den Linden *(20/30er Jahre)*
- Versammlung vor dem geschmückten Reichstag *(20er Jahre)*
- geschmückte Loge/Balkon am Reichstagsgebäude; Person setzt sich auf einen Stuhl *(vermutlich Reichspräsident Paul von Hindenburg)*
- Gustav Stresemann am Schreibtisch
- Blick in die Friedrichstraße *(20er Jahre)*
- Max Schmeling trainiert *(frühe 30er Jahre)*
- Quickstep-Tanzschritt *(20er Jahre)*
- Revuegirls tanzen auf einer Bühne *(20er Jahre)*
- Strandbad Wannsee an einem Sommertag *(20/30er Jahre)*

Unmittelbar vor der „Kabarett-Zeitungs-Szene":

- Vorderseite der Berliner Zeitung, Donnerstag, 2. Mai 1929

Vor dem Gespräch mit Rudolf Heltzel:

- Einblendung: „Heute billige Lebensmittel" *(Reklameschild)*
- Kameraschwenk hinunter: Schlange von Wartenden
- hungernde und bettelnde Kinder *(zwei Filmausschnitte)*
- Suppenküche; öffentliche Speisung *(Ende der 20er Jahre)*
- Kind steht um Essen an
- Köchin rührt in Gulaschkanone herum und teilt Essen aus

Übersicht über das Dokumentationsmaterial im Film

- Kinder essen Brotkanten
- öffentliche Ausgabe von Lebensmitteln *(Filmausschnitte zu den Auswirkungen der Weltwirtschaftskrise in Deutschland)*
- Blick auf einen Berg von Geldbündeln
- Aufnahme eines Schildes: „Preis für ein Brot = 1 Billion „1 000 000 000 000 RM"
- Filmsequenz: Auslage eines Bäckereigeschäftes – Kunde tritt vor das Fenster – wendet sich ab – zählt (für die Kamera sichtbar) sein Geld – schüttelt den Kopf – tritt ab *(Aufnahmen aus dem Inflationsjahr 1923)*

Vor der Spielszene „Deutsch-jüdische ‚Freunde'":

- Hauswand: Klingelschild, darüber „Judenstern" angebracht
- Jüdische Geschäfte
- SA-Leute, Boykott gegen jüdische Geschäfte; Schild: „Deutsche wehrt Euch, kauft nicht bei Juden!" *(vermutlich Berlin; „Boykott-Tag" 1. 4. 1933)*
- Filmsequenz: Steinwurf in das Schaufenster eines jüdischen Geschäfts – Schwenk auf Gruppe von SA-Leuten (Steinewerfer) – SA-Mann schlägt die restlichen Glasscherben vom Rahmen des Schaufensters *(vermutlich Berlin; „Boykott-Tag" 1. 4. 1933)*

- 4 Filmausschnitte: Brennende Synagoge (9. Nov. 1938; „Reichs-Pogromnacht")
- Gruppe von NS-Funktionären besichtigt das Schadensausmaß der Brandschatzungen vom 9. Nov. 1938 (vermutlich 10. Nov. 1938)
- 3 Filmausschnitte: männliche Juden werden von Soldaten abgeführt; mit Juden-/Davidsstern gekennzeichnet (1941 oder später)
- Gestapo-Mann führt Ausweiskontrolle bei einem Juden durch; Transparent: Achtung Juden
- Filmsequenz: „Bücherverbrennung" (vermutlich Gendarmenmarkt, 10. Mai 1933); SA-Männer werfen Bücher in die Flammen

Während des Gesprächs mit Gad Beck:

- Litfaßsäule: Öffentliche Bekanntmachung (vermutlich die Sammlung von Juden betreffend; 1941 oder später)
- 2 Filmausschnitte: Sammelpunkt für die Zusammenstellung der „Juden-Transporte", Soldaten kontrollieren Ausweise von (vermutlich osteuropäischen) Juden (1941 oder später)
- brennende Trümmer (Synagoge?)
- Filmausschnitte zu den Auswirkungen der Maßnahmen einer sich verschärfenden Judenverfolgung (Nazijargon: „Endlösung der Judenfrage")

Vor der Spielszene „Trümmerfrauen":

- Filmsequenz: Blick in eine Trümmerstraße – Trümmerfrauen schaufeln Trümmer – Loren werden ausgekippt – „Steineklopppen" – Abriß einer Hausruine – Trümmerfrau legt Steine auf ein Förderband – Trümmerfrauen beladen und schieben eine Lore – Fahrt durch eine Ruinenlandschaft (insgesamt 14 Aufnahmen; ca. 1945–48)

Vor dem Gespräch mit Rainer Hildebrandt:

- Totale: Brandenburger Tor, von den Westsektoren aus gesehen, vor der Absperrung (vor dem 13. Aug. 1961)
- Filmsequenz: provisorischer Mauerbau (6 Filmausschnitte, unmittelbar nach dem 13. August 1961)
- Blick in ein amerikanisches Panzerrohr
- Totale auf provisorisch errichtete Mauer (Wilhelmstraße)
- Patrouille amerikanischer Soldaten, umringt von Berlinern
- amerikanischer Panzer am Checkpoint Charlie
- Amerikanische Soldaten schauen auf das provisorisch abgeriegelte Brandenburger Tor, im Bild: Schild „Achtung Sie verlassen jetzt West-Berlin"
- Totale: abgeriegeltes Brandenburger Tor
- Drahtsperre am Brandenburger Tor
- Blick auf provisorische Mauer (nicht lokalisierbar; 1961)

Während des Gesprächs mit Rainer Hildebrandt:

- Mauerkreuze in unmittelbarer Nähe des Reichstags (vor 1989)
- Blick auf das Brandenburger Tor und die Mauer von Westberlin aus (70/80er Jahre)
- Filmsequenz: Blick auf zwei Grenzsoldaten, die – auf die Mauer gestützt – mit Ferngläsern in Richtung Westen spähen; Kamerazoom: Jugendliche auf der „West"-Seite der Mauer (nach Oktober 1985)
- Bauarbeiter repariert Drahtzaun auf der provisorischen Mauer (frühe 60er Jahre)
- Brandenburger Tor, provisorische Drahtsperre (frühe 60er Jahre)
- Gruppe von ratlosen Berlinern/Passanten (kurz nach dem 13. August 1961)
- Panzer am Checkpoint Charlie (60er Jahre)
- Schild: „Ende des französischen Sektors", Blick über die Mauer (70er Jahre)
- Mutter mit Kind auf dem Arm winkt über die Grenze „herüber" (60er Jahre)
- Grenzsoldaten der DDR mit Fernglas

Vor dem Gespräch
mit Günter Schabowski:

- Demo-Schild: SED – Nein danke!
- Demo, Spruchband „Für ein offenes Land und freie Menschen", Eingriff der Stasi, „Entfernung" des Transparents *(Sommer 1989)*
- Plakat von der Montagsdemo, Spruch nicht zu entziffern
- Einspielung eines Ausschnitts aus der Pressekonferenz „Reiseerleichterungen" vom 9. Nov. 1989 mit G. Schabowski *(Aktuelle Kamera)*
- Grenztor wird geöffnet; Grenzöffnung Ungarn *(Aug. 1989)*
- Blick auf einen geöffneten Grenzübergang *(Nov. 1989)*
- Begrüßungsszenen: Plakat „Willkommen im Westen", nächtliche Begrüßung von Trabis aus dem Osten, jugendliche „Mauerstürmer" *(2 Filmszenen; Nov. 1989)*
- Feuerwerk, Tag der Deutschen Einheit *(3. 10. 1990)*
- „Mauerstürmer" *(9. Nov. 1989)*
- Plakat: „Love and peace in west and east"
- Trabis fahren durch ein Spalier jubelnder Menschen *(10. Nov. 1989)*
- Teile der Mauer werden durch einen Kran hochgehoben; die Mauer wird „geöffnet"
- jubelnde Menschentraube an einem Grenzübergang
- nächtlicher Empfang von Trabis *(9. Nov. 1989)*
- geöffneter Grenzübergang *(10. Nov. 1989)*
- Demonstranten, Schilder u. a. „Love and peace in west and east"

Vor dem Gespräch mit
Ulrike Poppe:

- Filmsequenz: Gethsemane-Kirche in Ostberlin: Kerzen – Plakate – betende Menschen

Während des Gesprächs
mit Ulrike Poppe:

- Volkspolizei (DDR) verhaftet Oppositionelle auf rüde und brutale Weise *(Mitte/Ende 80er Jahre)*
- verletzte Demonstrantin hält sich den Kopf

Vor der Spielszene „Wie es sein könnte":

- Filmsequenz: Ausschreitungen gegen Ausländer: Nebelgranate wird gegen Polizisten geworfen – Molotow-Cocktails und Steine werden geworfen *(Ausschreitungen in Rostock 1992)*
- Luftbild: Brandanschlag gegen türkische Familie in Solingen
- rechte Hooligans fahren mit einem Zug, Hitlergruß aus dem Fenster
- Straßenkampf gegen Polizei (fliegende Molotow-Cocktails, brennende Autos; Hoyerswerda, September 1991)
- jugendliche Steineschmeißer in Rostock *(Rostock-Lichtenhagen, Aug. 1992)*
- neonationalsozialistische Jugendliche formieren sich zur Marschformation hinter der Reichskriegsflagge
- Aufmarsch von uniformierten Neonazis *(Volkstrauertag 1993)*

Während des Gesprächs mit
Lew Kopelew:

- Filmsequenz: Brandenburger Tor – Kameraschwenk über den ehemaligen Pariser Platz – Unter den Linden, Abschluß: Propagandawand mit Stalins Konterfei

Zusammenstellung: Holger Mannigel

Präsentationshilfen

	Timecode ab Filmbeginn	Bandlaufmaß ab Filmbeginn
1 Film – Start – Einführung in den Film durch die Jugendlichen – Lied „Wir suchen die Zeugen der Zeit"	0000–0426	0000–0306
2 Doku I/Potsdamer Platz – Erstes Gespräch: In einem Boot mit W. Stresemann	0426–0958	0306–0622
3 Erste Spielszene: Kabarettszene: Zeitungsmeldungen (1929)	0958–1218	0622–0754
4 Doku II/Suppenküche /Zweites Gespräch: Im Atelier bei Rudolf Heltzel	1218–1548	0754–0945
5 Doku III/Judenverfolgung	1548–1656	0945–1004
6 Zweite Spielszene: Deutsch-jüdische „Freunde"	1656–2055	1004–1210
7 Drittes Gespräch: In der Toleranzstraße mit Gad Beck	2055–2649	1210–1494
8 Doku IV/Trümmer	2649–2721	1494–1520
9 Dritte Spielszene: Trümmerfrauen	2721–3037	1520–1671
10 Doku V/Mauerbau – Viertes Gespräch: Bei Rainer Hildebrandt im Haus am Checkpoint Charlie	3037–3650	1671–1945
11 Vierte Spielszene: In einer Musikhochschule der DDR	3650–4031	1945–2102
12 Doku VI/Maueröffnung, Schabowski – Fünftes Gespräch: Im Park mit Günter Schabowski	4031–4613	2102–2335
13 Fünfte Spielszene: Vor dem Asylbewerberheim	4613–4915	2335–2457
14 Doku VII/Gethsemane-Kirche – Sechstes Gespräch: Mit Ulrike Poppe in der Gethsemane-Kirche	4915–5512	2457–2686
15 Sechste Spielszene: Aussteiger	5512–5827	2686–2808
16 Siebtes Gespräch: Auf der Terrasse bei Artur Brauner – Doku VIII/Berlin mit Zensur: Ab heute heißt du Sarah	5827–1 0151	2808–2932
17 Siebte Spielszene: Wie es sein könnte: Ausblicke	1 0151–1 0459	2932–3045
18 Doku IX – Lied „Fliegende Gedanken" – Achtes Gespräch: Mit Lew Kopelew im Garten von Rainer Hildebrandt	1 0459–1 0858	3045–3186
19 Filmabspann Lied „Hab endlich Mut zum Handeln" Lied „Fliegende Gedanken"	1 0858–1 1122	3186–3270

Übersicht über die Filmmusik

1. Jugendliche aus Bad Iburg — Wir suchen die Zeugen der Zeit
   1994 Eigenproduktion.

2. Fiddy, I./Sieben, O. — Cha-Cha Charleston
   Sonoton

3. Epping, I. — Expo-Opening
   Sonoton

4. Beethoven, Ludwig van — Späte Streichquartette
   Große Fuge B-Dur, op. 133
   Deutsche Grammophon

5. Mendelssohn-Bartholdy, Felix — Symphonie Nr. 5 D-Dur, op. 107
   „Reformations-Symphonie"
   Sonoton

6. Ravel, Maurice — Pavane pour une Infante défunte
   1992 Teldec

7. Mendelssohn-Bartholdy, Felix — Symphonie Nr. 4 A-Dur, op. 90
   „Italienische Symphonie"
   Sonoton

8. Mahler, Gustav — Symphonie Nr. 5 cis-Moll
   Sonoton

9. Debussy, Claude — La Cathédrale Engloutie
   Sonoton

10. Mozart, Wolfgang Amadeus — Klavierkonzert Nr. 21 C-Dur, KV 467
    Sonoton

11. Jugendliche aus Bad Iburg — Jazz 4 ease
    1994 Eigenproduktion

12. Shearer, A. — Ere Plus 1
    Sonoton

13. Jugendliche aus Bad Iburg — Fliegende Gedanken
    1994 Eigenproduktion

14. Jugendliche aus Bad Iburg — Hab' endlich Mut zum Handeln
    1994 Eigenproduktion

Hab' endlich Mut zum Handeln

Hab' end-lich Mut zum Han-deln, so wie kei-ner dich kennt.

Hab' end-lich, hab' end-lich Mut zum Han-deln.

Stopp' doch die sinn-lo-se Ge-walt, gib' al-len Frem-den Halt.

Mut zum Han-deln, ge-brauch' dei-nen Ver-

-stand für ei-ne fried-li-che-re Welt wo je-der Mensch

'was zählt. Nimm's ein-fach selbst in die Hand.

Hab' end-lich Mut zum Han-deln, so wie kei-ner dich kennt.

Hab' end-lich, hab' end-lich, hab' end-lich Mut zum Han-deln.

Stopp' doch die sinn-lo-se Gewalt, gib' al-len Fremden Halt.

Text und Musik: Jugendliche aus Bad Iburg

Fliegende Gedanken

Text und Musik: Jugendliche aus Bad Iburg

Historischer
Historischer
Ke

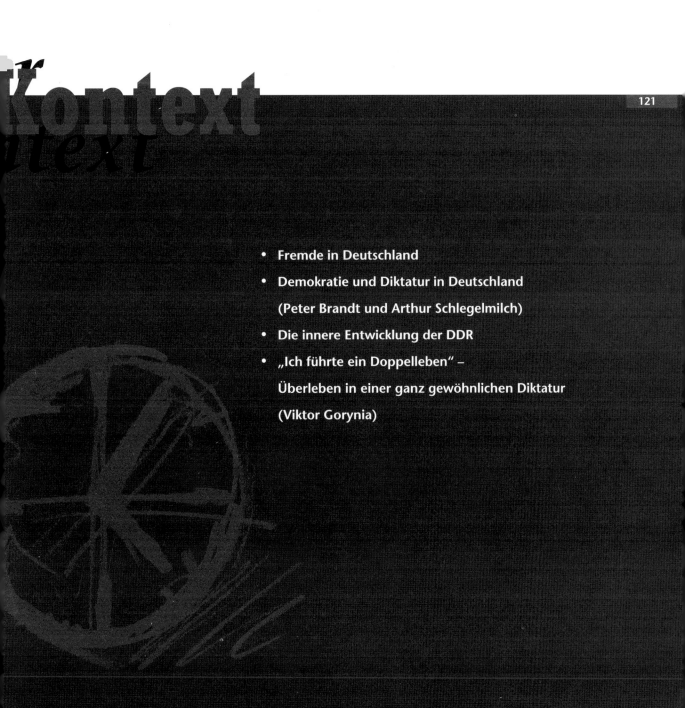

Kontext

Ausländer als „Konjunkturpuffer"

Seit Beginn der Hochindustrialisierung war Deutschland ein Anziehungspunkt für Arbeiter aus wirtschaftlich weniger entwickelten Ländern – des Südens und vor allem des Ostens Europas. Die ausländischen Arbeiter stellten ein attraktives Reservepotential an Arbeitskräften dar, das bei niedrigen Kosten flexibel eingesetzt werden konnte. Das repräsentative Denkmuster beschreibt Friedrich Syrup, der die bis 1914 gemachten Erfahrungen zusammenfaßt: „Es ist fraglos, daß die deutsche Volkswirtschaft aus der Arbeitskraft der im besten Alter stehenden Ausländer einen hohen Gewinn zieht, wobei das Auswanderungsland die Aufzuchtkosten bis zur Erwerbstätigkeit der Arbeiter übernommen hat. Von noch größerer Bedeutung ist jedoch das Abstoßen oder die verminderte Anwerbung der ausländischen Arbeiter in Zeiten wirtschaftlichen Niederganges. Die ausländischen Tagelöhner zeigen die größere Bereitwilligkeit, grobe und schwere Arbeiten zu übernehmen, als die auf höherer Kulturstufe stehenden deutschen Arbeiter. Ihnen sind gewisse Arbeiten vorbehalten, die der deutsche Arbeiter nur mit Widerstreben ausführt. Das Abstoßen dieser Arbeiten auf die Ausländer bedeutet keine Entartung, sondern eine in hygienischer Beziehung erwünschte Förderung der Volkskraft."

Die andauernde Geltungskraft dieser Denkweise ist unschwer zu erkennen. Schon früh war sie begleitet von Stimmen, die sich um die „Reinheit der germanischen Stämme" sorgten. So wurden die Polen, die anfangs das Hauptkontingent der ausländischen Arbeiter stellten, gezwungen, in jedem Jahr im Winter das Gebiet des deutschen Reiches zu verlassen, um dann im Frühjahr erneut um Arbeit nachzusuchen.

Das war nicht möglich bei den sogenannten „Ruhrpolen", Landarbeiter aus dem von Preußen besetzten Westteil Polens. Hier handelte es sich rechtlich um preußisch-deutsche Staatsangehörige. Der Versuch, sie möglichst spurenlos zu „germanisieren" stieß bei ihnen auf starken Widerstand.

Die Gesamtzahl der ausländischen Arbeiter in Deutschland lag 1914 bei etwa 1,2 Mio., die der „Ruhrpolen" bei knapp 500 000. Das „Ausländerproblem" war Gegenstand einer ständigen Kontroverse im letzten Jahrzehnt des Kaiserreichs.

Rassismus und Zwangsarbeit

In der Weimarer Republik ging auf Grund der wirtschaftlichen Misere die Anzahl ausländischer Arbeiter in Deutschland rapide zurück. Jetzt rückte der Antisemitismus stärker in den Mittelpunkt der fremdenfeindlichen Auseinandersetzung. Einen Ansatzpunkt fand er in der Zuwanderung der sogenannten „Ostjuden", obwohl es insgesamt noch nicht einmal 500 000 Juden in Deutschland gab.

Der Nationalsozialismus betrieb nicht nur die massenhafte Ermordung der europäischen Juden, sondern auch die größte massenhafte Verwendung von ausländischen Arbeitskräften in der Geschichte seit dem Ende der Sklaverei. Im Sommer 1944 waren es 8 Mio. „Fremdarbeiter", die in deutschen Fabriken und auf Bauernhöfen eingesetzt wurden. Eine „völkische Überfremdung" sollte durch eine strikte rassistische Hierarchie verhindert werden: Dabei standen die polnischen und sowjetischen Zwangsarbeiter am untersten Ende und hatten am meisten unter schrecklichen Arbeits- und Lebensbedingungen zu leiden.

Flüchtlinge und Vertriebene

Nach dem Zweiten Weltkrieg wurden die Arbeitsplätze der ausländischen Zwangsarbeiter durch die Flüchtlinge und Vertriebenen aus den besetzten Ostgebieten und der sowjetischen Besatzungszone, der späteren DDR, eingenommen. Bis 1960 fanden 13,2 Mio. Flüchtlinge in der Bundesrepublik Aufnahme. Heute kennen wir die Integration der „Vertriebenen" in die Gesellschaft der Bundesrepublik als Erfolgsgeschichte. Doch waren trotz günstiger wirtschaftlicher und politischer Rahmenbedingungen die Konflikte zwischen Alteingesessenen und „Neubürgern" erheblich und führten an manchen Orten zu regelrechten „Eruptionen der Fremdenfeindlichkeit", „die in starkem Kontrast standen zu den offiziellen Verlautbarungen über den praktizierten Gemeinsinn des deutschen Volkes".

„Gastarbeiter" und „Spätaussiedler"

Die Periode der Integration von Vertriebenen und Flüchtlingen hatte die Tradition der ausländischen Arbeiter in Deutschland verdrängt. Als nach 1960 die Zahl der ausländischen Arbeitskräfte, jetzt „Gastarbeiter" genannt, schnell auf 1,2 Mio. stieg, knüpften Betriebe und Behörden an die Tradition der Wilhelminischen Ära an. Wie selbstverständlich wurde davon ausgegangen, daß es sich um einen befristeten Aufenthalt handeln würde. Dies schien sich zunächst zu bestätigen, als in der Rezessionsphase 1966/67 die Zahl der Ausländer in der Bundesrepublik schnell um fast 400 000 sank. Doch ergab sich in den 70er Jahren eine andere Entwicklung. Trotz wirtschaftlichen Stagnationserscheinungen sank die Zahl der Rückkehrer; viele holten ihre Familie nach und etablierten sich auf Dauer: „Aus den Arbeitsemigramten

waren Einwanderer geworden."

Trotzdem ging die Ausländerpolitik aller Bundesregierungen davon aus, daß die Bundesrepublik kein Einwanderungsland sei. Eine wesentliche Rolle spielte dabei auch das spezifische Verständnis vom „Deutschen Volk". Das Staatsvolk der Westdeutschen ist nicht durch Staatsangehörigkeit definiert, sondern „durch einen aus Geschichte, Kultur, Selbstverständnis und ethnischer Zugehörigkeit" zusammengesetzten Begriff vom „Deutschen Volk". Vor diesem Hintergrund haben sich alle Bundesregierungen für die „Familienzusammenführung", d. h. die Auswanderungsmöglichkeit für „deutschstämmige" Einwohner aus den damaligen Ostblockstaaten eingesetzt. Doch spätestens mit dem Zerfall des Ostblocks, als die Zahl der „Spätaussiedler" stark anstieg, zeigte sich, daß diese häufig gar nicht mehr als „Deutsche" akzeptiert wurden.

„Asylbewerber"

Nach den „Gastarbeitern" und den „Spätaussiedlern" gerieten die „Asylbewerber" in den Mittelpunkt der Auseinandersetzungen. Historisch betrachtet handelt es sich aber um eine Fortsetzung des Wanderungsprozesses seit der Hochindustrialisierung. *Arme* Fremde aus dem Süden strömen in die reicheren Länder. Hier treffen sie auf den Widerstand der Angehörigen des unteren Drittels dieser Gesellschaft, die ihren Besitzstand qua nationaler Zugehörigkeit verteidigen. „Dies ist kein neues Phänomen, und es ist nicht auf Deutschland begrenzt. Aber es tritt in Deutschland als Kumulation von Wanderungsströmen einerseits, der beispiellosen sozialen und wirtschaftlichen Umbruchsituation in Ostdeutschland andererseits auf und trifft auf eine darauf ungenügend vorbereitete Gesellschaft. Dies verleiht der gegenwärtigen Entwicklung ihre besondere Brisanz."
(Redaktioneller Beitrag auf der Basis von Ulrich Herbert: Arbeit, Volkstum, Weltanschauung. Über Fremde und Deutsche im 20. Jahrhundert. Fischer TB, Ffm. 1995, S. 213–229)

von **Peter Brandt** und **Arthur Schlegelmilch**

Die Republik von Weimar und ihr Erbe

Auswirkungen des Ersten Weltkrieges

Mit dem Ersten Weltkrieg begann eine neue Epoche. Ungeachtet der heute kaum noch bestrittenen krisenverschärfenden Rolle der deutschen Politik bei der Auslösung des Krieges und ungeachtet besonders aggressiver Elemente der deutschen Weltmachtpolitik in den Jahren vor 1914, unterschied sich der Erste Weltkrieg in seinem Charakter grundlegend vom Zweiten Weltkrieg. Er war seitens

77 Auto mit Maschinengewehren
des Arbeiter- und Soldatenrates am Brandenburger Tor.

Arbeiter und Soldaten demonstrieren für die Republik, November 1918.

aller beteiligten Großmächte ein imperialistischer Krieg – in den strukturellen Ursachen ebenso wie in der Zielsetzung. Zugleich ließ er Ansätze einer überstaatlichen ideologischen Blockbildung erkennen, wie sie für die Zeit seit den 30er Jahren prägend werden sollte.

Ganz deutlich wurde das im Jahr 1917. Die USA traten mit dem Anspruch in den Krieg ein, die westliche Demokratie international durchzusetzen. In Rußland endete mit der Revolution die Selbstherrschaft der Zaren, und es begann die Machteroberung der Bolschewisten. Ebenfalls 1917 formierte sich in Deutschland aus der Mehrheitssozialdemokratie, der katholischen Zentrumspartei und der liberalen Fortschrittlichen Volkspartei erstmals jene Parteienkonstellation, die 1919 als Weimarer Koalition die Regierung tragen, aber bereits 1920 ihre parlamentarische Mehrheit wieder verlieren sollte. Auch diese Anhänger eines Verständigungsfriedens hatten sich 1914 hinter die kaiserliche Regierung gestellt und bewahrten – vom linken Flügel der Sozialdemokratie abgesehen – ihre Loyalität, bis die Niederlage offenkundig wurde und die Soldaten und Arbeiter Anfang November 1918 offen gegen die Fortsetzung des militärisch bereits verlorenen Krieges rebellierten. Zur Erbschaft des Weltkriegs gehörte – nicht nur in Deutschland – eine ungeahnte Brutalisierung der politischen Auseinandersetzung, die bis zur Verherrlichung des Bürgerkriegs ging. In Deutschland forderte der gegenrevolutionäre Terror bewaffneter Freiwilligeneinheiten schon 1919/20 weitaus mehr Opfer als linksradikale Übergriffe.

„Republik ohne Republikaner"

Die Weimarer Republik war einem zeitgenössischen Urteil zufolge eine „Republik ohne
Republikaner". Diese Charakterisierung traf
insofern zu, als die erste deutsche Demokratie nicht nur von Anfang an von den extremen Kräften der politischen Rechten und
Linken bekämpft wurde. Auch die staatstragenden Kräfte – die sozialdemokratische Arbeiterbewegung, das liberale Bürgertum und
der politische Katholizismus – standen ihr mit
erheblichen Vorbehalten gegenüber. Die
Kriegsniederlage und der harte Versailler Frieden, der fast durchweg als unzumutbar empfunden wurde, boten der Rechten Anlaß, die
Republik mit der nationalen Erniedrigung
Deutschlands zu identifizieren, und setzten
deren Verteidiger einem permanenten Rechtfertigungsdruck aus. Zudem empfand man
den Verlauf und die Ergebnisse der Revolution von 1918/19 auf allen Seiten als unbefriedigend. Die einen beklagten die revolutionäre Form des Umsturzes und kritisierten insbesondere den Einfluß der Sozialdemokratie
und der Gewerkschaften im neuen Staat
(wenn sie nicht die parlamentarische Regierungsform ohnehin ablehnten). Die anderen
sahen die Schwäche der Weimarer Republik
vor allem in den Halbheiten der Revolution,
die die Machtposition der Trägerschichten
der alten Ordnung – des ostelbischen Großgrundbesitzes, des Großkapitals, vor allem
der Schwerindustrie, des Offizierskorps, der
hohen Bürokratie und der Richterschaft, auch
der Gymnasial- und Hochschullehrerschaft –
nicht beseitigte oder hinreichend beschnitt.
Statt dessen verbündeten sich die neuen
Machthaber mit der alten Armeeführung, um
den radikal-sozialistischen Teil der Arbeiterschaft im Winter und Frühjahr 1919 gewaltsam niederzuwerfen.

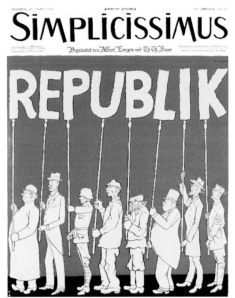

„Sie tragen die Buchstaben der Firma –
aber wer trägt den
Geist?"
Zeitgenössische
Karikatur von Thomas
Theodor Heine.

In der Tatsache, daß ein beträchtlicher Teil
der Funktionseliten und der sozial herrschenden Klasse die demokratische Idee grundsätzlich verwarf, ein anderer Teil die Demokratie
nur als zeitweise unvermeidlich hinnahm, lag
die schwerste strukturelle Belastung der Weimarer Republik. Auch die jüngere bürgerliche
Intelligenz, die vielfach den Hurra-Patriotismus der älteren Generation und die Sterilität
des späten Kaiserreichs verachtete, wandte
sich nicht etwa der politischen und sozialen
Ausgestaltung der Demokratie zu, sondern
drückte ihren Protest überwiegend in antidemokratischen, „völkischen" Konzepten aus,
wobei der moderne, rassenideologisch begründete Antisemitismus eine große und
wachsende Rolle spielte.

Antisemitismus

Ebenso wie der Haß auf die Sozialdemokratie, der durch das doppelte Trauma des November 1918 – Kriegsniederlage und Revolution – zusätzlich angestachelt wurde, gehörte der Antisemitismus zur Erbschaft des Kaiserreichs. Noch um 1900 mußten die europäischen Juden größere Gefahren in der französischen Innenpolitik (Dreyfus-Affäre) als in der deutschen entdecken. Zwar gab es beunruhigende Anzeichen eines teils offenen, teils verdeckten Antisemitismus in der deutschen Gesellschaft seit etwa 1880, aber der große Dammbruch fand nicht statt. Deutschland blieb ein Fluchtpunkt für Juden aus Osteuropa, namentlich aus dem russischen Machtbereich. Der Zuzug der osteuropäischen Juden wurde allerdings von den deutschen Glaubensbrüdern häufig als Belastung empfunden, weil diese, sozial meist schlechter gestellt und stärker in die Tradition ihrer Religion eingebunden, den Integrationsprozeß der „deutschen Staatsbürger jüdischen Glaubens" – so die Selbstdefinition – störten.

Die zum Teil sehr starke Identifikation der deutschen Juden mit Deutschland als „Vaterland" begleitete ihre schrittweise rechtliche Emanzipation und soziale Integration im Verlauf des 19. und in den ersten drei Jahrzehnten des 20. Jahrhunderts. Sie kann bis zu einem gewissen Grad den mangelnden Realismus erklären, mit dem viele Juden in den

Reichspräsident Hindenburg beim Abschreiten einer Ehrenkompanie

30er Jahren die nationalsozialistische Bedrohung wahrnahmen. Selbst die nationalsozialistischen Maßnahmen vor der sogenannten „Reichskristallnacht" vom 9. und 10. November 1938 (Verdrängung aus staatlich und gesellschaftlich einflußreichen Positionen, Boykottmaßnahmen, Entrechtung durch die Nürnberger Rassegesetze) wurden vorher in einem „Kulturstaat" wie Deutschland kaum für denkbar gehalten. Als es dann doch geschah, war man geneigt, diese Vorgänge für eine vorübergehende Entgleisung zu halten. Schon im Kaiserreich dienten die Juden den konservativen und den radikal nationalistischen Teilen der Gesellschaft dazu, unterschiedliche Feindbilder zu verknüpfen. Das „Finanz- und Zeitungsjudentum" der großen Städte und die jüdischen Intellektuellen in der Arbeiterbewegung galten als verschiedene Erscheinungsformen desselben „gefährlichen" Judentums. Dieses Feindbild griffen die Völkischen und Nationalsozialisten nach 1918 auf und radikalisierten es. Die Nationalstaatsgründung der 1870er Jahre unter preußischer Hegemonie beinhaltete ohnehin von vornherein die Ausgrenzung eines erheblichen Teils der Bevölkerung aus der Reichsnation: Nationale Minderheiten, anfangs auch Katholiken, bürgerliche Demokraten und vor allem sozialistisch orientierte Arbeiter wurden als „Reichsfeinde" stigmatisiert, in vieler Hinsicht drangsaliert und zeitweise regelrecht verfolgt.

Karikatur aus dem antisemitischen Hetzblatt „Der Stürmer"

Wer dem Juden vertraut geht erbarmungslos zu Grunde

Die Völker nicht, der Jude will den Krieg
Die Völker bluten um des Juden Sieg

Scheinbare Stabilisierung der Weimarer Republik

Im ersten Jahrfünft nach der Novemberrevolution schien es mehrfach so, als sei die Weimarer Republik dem Untergang geweiht. Die innenpolitischen Auseinandersetzungen, die unnachgiebige Haltung der Siegermächte, namentlich Frankreichs, und die – in den frühen Stadien aus finanzpolitischen und außenwirtschaftlichen Gründen bewußt tolerierte – Nachkriegsinflation erlebten 1923 ihren Höhepunkt, als die Ruhrbesetzung und die Hyperinflation die Krise verschärften. Weitere fünf Jahre später, im Spätsommer 1928, sah es so aus, als habe sich die Weimarer Republik trotz aller Schwierigkeiten durchgesetzt: Die Wirtschaftskonjunktur verlief seit einigen Jahren günstig und mit ihr die Entwicklung der Realeinkommen. Nach einer Reihe rein bürgerlicher Regierungen stellte die SPD erstmals seit 1923 wieder den Reichskanzler in einer Regierung der Großen Koalition. In der Außenpolitik war die Sozialdemokratie ohnehin schon die verläßlichste Stütze der Verständigungspolitik des rechtsliberalen „Vernunftrepublikaners" Gustav Stresemann gewesen.

Die Erfolge dieser Politik stellten sich nicht so schnell ein wie erhofft, aber sie waren doch mit Händen zu greifen: Die Reparationsfrage war durch die Einschaltung der USA, Gläubiger Großbritanniens und Frankreichs aus dem Weltkrieg, entschärft (Dawes-Plan 1924, Young-Plan 1929). Außerdem hatte die Anerkennung der deutschen Westgrenze, d. h. in erster Linie der Abtretung Elsaß-Lothringens an Frankreich, den Weg zum Abzug der Besatzungstruppen aus dem Rheinland und zur schrittweisen Wiedergewinnung der deutschen Gleichberechtigung geebnet (Abkommen von Locarno 1925, Beitritt des Deutschen Reiches zum Völkerbund 1926).

Niedergang der Republik

In Wirklichkeit begann jedoch auf dem Höhepunkt der relativen Stabilisierung der Weimarer Republik ihr Niedergang. Von den „Goldenen Zwanzigern" läßt sich begründet ohnehin nur in bezug auf die kulturelle Blüte, namentlich in der Hauptstadt Berlin, sprechen. Diese wurde vor allem von der künstlerischen Avantgarde geprägt, spiegelte sich aber auch in der Entwicklung der Freizeitkultur (Massenpresse, Radio, Film, Varieté, kommerzialisierter Sport) wider.

Machtverfall und „Machtergreifung"

Der wirtschaftliche Aufschwung blieb unsicher, zumal er zu einem erheblichen Teil auf langfristigen amerikanischen Anleihen beruhte: Weniger als zwei Jahre nach der Währungsumstellung vom November 1923 und dem damit verbundenen Konjunktureinbruch kam es erneut zu einer Wirtschaftskrise, und ab Winter 1928/29 – ein Jahr vor dem New Yorker Börsenkrach – war die Konjunktur wiederum rückläufig. In den ganzen

KPD-Wahlplakat von 1932

Jahren zwischen 1925/26 und 1929/30 sank die Arbeitslosigkeit niemals unter 1,3 Mio. Teile der städtischen Mittelschichten waren schon durch die Inflation verarmt, und mitten in der Konjunktur verschärfte sich die

Anpassungskrise der Landwirtschaft, die große Güter ebenso bedrohte wie zahlreiche Bauern.

Zwar trat die offene Republikfeindschaft großer Teile des Bürgertums und des Kleinbürgertums vorübergehend zurück, begünstigt auch durch die Bürgerblock-Regierungen und die Übernahme des Amtes des Reichspräsidenten durch Paul von Hindenburg, den legendären Feldherrn des Weltkriegs; doch bewirkte die zeitweilige Annäherung der Rechten an den republikanischen Staat – zusammen mit der Abnahme des Drucks von seiten des Auslands – zugleich, daß die bürgerliche Rechte selbstbewußter

Zentrumswahlplakat von 1932

wurde. Ende 1928 setzten sich in in der Deutschnationalen Volkspartei (DNVP) mit dem Pressezaren Alfred Hugenberg die kompromißlosen Gegner des „Systems" durch. Ungefähr gleichzeitig übernahm der konservative Flügel die Führung der katholischen Zentrumspartei. Der Liberalismus verlor schon seit den frühen 20er Jahren ständig an Wählerunterstützung. Ebenfalls gegen Ende der 20er Jahre deutete sich in der geistigen Auseinandersetzung eine neue Militarisierung des Denkens an. Nicht zuletzt verschärfte sich wieder die Klassenkonfrontation: In den Herbst 1928 fiel jene Massenaussperrung in

der rheinisch-westfälischen Schwerindustrie, die als „Ruhreisenstreit" bekannt wurde. Sie zielte unverkennbar auf das staatliche Schlichtungswesen und wollte letztlich die Position der sozialdemokratischen Arbeiterbewegung im Staat schwächen. Die tiefgreifende, mehr als drei Jahre andauernde Wirtschaftskrise vom Herbst 1929 und der kometenhafte Aufstieg der NSDAP in dieser Periode beschleunigten die Rechtstendenzen in der deutschen Politik, machten sie aber zugleich für die Eliten schwerer kontrollierbar und manipulierbar.

„Machtergreifung" Hitlers

Als Hitler am 30. Januar 1933 von dem greisen Hindenburg zum Reichskanzler ernannt wurde, war dieser Akt für sich allein keine „Machtergreifung", sondern eine Übergabe der Macht von seiten der traditionellen Führungsschichten an die neuartige „Bewegung". Einen zwingenden Grund für diese Machtübergabe gab es nicht, nachdem die NSDAP bei nationalen und regionalen Wahlen im Herbst 1932 Rückschläge erlitten hatte. Selbst zusammen mit der DNVP war die NSDAP von der Mandatsmehrheit im Reichstag weit entfernt.

Man kann den Regierungswechsel von 1933, der sich im Zuge der allgemeinen „Gleichschaltung" schnell als Systemwechsel erwies, als eine Intrige einiger in Staat und Gesellschaft einflußreicher Rechtskonservativer bezeichnen. Ihr lag seitens solcher Männer wie Hugenberg und von Papen die Illusion zugrunde, den populären Hitler dauerhaft kontrollieren zu können. Das reicht indes als Erklärung nur für die konkreten Ereignisse kurz nach der Jahreswende 1932/33, als viele Beobachter die Hitler-Partei schon auf dem absteigenden Ast sahen und sich eine behutsame Wirtschaftsbelebung abzeichnete. Paradoxerweise liegt gerade in dieser Erwartung einer der Gründe dafür, daß das Drängen auf eine Regierungsbeteiligung der NSDAP wieder stärker wurde. Denn ein möglicher Zusammenbruch der NSDAP (wobei vielfach ein Wechsel ihrer radikalisierten Anhänger zur KPD befürchtet wurde) drohte der von der gesamten Rechten angestrebten Überwindung der Demokratie und des Sozialstaats die Massenbasis zu entziehen, nachdem sich schon eine autoritäre Lösung im Sinne der Präsidialregierungen Brüning, Papen und Schleicher als nicht durchführbar erwiesen hatte.

Ursachen für die Erfolge der Nationalsozialisten

Diese Feststellung führt zur Frage nach der Verantwortung der traditionellen Führungsschichten. Nicht die direkte Unterstützung der NSDAP war das Hauptproblem – die finanziellen Zuwendungen seitens der Industrie sind lange Zeit überschätzt worden –, sondern der je spezifische Beitrag zur Auflösung der Weimarer Republik.

Der Kampf gegen die Demokratie erlebte in dem Intrigenspiel der Wochen vor dem 30. Januar 1933 seinen Höhepunkt, als Kreise der Schwerindustrie und Hochfinanz, vor allem aber des ostelbischen Großgrundbesitzes den Reichspräsidenten dazu brachten, seine Abneigung gegen den „böhmischen Gefreiten" Adolf Hitler in den Hintergrund treten zu lassen. Die Versuche des letzten Reichskanzlers vor Hitler, General Kurt von Schleicher, selbst einer der eifrigsten Drahtzieher bei der Zerstörung der Demokratie, die Reichswehr mit aufgeschlossenen Gruppen der Industrie und einer parteiübergreifenden „Gewerkschaftsachse" (von der SPD bis zu einem Teil der NSDAP) zusammenzubringen, hatte diejenigen Konservativen, die vor allem gegenreformerische und restaurative Absichten verfolgten, alarmiert.

Bei alledem darf natürlich der Eigenanteil Hitlers und der NSDAP nicht übersehen werden. Die Partei, aufgebaut in den Jahren der relativen Stabilisierung der Weimarer Republik, stand bei Ausbruch der Weltwirtschafts-krise schon bereit, die Führung im Lager der „nationalen Opposition" zu übernehmen. Anders als der DNVP und den übrigen rechtsoppositionellen Verbänden gelang es der NSDAP, soziale Verzweiflung und Erlösungshoffnungen breiter Volksschichten politisch nutzbar zu machen. Die Bündelung unterschiedlicher Ideologieelemente, namentlich des „Nationalen" und des „Sozialen", im Begriff der „Volksgemeinschaft" und das Versprechen auf materielle Besserstellung, aber auch auf eine psychologische Aufwertung des einzelnen wie des ganzen Volkes sicherten der NSDAP breite Unterstützung. Tatsächlich konnte die NSDAP in den Jahren ihres Durchbruchs 1929–1932 (sie kam bei Reichstagswahlen bis auf 37,4 Prozent) Wählerstimmen aus allen Klassen und Schichten mobilisieren. Einigermaßen resistent blieben die Anhänger der katholischen Zentrumspartei und die der sozialistischen Arbeiterparteien SPD und KPD. Entgegen einer verbreiteten Vorstellung verweigerte nicht nur die deutliche Mehrheit der beschäftigten Industriearbeiter der NSDAP ihre Stimme – allerdings stärker bei den mittleren und älteren als bei den jüngeren Jahrgängen –, sondern auch die Millionen Erwerbslosen wählten sie nur zu einem relativ kleinen Teil. Die typische Arbeitslosenpartei war die KPD. Doch selbst von den 19 Millionen Deutschen (48 % der Wähler), die bei der letzten noch halbwegs freien Wahl im März 1933 bewußt nicht für die NSDAP oder für die mit ihr verbündeten Deutschnationalen stimmten, wurden viele von der elementaren Gewalt der „nationalen Revolution" im Frühjahr 1933, ihrem Elan und ihrem Zukunftsoptimismus mitgerissen. Bei allen Einschränkungen kann es daher kaum Zweifel darüber geben, daß die Mehrheit der Deutschen das „Dritte Reich" bejahte.

NSDAP-Wahlplakat von 1932

Der Nationalsozialismus und das deutsche Volk

Die Reaktion der deutschen Bevölkerung auf die „Machtergreifung"

Menschen grüßen mit dem Hitlergruß bei einer Veranstaltung, 1934

Die fanatischen Nationalsozialisten, die ohne Einschränkung zum Regime standen, waren ebenso eine Minderheit wie diejenigen, die aus ganz unterschiedlichen Motiven die herrschende Diktatur eindeutig ablehnten. Die Mehrheit paßte sich an und „lief mit". Dabei konnte sich durchaus Zustimmung zu bestimmten Elementen der NS-Herrschaft mit Kritik an anderen Aspekten des Regimes verbinden. So war der „Führer" ungleich beliebter als seine Statthalter. Auf positive Resonanz stieß bei breiten Teilen der Bevölkerung vor allem aber die auf die Revision des Versailler Vertrags gerichtete Außenpolitik der Nationalsozialisten. Abgelehnt wurde von vielen Deutschen hingegen die verbreitete Korruption, die Beschränkung der Löhne bzw. der Lebensmittelversorgung sowie die Einschränkung der kirchlichen Freiheiten.

Die Aufhebung einer freien Öffentlichkeit, an deren Stelle die zentral gesteuerte Propaganda und das Gerücht traten, machte eine Meinungsbildung im eigentlichen Sinn schwer möglich. Durch vollständige Entmündigung des Volkes bei gleichzeitiger ständiger pseudo-plebiszitärer Mobilisierung zerstörte der Nationalsozialismus die deutsche Nation als eine politische Willensgemeinschaft und reduzierte sie auf eine reine Schicksalsgemeinschaft.

Die Wahrnehmung im Jahr 1933 und in den Folgejahren war indessen überwiegend eine andere. Die traditionellen Führungsschichten in Wirtschaft, Armee und Verwaltung sowie das akademische Bürgertum waren von den neuen nationalsozialistischen Machthabern und ihren Methoden nicht unbedingt begeistert, teilweise sogar abgestoßen. Sie hielten die „Nazis" vielfach für Emporkömmlinge. Aber gleichzeitig sahen diese Gruppen ihre grundlegenden Interessen und Anliegen berücksichtigt: die Zerschlagung der Arbeiterbewegung, die Sicherung der kapitalistischen Wirtschaftsordnung und ihrer sozialen Hierarchie und die Aufrüstung. Dabei nahmen sie in Kauf, daß ihr direkter politischer Einfluß und ihre (nicht nur politische) Entscheidungsfreiheit gegenüber der Zeit vor

Hitler im Frack vor den alten Mächten, Potsdamer Garnisonskirche, März 1933

1933 vermindert wurden. Das Ethos der alten aristokratischen und bürgerlichen Eliten, das nicht gerade demokratiefreundlich gewesen war, aber doch Werte spezifischer Rechts- und Kulturstaatlichkeit beinhaltete, führte nur eine kleine Minderheit ihrer Vertreter in den Widerstand. Die meisten blieben bis zum Schluß Funktionsträger des nationalsozialistischen Herrschaftssystems.

Aber warum bewahrten die kleinbürgerlich-bäuerlichen Zwischenschichten und in geringerem Maß auch die Arbeiterschaft größtenteils bis zuletzt ihre Loyalität? Der Terror beantwortet die Frage nur zum Teil. Auch die von Joseph Goebbels perfekt inszenierte Propaganda konnte auf die Dauer nur dort etwas ausrichten, wo sie Erfahrungen der Menschen zu entsprechen schien oder zumindest an sie anknüpfte. So sprachen die Technikeuphorie und die Sportbegeisterung insbesondere die Jugend an. Die Sozialpolitik und die symbolischen Maßnahmen zur Aufwertung der Arbeit blieben nicht ohne Resonanz, wenngleich sie an der konkreten Situation der Arbeiter wenig änderten. Deren immer noch sehr bescheidene Einkommen stiegen, verglichen mit der Krise 1929–1933, trotz verlängerter Wochenarbeitszeit nicht sehr beträchtlich an. Doch wurden die mittleren und späten 30er Jahre, als die Erwerbslosen nach und nach wieder Beschäftigung fanden, verglichen mit der Zeit davor vielfach als Wiedergewinnung gesellschaftlicher Stabilität empfunden, die den einfachen Menschen bis zu einem gewissen Grad den Rückzug in die Nischen ihrer privaten Existenz erlaubte.

Felix Nussbaum: Selbstbildnis mit Judenpaß, 1943

Ausgrenzung der Juden und anderer Minderheiten

Während die Nationalsozialisten bemüht waren, die Arbeiter, deren Vorbehalte ihnen bewußt waren, für die „Volksgemeinschaft" zu gewinnen, grenzten sie andere Gruppen aus. Hierzu gehörten nicht nur diejenigen, die der Rassenideologie zufolge nicht zu den Deutschen gehörten wie Juden und „Zigeuner", sondern auch solche Menschen, die als „Gemeinschaftsfremde" angesehen wurden. Neben den Konzentrationslagern existierte z. B. eine Vielzahl kleinerer „Arbeitserziehungslager". Wer nach den Maßstäben der Nationalsozialisten nicht erzogen werden konnte, sollte zumindest an der Erzeugung von Nachkommen gehindert werden. Die „Euthanasie" geistig und psychisch Kranker mußte 1941 nach kirchlichen Protesten wesentlich eingeschränkt werden; Zwangssterilisierungen wurden hingegen fortgesetzt. Das waren, ebenso wie die „Umvolkung" als rassisch wertvoll angesehener Kinder aus Osteuropa während des Krieges, Bausteine eines Programms der „Aufnordung" des deutschen Volkes, das sich in der Perspektive gegen erhebliche Teile auch der „arischen" Bevölkerung Deutschlands richtete und in Verbindung mit den Planungen zur Unterwerfung und Kolonialisierung der osteuropäischen Völker von den historisch entstandenen, sprachlich-kulturellen Nationen Europas, einschließlich der deutschen, nicht viel übriggelassen hätte.

Zählappell in einem Konzentrationslager, 1934

Problematisch war aus nationalsozialistischer Sicht die Beschäftigung von ausländischen Kriegsgefangenen, Zwangsrekrutierten und Angeworbenen in der deutschen Wirtschaft ab 1939. Durch ein abgestuftes System von Absonderung und Unterdrückung suchte man jeden Kontakt zwischen Deutschen und Fremdarbeitern zu unterbinden (was jedoch besonders auf dem Lande häufig nicht funktionierte). Dadurch, daß bis zu 7,5 Millionen Fremdarbeiter eingesetzt wurden, während deutsche Arbeiter zur Wehrmacht eingezogen waren, schob sich eine ganze proletarische Schicht unter die verbliebene deutsche Arbeiterschaft, die ihrerseits in der Betriebshierarchie dadurch vielfach aufstieg. Eine – ohnehin mit Strafen bedrohte – Solidarisierung zwischen beiden Gruppen wurde somit sehr erschwert.

Konfliktherde im NS-Regime

Der wirtschaftliche und beschäftigungspolitische Erfolg des nationalsozialistischen Deutschland nach 1933 war durch das Abflauen der „Großen Krise" begünstigt worden. Er war untrennbar verbunden mit der Wiederaufrüstung, die allerdings im Unterschied zu nichtmilitärischen Arbeitsbeschaffungs- und Wirtschaftsförderungsmaßnahmen in den ersten beiden Jahren für die Entwicklung der Konjunktur und der Beschäftigtenzahlen noch keine große Rolle spielte und außerdem mit einer systematischen Staatsverschuldung einherging. Schon vor 1939 hatte die Verschuldung ein solches Ausmaß erreicht, daß nur zwei Auswege offen blieben: drastische Senkung des Lebensstandards der Werktätigen, was im Hinblick auf die innere Stabilität ausschied, oder kriegerische Expansion, um die Besiegten bezahlen zu lassen.

Innergesellschaftliche Konflikte ergaben sich überdies aus der Konkurrenz der verschiedenen Apparate, von denen die alte Staatsbürokratie, die Parteiorganisation der NSDAP, die SS mit der Polizei und die Wehrmacht die wichtigsten waren. Es ist unverkennbar, daß die SS-Führungsschicht innerhalb des Elitenkartells zunehmend an Einfluß gewann. Das Ergebnis dieser „Polykratie" war ein jeden geordneten Verwaltungsablauf überwuchernder, radikalisierend und letztlich staatsauflösend wirkender Kompetenzendschungel, in dem der „Führer" eher als oberster Schiedsrichter denn als Alleinherrscher fungierte. Das nationalsozialistische Herrschaftssystem besaß fraglos eine selbstzerstörerische Dynamik, die eine Umwandlung in ein gesetzesstaatlich funktionierendes autoritäres Regime immer schwieriger machte.

NS-Kriegspolitik

Die innere Dynamik des Systems verstärkte die aggressiven Bestrebungen des „Dritten Reiches" – die Aggression als solche war von Anfang an beschlossene Sache. Um die Jahreswende 1937/38 setzte eine kalkulierte militärische Expansionspolitik ein, die sich angesichts der Beschwichtigungspolitik Frankreichs und vor allem Großbritanniens zunächst weitgehend ungehindert entfalten konnte. Dabei verbanden sich traditionelle Ziele des deutschen Imperialismus mit der Rassen- und Lebensraumideologie der nationalsozialistischen Elite, die den Feldzügen gegen Polen und, mehr noch, gegen die Sowjetunion den Charakter von Vernichtungskriegen gaben.

Die Stimmung der Deutschen war 1939, anders als 25 Jahre zuvor, eher gedrückt. Nach den Anfangserfolgen des Blitzkriegskonzepts brachte sein Scheitern im Rußlandfeldzug den gravierenden Einschnitt. Erst jetzt erreichten die Gefallenenzahlen eine dramatische Höhe; erst jetzt wurde die Wirtschaft auf einen länger andauernden Krieg ausgerichtet; erst jetzt wurde die Zivilbevölkerung durch die alliierten Flächenbombardements in den Krieg mit einbezogen.

In den „Blitzkriegen" von 1939–1941 mit dem Frankreich-Feldzug als Höhepunkt sollte ein Gegner nach dem anderen durch massive, konzentrierte Schläge in kürzester Zeit niedergeworfen werden, um einen demoralisierenden Stellungskrieg wie 1914–1918 zu vermeiden. Zudem sollte der Blitzkrieg ausdrücklich die Bevölkerung schonen. Selbst nach dem Übergang zum „totalen Krieg" im Jahr 1942 waren die Machthaber imstande, die Lebensmittelversorgung auf einem höheren Niveau zu halten als im Ersten Weltkrieg, im wesentlichen auf Kosten der besetzten

Plakat um 1939/40 mit der von Hitler 1935 eingeführten deutschen Kriegsflagge

Länder. Insgesamt war es wohl eher das Gefühl der Ausweglosigkeit als die Zustimmung zum NS-Regime, das selbst angesichts der bevorstehenden Niederlage die gesellschaftlichen Eliten und die Bevölkerung an einer Auflehnung hinderte. Weil einheimische Kräfte der nationalsozialistischen Herrschaft kein Ende zu bereiten vermochten – der Staatsstreich-Versuch des 20. Juli 1944 brach rasch zusammen –, wurde die Eroberung und Besetzung Deutschlands durch die Alliierten unvermeidlich.

Der von Deutschland und seinen Verbündeten entfesselte Zweite Weltkrieg kostete etwa 55 Millionen Menschen das Leben, darunter siebeneinhalb Millionen Deutsche. Über 20 Millionen Sowjetbürger und über vier Millionen Polen blieben in den zu weiten Teilen verwüsteten Ländern tot zurück. Rund sechs Millionen Juden waren fabrikmäßig ermordet worden, darunter fast 200 000 deutsche Juden. Nach der Auswanderung der 30er und späten 40er Jahre lebten von ursprünglich über einer halben Million nur noch 15 000 in Deutschland.

Von der Zonenteilung zum Mauerbau

Bedingungslose Kapitulation und Besatzungspolitik

Soldat der Roten Armee hißt die sowjetische Flagge auf dem Deutschen Reichstag

Die „Stunde Null" als präzise zu benennenden Ausgangspunkt der deutschen Nachkriegsgeschichte hat es nicht gegeben – auch wenn viele Deutsche den Tag der bedingungslosen Kapitulation, den 8. Mai 1945, subjektiv so empfunden haben. In Wirklichkeit lag keine Tabula-Rasa-Situation ohne historische Anknüpfungspunkte vor und konnte von einer selbstbestimmten Entscheidung der Deutschen über die eigene Zukunft nicht die Rede sein. Vielmehr hatten die Mächte der Anti-Hitler-Koalition der äußeren und inneren Gestalt des besiegten Deutschlands bereits Monate vor Kriegsende Konturen verliehen. Um das Kriegsbündnis nicht zu gefährden, zögerten sie allerdings endgültige Entscheidungen und konkrete Ausführungsbestimmungen hinaus und vertagten die Deutschlandfrage auf die unmittelbare Nachkriegszeit.

Die Potsdamer Konferenz (17. 7. bis 2. 8. 1945) bestätigte das schon in den letzten Kriegsmonaten deutlich werdende Abgehen der drei Siegermächte von dem ursprünglichen Plan der „Zerstückelung" Deutschlands. Ihrem Bekenntnis zur deutschen Einheit vermochten Truman, Stalin und Attlee jedoch kein stimmiges Umsetzungskonzept an die Seite zu stellen. Die vier deutschlandpolitischen Leitkategorien der Konferenz („Demilitarisierung, Demokratisierung, Denazifizierung und Dezentralisierung") gerieten zu Formelkompromissen ohne inhaltliche Substanz. Zudem fehlte nicht nur eine für alle drei bzw. – nach dem Hinzutritt Frankreichs – vier Besatzungsmächte verbindliche Definition der „vier Ds", sondern in der Reparationsfrage war auch das Prinzip der wirtschaftlichen Einheit von Anfang an durchbrochen worden. Jede Besatzungsmacht erhielt das Recht der Abgeltung der Reparationsansprüche aus der eigenen Zone. Das führte zu einer sehr unterschiedlichen Praxis: Demontagen und Reparationen aus laufender Produktion in großem Umfang in der sowjetischen und französischen Zone bzw. geringe Reparationsentnahmen und Förderung der deutschen Exportfähigkeit bei Briten und Amerikanern.

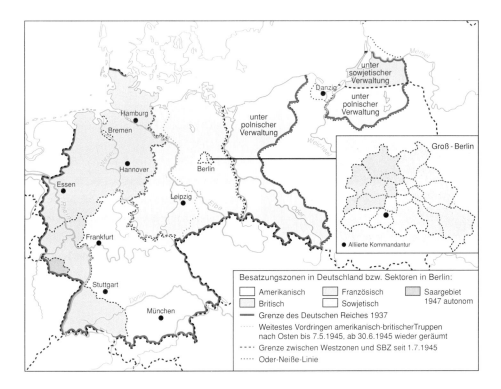

Besatzungszonen in Deutschland bzw. Sektoren in Berlin:

- Amerikanisch
- Britisch
- Französisch
- Sowjetisch
- Saargebiet 1947 autonom
- ▬▬▬ Grenze des Deutschen Reiches 1937
- ········ Weitestes Vordringen amerikanisch-britischer Truppen nach Osten bis 7.5.1945, ab 30.6.1945 wieder geräumt
- - - - - Grenze zwischen Westzonen und SBZ seit 1.7.1945
- ········ Oder-Neiße-Linie

Diese Politik förderte den Desintegrationsprozeß besonders auf wirtschaftlichem Gebiet. Verstärkt wurde dieser Vorgang dadurch, daß sich der Alliierte Kontrollrat als schwerfälliges und durch das Vetorecht jedes seiner vier Mitglieder leicht zu blockierendes zonenübergreifendes Regierungsorgan erwies. War eine einvernehmliche Beschlußfassung nicht möglich, so handelten die vier Zonenbefehlshaber souverän und ohne Rücksicht auf Abweichungen in den anderen Zonen. Der daraus resultierende Prozeß der zonalen Auseinanderentwicklung hätte sich nur durch die Zulassung und Einsetzung einer deutschen Regierung oder zumindest deutscher „Zentralverwaltungen", wie sie in Potsdam in Aussicht gestellt worden waren, mildern lassen. Aber auch in diesem Punkt verharrte das Potsdamer Protokoll bei unverbindlichen Absichtserklärungen, so daß es der in Potsdam noch nicht vertretenen französischen Besatzungsmacht in der Folge leicht fallen sollte, durch Wahrnehmung ihres Vetorechts im Kontrollrat jeden Versuch zur Einrichtung gesamtdeutscher Regierungsstellen zu unterbinden. Der Aufbau deutscher Verwaltungsbehörden erfolgte infolgedessen ebenfalls zonal getrennt und von Zone zu Zone unterschiedlich.

„Kalter Krieg" und deutsche Teilung

Auch wenn die Potsdamer Dreimächtekonferenz als verpaßte Chance einer frühzeitigen und effektiven Neuordnung des deutschen Staatslebens zu sehen ist, war die definitive Entscheidung zur Teilung Deutschlands noch nicht gefallen. Im Prinzip war der seit Kriegsende allmählich voranschreitende Prozeß der Auseinanderentwicklung der Zonen solange noch rückgängig zu machen, wie ein gemeinsames Interesse der Alliierten an der Offenhaltung der deutschen Frage bestand. Dieses erlahmte jedoch im Zeichen des heraufziehenden „Kalten Kriegs" zusehends.

25 JAHRE POTSDAMER ABKOMMEN

Schon während des Jahres 1946 verschlechterten sich die amerikanisch-sowjetischen Beziehungen. Briten und Amerikaner setzten nach dem Scheitern der Moskauer Außenministerkonferenz vom März 1947 konsequent auf das Ziel der Gründung eines lebensfähigen, wirtschaftlich und politisch in Westeuropa integrierten Weststaats, dessen Grundlagen sie bereits mit der Gründung des „Vereinigten Wirtschaftsgebietes" der amerikanischen und britischen Zone (Bizone) am 1. Januar 1947 gelegt hatten. 1947 wurde somit das Entscheidungsjahr der deutschen Nachkriegsgeschichte: Das Viermächteexperiment näherte sich nach nur zwei Jahren seinem Ende. Endgültig gescheitert war damit auch Roosevelts einstige Zukunftsvision einer „One World", in der die Großmächte unter dem Dach der Vereinten Nationen und in der Rolle von „Weltpolizisten" gemeinsam für Stabilität und Frieden hätten sorgen müssen.

Neubeginn des politischen Lebens

Unterhalb der Ebene der „großen Politik" vollzog sich in Deutschland seit Kriegsende ein Prozeß der zonalen Ausdifferenzierung des politischen, wirtschaftlichen und sozialen Lebens. Vor allem in der sowjetischen Besatzungszone erfolgten frühzeitige Umgestaltungsmaßnahmen, wie etwa die Initiierung eines Vier-Parteien-Systems mit „block-

demokratischer" Bindung, die Zwangsverschmelzung von KPD und SPD, der Aufbau von „Zentralverwaltungen" sowie großangelegte Besitzumwälzungen mit planwirtschaftlicher Einbindung von Industrie und Landwirtschaft. Wer sich den gewünschten Umgestaltungsmaßnahmen widersetzte, verlor sein Amt oder wurde in die Westsektoren Berlins bzw. in die Westzonen abgedrängt. Die ursprünglich propagierte Vorstellung eines „besonderen deutschen Wegs zum Sozialismus" – fußend auf der „antifaschistischen Demokratie" –, die bei den nichtkommunistischen Parteien Hoffnungen auf einen gesamtdeutschen Weg zwischen Ost und West, ja sogar auf eine Brückenstellung Deutschlands in Europa hatte aufkommen lassen, wich einer Orientierung am Vorbild der stalinistischen Sowjetunion.

Aber auch im Einflußbereich der Westmächte wurden die Handlungsspielräume geringer. Gesamtdeutsch orientierte Alternativvorschläge zum Wirtschafts- und Gesellschaftskonzept der Amerikaner, wie sie vornehmlich unter den besonderen Bedingungen der Berliner Viersektorenstadt entstanden, hatten ebensowenig wie das Sozialisierungsprogramm der britischen Labour-Regierung oder die extremen Föderalisierungspläne der Franzosen Durchsetzungschancen. Washington war nur zu den eigenen Bedingungen bereit, die Sicherheit der Westzonen zu garantieren und deren wirtschaftlichen Wiederaufbau auf dem Wege der Eingliederung in das Europäische Wiederaufbauprogramm (Marshall-Plan) zu subventionieren.

Nach dem Beginn der Berliner Blockade 1948 bedurfte es schließlich noch der entschlossenen Intervention Ernst Reuters als Sprecher Berlins, um die Annahme der alliierten Weststaatspläne durch die westdeutschen Länder-Ministerpräsidenten durchzusetzen. Nach der Zustimmung der Länderchefs konnte der nach dem Proporz der zurückliegenden Landtagswahlergebnisse zusammengesetzte „Parlamentarische Rat" zusammentreten und – in Zusammenarbeit mit dem Verfassungskonvent von Herrenchiemsee – das „Grundgesetz" verabschieden. Die Perspektive der westdeutschen Staatsgründung verschmolz mit dem Ziel der Verteidigung Westberlins gegen den Sowjetkommunismus: Im Rahmen des westdeutschen Kernstaatskonzepts übernahm die entthronte und entlang dem Brandenburger Tor geteilte Hauptstadt die Rolle des „Vorpostens der Freiheit" und der „Frontstadt", vor allem aber blieb sie ein empfindlicher Seismograph der welt- und deutschlandpolitischen Lage.

Deutschlandpolitik der Bundesrepublik

„Zwei Volk, zwei Reich, zwei Führer." Karikatur aus dem „Simpl", 1949

Mit der Konstituierung der Bundesrepublik, der im Oktober 1949 die Gründung der Deutschen Demokratischen Republik auf dem Fuß folgte, war die deutschlandpolitische Grundkonstellation der nächsten zwanzig Jahre vorgegeben. Unbeirrt von den beiden Noten Stalins vom März und April 1952, die für neuen Diskussionsstoff in der Frage eines deutschen Friedensvertrags auf der Grundlage der Beschlüsse von Potsdam sorgten, und ungeachtet einer Reihe weiterer Wiedervereinigungsvorschläge in den folgenden Jahren konzentrierte sich die Regierung Adenauer ganz auf die Ziele der

Wiedergewinnung der inneren und äußeren Souveränität sowie auf die feste Verankerung der Bundesrepublik im westeuropäisch-nordatlantischen Sicherheitsverbund. Die Adenauer-Politik kam dem Sicherheits- und Ruhebedürfnis entgegen, das die Mehrheit der Westdeutschen nach den Kriegsjahren empfand.

Die Deutschlandpolitik der Bundesregierung beruhte auf der Annahme, daß von einer innerlich und äußerlich gefestigten Bundesrepublik eine sehr starke Attraktivität und Anziehungskraft auf die Deutschen jenseits des „Eisernen Vorhangs" ausgehen und dadurch der Zusammenbruch des SED-Regimes zwangsläufig eintreten werde. Angesichts solcher Hoffnungen erschien es nur plausibel, die konkrete Umsetzung des Wiedervereinigungsgebots des Grundgesetzes zunächst zurückzustellen, den eigenen Staat zu stärken und die DDR zu isolieren. Obwohl mit Westberlin, „Schaufenster des Westens" und Ost-West-Fluchtpunkt, ein gravierender Stör- und Destabilisierungsfaktor des SED-Staats erhalten blieb, wurde das Hauptziel nicht wirklich erreicht. Demgegenüber erwies sich Adenauers Politik des inneren Souveränitätsgewinns und der wirtschaftlichen, politischen und militärischen Westbindung – trotz einiger Rückschläge – als ungleich erfolgreicher. Mit Inkrafttreten der Pariser Verträge am 5. Mai 1955 war die Besatzungszeit für die Bundesrepublik offiziell beendet. Es folgten die Aufnahme als NATO-Mitglied am 9. Mai 1955, die Aufstellung erster Bundeswehrkompanien und die Einführung der allgemeinen Wehrpflicht (1956) sowie schließlich die Einbeziehung in die „Europäische Wirtschaftsgemeinschaft" (EWG, später EG) zum 1. Januar 1958.

Berlinkrise

Indem die Westintegration der Bundesrepublik von einem vergleichbaren Prozeß der Ostbindung der DDR begleitet wurde, bildete sich de facto eine deutsch-deutsche Zweistaatenrealität heraus. Der Kreml sprach schon im Juli 1955 von der Existenz zweier deutscher Staaten und am 10. November 1958 forderte Nikita Chruschtschow schließlich die Anerkennung der Staatlichkeit der DDR durch den Westen ultimativ ein. Ähnlich wie Stalin in der Blockadekrise von 1948/49 sah auch dessen Nachfolger in Westberlin das schwächste Glied des westlichen Bündnisses und drohte mit einer erneuten Abschnürung der Stadt. Da eine offizielle Anerkennung der DDR nicht nur der „Kernstaattheorie", sondern auch dem Grundgesetz widersprochen hätte, und Westberlin überdies militärisch kaum zu verteidigen war, blieb der Spielraum des Westens außerordentlich gering. Zeitweise schien es sogar, als wären die Amerikaner bereit, Berlin unter gewissen Bedingungen aufzugeben. Präsident John F. Kennedy (1961–1963) bezog dann die westlichen Sicherheitsgarantien explizit nur noch auf Westberlin und machte Ulbricht indirekt damit den Weg zum Bau der Berliner Mauer am 13. August 1961 frei.

Das „Wirtschaftswunder"

Erfolgreich war das Bonner Experiment außer in der Westpolitik auch im Innern, wobei der allgemeine Wirtschaftsaufschwung der entwickelten kapitalistischen Welt (mit dem Übergang zum gehobenen Massenkonsum) für die Bundesrepublik ein günstiges Umfeld schuf. Erstaunlich reibungslos gelang die Umsetzung des mit dem Namen Ludwig Erhards verbundenen Programms der „Sozialen Marktwirtschaft", das Deutschland zum „Wirtschaftswunderland" mit hohen Wachstumsraten in den 50er und 60er Jahren werden ließ. Ein solcher Triumph der Erhardschen Wirtschaftspolitik hatte sich unmittelbar nach der Währungsreform des 20./21. Juni 1948, die die Sachwertbesitzer begünstigte und die Zeit der Warenknappheit, der Schwarzen Märkte und der Zigarettenwährung beendete, noch kaum erahnen lassen. Vielmehr waren die Preise und Arbeitslosenzahlen zunächst kräftig angestiegen, ehe die nach Ausbruch des Korea-Krieges am 25. Juni 1950 einsetzende internationale Güternachfrage zu einem starken Wachstumsschub mit entsprechend positiven Auswirkungen auf dem Arbeitsmarkt führte. Nachdem die bestehenden Energieengpässe durch Sanierung des Kohlebergbaus und der maroden Kraftwerksbetriebe hatten überwunden werden können, setzte ein kontinuierlicher Wirtschaftsaufschwung ein, der bis 1966 andauerte.

Die Bundesrepublik in der Ära Adenauer

Erfolge der Sozialpolitik

In seiner Regierungserklärung vom 20. September 1949 hatte Adenauer den Vorrang der Wirtschaftspolitik vor der Sozialpolitik betont („Die beste Sozialpolitik ist eine gesunde Wirtschaftspolitik"). Tatsächlich überdeckten der stetige Reallohnzuwachs und Wohlstandsgewinn manche soziale Verwerfung der Nachkriegsgesellschaft. Diese Entwicklungen erleichterten nicht zuletzt die Mitwirkung und Integration derjenigen Bevölkerungsgruppen, die dem Erhardschen Marktwirtschaftsmodell zunächst skeptisch gegenüberstanden bzw. – wie die Gewerkschaften – ursprünglich völlig andere Neuordnungskonzepte verfolgten. Auf der Grundlage einer langanhaltenden wirtschaftlichen Prosperität war es der Bundesregierung darüber hinaus möglich, weitere attraktive Integrationsangebote zu unterbreiten, so im Bereich des Sozialversicherungswesens, der Rentenanpassung und der Arbeitnehmer-Mitbestimmung. Das Lastenausgleichsgesetz vom August 1952, mit dem die finanziellen Folgen des Krieges auf dem Wege einer erheblichen Vermögensumverteilung zwischen Nichtgeschädigten und Geschädigten ausgeglichen werden sollten, trug zur allgemeinen Tendenz der sozialen Befriedung ebenso bei wie die Wohnungsbaupolitik der Bundesregierung, die bis 1960 5,7 Millionen Wohnungen, darunter 3,2 Millionen Wohnungen im Sozialen Wohnungsbau, entstehen ließ.

Konrad Adenauer, der erste Kanzler der Bundesrepublik Deutschland

Messerschmidt-
Kabinenroller und Zelt
als Ausdruck von
Motorisierung und
Reisen als neuer Inbe-
griff von Freizeitver-
halten der 50er Jahre

Politische Stabilisierung

Die allgemeine Konsolidierung der wirtschaftlichen und sozialen Verhältnisse spiegelte sich auch in der Entwicklung des politischen Systems wider. Während dem ersten
Bundestag des Jahres 1949 Mandatsträger
aus elf Parteien und zwei Unabhängige an-
gehörten, waren 1953 nur noch sieben,
1957 fünf und ab 1961 vier Parteien (CDU,
CSU, SPD, FDP) vertreten. Dieser bemerkens-
werte Konzentrationsprozeß war sicherlich
weniger auf die Fünf-Prozent-Sperrklausel des
Bundeswahlgesetzes oder gar auf Parteien-
verbote zurückzuführen (1952 die neonazistische SRP; 1956 die KPD), sondern resultierte
vor allem aus der enormen Anziehungskraft
der CDU/CSU als überkonfessioneller bürgerlicher Sammlungs- und Volkspartei. Wenn
die CDU zur zweiten Bundestagswahl mit
dem Slogan „Deutschland wählt Adenauer"
antrat und ihren Stimmenanteil von 25,2 %
auf 36,4 % (ohne CSU) steigern konnte,

zeigte sich damit aber auch die überragende
Bedeutung des Kanzlers und Parteivorsitzen-
den Adenauer für die Mobilisierung von
Wählerstimmen. Dieser „Kanzlerbonus" dürfte sich bei der Bundestagswahl des Jahres
1957 in Anbetracht der erzielten Erfolge in
der Westintegrations-, Europa- und Wirtschaftspolitik sowie nicht zuletzt unter dem
Eindruck der Heimkehr der letzten deutschen
Kriegsgefangenen aus sowjetischer Kriegsge-
fangenschaft noch stärker ausgewirkt und zur
absoluten Mehrheit der Unionsparteien
(50,2 %) – einem Unikum in der deutschen
Parlamentsgeschichte – entscheidend beigetragen haben. Die oppositionelle Sozialdemokratie konnte ihren Stimmanteil ebenfalls
auf Bundes- wie Landesebene nach und nach
steigern und sich bis 1965 der 40-Prozent-
Marke annähern. Sie blieb zwar noch weit
von der Regierungsübernahme auf Bundese-
bene entfernt, vermochte sich aber auf Ge-
meinde- und auf Landesebene zu profilieren
und inhaltliche wie personelle Alternativen
zur CDU zu entwickeln. 1959 gab sie sich in
Bad Godesberg ein neues, in vieler Hinsicht
eher sozial-liberales als reformsozialistisches
Grundsatzprogramm.

Musik-Box und
Petticoat. In den
50er Jahren entwickelte
sich eine konsumorien-
tierte Jugendkultur.

Der Umbruch in den späten 60er Jahren und das lange Ende der Nachkriegszeit

Entspannung und neue Ostpolitik

Nach den erfolgreichen 50er Jahren wurden Verkrustungstendenzen in der Adenauerschen Kanzlerdemokratie deutlich sichtbar. Es häuften sich Fehlschläge und Krisen (z. B. „Spiegel-Affäre" 1962) und die Anzeichen eines heraufziehenden innenpolitischen Umschwungs. Die nachlassende Regierungsfähigkeit der Christdemokraten und die wachsende Gestaltungskraft sozialdemokratischer Politik zeigten sich am eindrucksvollsten auf dem Gebiet der Deutschlandpolitik: Die SPD hatte um 1960 ihre Orientierung auf eine Wiedervereinigung Deutschlands durch einen Kompromiß der Siegermächte und durch ein Auseinanderrücken der Blöcke in Mitteleuropa aufgegeben. Führende Sozialdemokraten, vor allem der Berliner Regierende Bürgermeister Willy Brandt und sein Pressechef Egon Bahr, übernahmen nun die Initiative für eine neue Ostpolitik. Bahr prägte die Formel des „Wandels durch Annäherung", die mit dem Berliner Passierscheinabkommen von Weihnachten 1963 eine erste Probe aufs Exempel erfuhr.

Unterzeichnung des deutsch-sowjetischen Vertrages am 12. August 1970 in Moskau

In Anbetracht der allgemeinen Entspannung der internationalen Lage nach der Kuba-Krise vom Oktober 1962 wurden nicht nur in der SPD die Rufe nach einer „zeitgemäßen Deutschlandpolitik" immer lauter. Man empfand den noch geltenden Alleinvertretungsanspruch der Bundesrepublik zunehmend als Anachronismus. Nachdem weder der Regierung Erhard noch der 1966 nachfolgenden „Großen Koalition" Kiesinger/Brandt entscheidende Fortschritte im Sinne der angekündigten „neuen, beweglicheren Politik gegenüber dem Osten" gelungen waren, gab es in deutschland- und ostpolitischer Hinsicht im Grunde keine Alternative zum Wagnis einer sozialliberalen Koalition. Ihr Zustandekommen wurde auch dadurch erleichtert, daß die Führung in der FDP mittlerweile von Erich Mende auf Walter Scheel übergegangen war.

Der künftige Außenminister
Walter Scheel (FDP)
gratuliert Willy Brandt (SPD)
zur Wahl als Bundeskanzler.

Bildung der
sozialliberalen Koalition

Aber auch in innenpolitischer Hinsicht ver-
mittelten die Jahre nach dem Ende der Ära
Adenauer den Eindruck von Stagnation und
Übergang. Nach fünfzehnjährigem Konjunk-
turaufschwung erlebte die Bundesrepublik
erstmals eine Rezession, die den zeitweiligen
Zulauf von Unzufriedenen zur rechtsextre-
men NPD nach sich zog. Zwar konnte die
Wirtschaftskrise schnell überwunden werden,
doch blieb die kritische Distanz vieler, vornehmlich Jüngerer, an dem als reformfeind-
lich und beinahe undemokratisch empfunde-
nen Regiment der Großen Koalition bestehen. Verstärkt wurde diese Distanz vor allem
durch die Verabschiedung der Notstandsge-
setze durch die Große Koalition, die sich
gegen die Stimmen der FDP-Opposition und
des linken SPD-Flügels mit Zweidrittelmehr-
heit im Bundestag durchsetzte.

Es zeigte sich immer deutlicher, daß allein
äußere und innere Sicherheit, wirtschaftliche
Prosperität und materieller Wohlstand nicht
mehr ausreichten, um den gestiegenen Be-
dürfnissen der im „Aufbruch" befindlichen
Nachkriegsgesellschaft Rechnung zu tragen.
Die Forderung nach „Demokratisierung" zog
sich von nun an wie ein roter Faden durch
die Debatten der westdeutschen Öffentlichkeit. Sie fand ihren stärksten Ausdruck in der
Studentenbewegung, deren Forderungen
außenpolitische Themen (insbesondere den
amerikanischen Vietnam-Krieg) ebenso ein-
schlossen wie die Forderung nach einer fun-
damentalen Umgestaltung des westdeutschen Staats- und Gesellschaftssystems. Eine
besondere Rolle spielte dabei der Protest gegen den Umgang der westdeutschen Gesellschaft mit der NS-Vergangenheit. Man kriti-
sierte personelle Kontinuitäten wie auch die
mangelnde Auseinandersetzung der Eltern-
generation mit deren eigener Verstrickung in
den Nationalsozialismus.

Auf der 1969 ins Amt gekommenen Regierung Brand/Scheel lastete ein gewaltiger
Erwartungsdruck, den sie in bezug auf die
Ost- und Deutschlandpolitik zweifellos noch
am ehesten befriedigen konnte. Die Entspan-
nungspolitik der sozialliberalen Koalition
glich aber stets einer Gratwanderung zwischen einer (grundgesetzwidrigen) völker-
rechtlichen Anerkennung der DDR und dem
Ziel, über ein „geregeltes Nebeneinander" zu

einem „Miteinander" mit der Ostberliner Regierung zu kommen und so die Möglichkeit einer Lösung der deutschen Frage im Sinne des Selbstbestimmungsrechts nicht nur rechtlich, sondern tatsächlich offen zu halten. Dazu bedurfte es eines „Pakets" aus Ostverträgen: Moskauer und Warschauer Vertrag (1970), Viermächteabkommen über Berlin (1971) und deutsch-deutscher Grundlagenvertrag (1972). Für die Anerkennung des bestehenden Status quo in Europa einschließlich der Gebietsverluste östlich von Oder und Neiße erhielt die Bundesregierung die Zusicherung Moskaus, die bis dahin bestrittene Präsenz der Westmächte in Berlin künftig nicht mehr in Frage zu stellen. Der Grundlagenvertrag von 1972 beinhaltete sodann die Anerkennung der Hoheitsgewalt der Vertragspartner in ihrem jeweiligen Staatsgebiet. Er bedeutete jedoch keine völkerrechtliche Anerkennung der DDR und schloß eine spätere Wiedervereinigung beider deutscher Staaten nicht aus.

Bundeskanzler Brandt vor dem Mahnmal im ehemaligen Warschauer Ghetto, 1970

Innere Konsolidierung und Krisenmanagement

Reformen in anderen gesellschaftlichen Bereichen als in der Bildungspolitik blieben jedoch weitgehend aus. Hinzu kam, daß der durch die „Ölkrise" von 1973 ausgelöste, allerdings nicht allein verursachte weltweite Übergang zu einer stärker krisenhaften Phase der wirtschaftlichen Entwicklung diejenigen begünstigte, die – wie Helmut Schmidt, der im Mai 1974 als Bundeskanzler die Nachfolge Willy Brandts antrat – eher auf Konsolidierung und Krisenmanagement setzten. Die zweite Hälfte der 70er und die frühen 80er Jahre waren geprägt vom Phänomen des Terrorismus und der Problematik der Anti-Terror-Gesetzgebung, dem wachsenden parlamentarischen und außerparlamentarischen Widerstand gegen Kernkraft und Stationierung neuer Atomraketen sowie der Dauerhypothek der Arbeitslosigkeit. Die schwierige Lage auf dem Arbeitsmarkt intensivierte die öffentliche und parteipolitische Diskussion um den Verbleib der vor allem in den 60er Jahren angeworbenen ausländischen Arbeitnehmer und ihrer Familien. In den nicht enden wollenden, während der 80er Jahre durch den Zustrom von Asylbewerbern verschärften Debatten gelang es jedoch nicht, ein klares Eingliederungskonzept über Aufenthaltserlaubnis, Integration und Einbürgerung zu entwickeln.

Die christlich-liberale Koalition und die deutsche Wiedervereinigung

Mit dem Sturz der Regierung Helmut Schmidt am 17. September 1982 ging die Ära der sozi/alliberalen Koalition zu Ende. Der Wechsel zur christdemokratisch-liberalen Koalitionsregie-rung Kohl/Genscher führte aber genausowe-nig zu einem grundlegenden Wandel in der Deutschland- und Berlinpolitik wie die Ver-schärfung des internationalen Klimas nach der sowjetischen Invasion in Afghanistan, der Nie-derschlagung der polnischen Gewerkschaftsbe-wegung „Solidarnosč" und dem Vollzug der NATO-„Nachrüstung".

Viermächteabkommen und Grundlagenver-trag erwiesen sich auch in Krisenzeiten als tragfähig, wenn auch eine dynamische Ent-wicklung des deutsch-deutschen Verhältnis-ses im Sinne des Bahrschen Ansatzes des „Wandels durch Annäherung" nur sehr be-dingt zu verzeichnen war. Das Interesse der westdeutschen Gesellschaft an der deutschen Frage ging eher noch weiter zurück. Im Un-terschied zu den brennenden gesellschafts-politischen Streitfragen – Umwelt, Frieden, Ausländerproblematik – galt sie überwiegend als ein Thema der Vergangenheit. Übersehen wurde dabei, daß im Osten gerade keine se-parate Nationsbildung stattfand – trotz der Zwei Nationen-Theorie der SED.

Man rechnete vor der „Wende" von 1989/90 überwiegend mit einer langfristigen, wenn nicht dauerhaften Existenz der beiden deut-schen Staaten. Der Zusammenbruch der DDR kann somit weder als später Triumph der „Kernstaattheorie" und der Politik der Stärke noch als direkte Folge der Entspan-nungspolitik interpretiert werden. Entschei-dend waren vielmehr die dramatischen Re-form- und Erosionsprozesse in der Sowjetuni-on sowie die wirtschaftlichen Schwierigkeiten der DDR, die zunächst die Forderung nach innerstaatlicher Demokratisierung, dann – in einer späteren Phase des Umbruchs – die nach Wiedervereinigung auf die Tagesord-nung brachten.

Eine für Revolutionsverläufe generell nicht untypische Verlagerung der Zielprojektionen dürfte ebenso wie das nun direkte und aktive Eingreifen der Bundesregierung und der westdeutschen Parteien dazu beigetragen haben, daß die Vereinigung Deutschlands in

Karikatur vom August 1989

der Form des Beitritts zur Bundesrepublik erfolgte. An einer formell und inhaltlich stär-ker gleichgewichtigen Gestaltung der staatli-chen Einigung hatten die in Westdeutschland bestimmenden Kräfte kein Interesse, und ebenso galt das für eine „Erneuerung der DDR" (Neujahrsbotschaft der DDR-Führung vom 30. 12. 1989). Mit der ersten freien Volkskammerwahl vom 18. März 1990 erteil-ten die Ostdeutschen allen solchen Ansätzen eine Absage. Dem Inkrafttreten der Währungs-, Wirtschafts- und Sozialunion mit der DDR am 1. Juli 1990, dem Deutschland-vertrag vom 12. September 1990 und dem Beitritt der DDR zur Bundesrepublik am 3. Oktober 1990 folgten neue Herausforde-rungen der inneren Nations- und Staatsbil-dung, der wirtschaftlichen Sanierung der neuen Bundesländer und der Neudefinition außen- und bündnispolitischer Verantwort-lichkeiten Deutschlands nach der Überwin-dung des Ost-West-Konflikts alten Typs. Mit seinem Votum für Berlin als Hauptstadt und künftigen Regierungssitz setzte der deutsche Bundestag seinerseits ein diesbezügliches deutlich sichtbares Zeichen.

„HOPE"
(Schülerarbeit)

Die Entwicklung in der DDR

Weichenstellungen vor der Staatsgründung

Die Politik der Sowjetunion in der „sowjetischen Besatzungszone" war durch massives Interesse an Reparationsleistungen für die eigenen Kriegsschäden und an einer grundlegenden Umgestaltung Deutschlands nach sozialistischen Staats- und Eigentumsvorstellungen gekennzeichnet.

Unter starkem Druck der Militärregierung wurde 1946 die Vereinigung von SPD und KPD zur SED erzwungen. Die sozialdemokratischen Vorstellungen wurden in der neuen Partei vom beherrschenden Einfluß der Kommunisten und ihrer marxistisch-leninistischen Ideologie bald in den Hintergrund gedrängt. Damit war der Weg frei zu durchgreifenden Maßnahmen, um den Wandel zu einer sozialistischen Gesellschaft einzuleiten: Durchführung einer umfassenden Bodenreform, die Verstaatlichung wichtiger Industriebetriebe, die Entnazifizierung und der Aufbau eines neuen Schulsystems.

Bis 1948 verloren über 500 000 ehemalige NSDAP-Mitglieder zumindest zeitweise ihre Positionen. Es blieben allerdings auch viele Nationalsozialisten unbehelligt, die dem Faschismus abschworen und sich zum Sozialismus bekannten. Weil man die Entstehung des Faschismus auf das kapitalistische Wirtschaftssystem zurückführte, wurde eine tiefergehende Auseinandersetzung mit dem nationalsozialistischen Gedankengut in der Bevölkerung vernachlässigt.

Gegen den Widerstand von Eltern und Kirchen wurde ein gesamtschulähnliches Bildungssystem eingeführt, durch das vor allem Arbeiter- und Bauernkinder gefördert werden sollten. Die Möglichkeit zum Studium war von der sozialen Herkunft abhängig.

„Planmäßiger Aufbau des Sozialismus"

Parallel zu der Entwicklung in den Westzonen organisierte die SED in der sowjetischen Zone den Prozeß, der zur Staatsgründung der DDR am 7. Oktober führte. Neben der SED gab es noch andere Parteien und Massenorganisationen, die jedoch in der „Nationalen Front" unter Führung der SED zusammengefaßt wurden. Bei den Wahlen kandidierte eine Einheitsliste, für die 99,7 % der Wähler stimmten. Innerparteiliche und gesellschaftliche Opposition wurden von der SED systematisch ausgeschaltet. Über 150 000 Mitglieder der SED mußten 1950/51 die Partei verlassen; DDR-Gerichte verurteilten im Jahr 1950 über 87 000 Angeklagte wegen politischer Delikte. Die einzigen gesellschaftlichen Organisationen, die nicht vollständig gefügig gemacht werden konnten, waren die Kirchen.

In der Wirtschaft wurde nach sowjetischem Vorbild das planwirtschaftliche System eingeführt. Der Großgrundbesitz und die wichtig-

sten Industrien waren schon während der Besatzungszeit verstaatlicht worden. Durch starken Druck wurden die privaten Bauern gezwungen, sich zu landwirtschaftlichen Produktionsgenossenschaften (LPG) zusammenzuschließen. Auch Handwerker und Geschäftsleute und kleine Geschäftsleute verloren ihre Selbständigkeit.

Doch der von der SED-Führung propagierte „planmäßige Aufbau des Sozialismus" durch Steigerung der Industrieproduktion und Erhöhung der Arbeitsproduktivität führte nicht zu den erhofften Erfolgen. Schlechtere Ausgangsbedingungen, aber auch die Ausrichtung am sowjetischen Wirtschaftsmodell hemmten die wirtschaftliche Entwicklung der DDR. Die größere Belastung durch Demontagen (Reparationslieferungen in die Sowjetunion), mangelnde Rohstoffe, das Fehlen von Wirtschaftshilfen wie den Geldern des Marshall-Plans sowie die Entscheidung, die traditionelle Schwerindustrie einseitig zu fördern, sorgten zusammen mit dem schwerfälligen bürokratisch-hierarchischen Planungsapparat für eine dauerhafte Krise bei der Versorgung der DDR-Bevölkerung.

Die Aufstandsbewegung des 17. Juni 1953

Anhaltende Mangelwirtschaft, massive Unterdrückungsmaßnahmen gegen die innenpolitische Opposition, insbesondere der Kirchen, Zwangsmaßnahmen gegen Bauern, Selbständige und Gewerbetreibende und steigende Preise führten bereits 1952/53 zu einer Krise in der DDR. Nach Stalins Tod im März 1953 wurden zwar Kurskorrekturen beschlossen, doch Forderungen nach Rücknahme der erhöhten Arbeitsnormen wies die SED zurück. Die Auseinandersetzungen um die neuen Normen gaben den Anlaß für den Streik der Bauarbeiter in der Berliner Stalinallee, aus dem sich am 17./18. Juni ein regelrechter Arbeiteraufstand entwickelte. Nach Schätzungen waren mehr als 10 % der Arbeiter in über 200 Orten der DDR an Streiks und Demonstrationen beteiligt. Erst der Einsatz sowjetischer Panzer machte die SED wieder zum Herren der Lage. Nach Beendigung des Aufstandes wurde der Parteiapparat rigoros von innerparteilichen Kritikern gesäubert. Für die Bevölkerung erbrachte die Niederschlagung der Proteste die bittere Erfahrung, daß eine gewaltsame Veränderung des politischen Systems zum Scheitern verurteilt war, solange die Sowjetunion das bestehende Regime in der DDR stützte.

Ostberlin, 17. Juni 1953

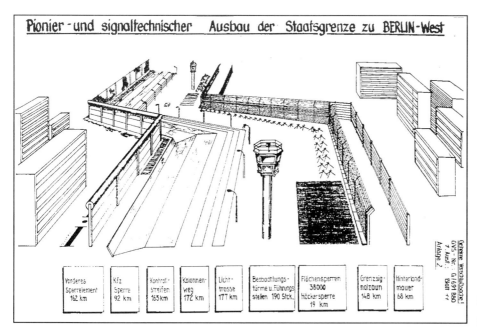

Die „Grenzanlagen"
aus Sicht der DDR

Fluchtbewegung und Mauerbau

Außenpolitisch wurde die DDR in das sowjetische Bündnissystem eingebunden. Seit 1950 war sie Mitglied im Rat für gegenseitige Wirtschaftshilfe (RGW), der sowjetischen Antwort auf den Marshall-Plan, 1955 wurde die DDR in das Militärsystem des Warschauer Pakts integriert. Doch noch immer war es für die DDR-Bürger relativ leicht, in den Westen zu gelangen.

Mit der Aussichtslosigkeit auf politische oder wirtschaftliche Verbesserungen nahm die „Republikflucht" zu. Zwischen 1949 und August 1961 verließen fast 3 Mio. Einwohner der DDR das Land. Auf diese Bedrohung der Existenz der DDR reagierte die Partei- und Staatsführung mit dem Bau der Mauer in Berlin am 13. August 1961. Auch die Grenze zwischen der DDR und der Bundesrepublik wurde so befestigt, daß eine Flucht unmöglich erscheinen sollte. Auf Fluchtwillige wurde von den Grenztruppen scharf geschossen, bald waren die ersten tödlichen Opfer des „Schießbefehls" zu beklagen.

Der Bau der Mauer bedeutete eine Bankrotterklärung des sozialistischen Modells in der DDR. Es war dem „real existierenden Sozialismus" nicht gelungen, seine Akzeptanz bei der eigenen Bevölkerung zu steigern. Doch die Verzweiflung über den versperrten Fluchtweg nach Westen wurde langsam vom Anpassungsdruck der neu geschaffenen Verhältnisse überlagert.

Alle Bemühungen um Verbesserungen von Produktions- und Lebensstandard beseitigten nicht die Versorgungsengpässe und die mangelnde Qualität der Konsumgüter und ließen den Abstand zur Bundesrepublik nicht kleiner werden – im Gegenteil. Unter dem Druck der Herrschaftsverhältnisse ging der größte Teil der Bevölkerung den Weg des geringsten Widerstandes. Den von Partei und Staat auferlegten Pflichten wurde nachgekommen, um sich möglichst jeden Ärger zu ersparen, privat unterschieden sich Lebensorientierung und Freizeitbedürfnisse der Bevölkerung jedoch kaum von dem Lebensmustern westlicher Staaten.

Bernauer Straße, 1961

Von Ulbricht zu Honecker

Die andauernde innere Stagnation und der Beginn der neuen Ostpolitik nach dem Regierungsantritt der sozialliberalen Koalition unter Willi Brandt in der Bundesrepublik führten zur Ablösung von Walter Ulbricht durch Erich Honecker an der Spitze der SED.

Honecker intensivierte die Wohnungs- und Sozialpolitik, um möglichst rasch spürbare Verbesserungen für die Bürger der DDR zu schaffen und dadurch die Akzeptanz des SED-Regimes zu erhöhen. Überall entstanden Neubausiedlungen, deren Häuser aus Fertigteilen (Plattenbau) montiert wurden. An der ungebrochenen Machtstellung der SED ließ Honecker jedoch kein Zweifel aufkommen. Das Ministerium für Staatssicherheit wurde immer weiter ausgebaut, bis etwa 100 000 amtliche Mitarbeiter und mehr als eine halbe Million inoffizielle Mitarbeiter (IM) die Bevölkerung bespitzelten. Die wenigen

Äußerungen außerparteilicher gesellschaftlicher und kultureller Opposition in der Öffentlichkeit wurden unterdrückt. Der über die Grenzen bekannte Liedermacher Rolf Biermann wurde während einer genehmigten Vortragsreise in Westdeutschland 1976 ausgebürgert. Dieser Maßnahme folgten Repressalien, Inhaftierungen und Ausbürgerungen gegen systemkritische Künstler und Schriftsteller. Lediglich die evangelische Kirche besaß einen gewissen politischen Spielraum, indem Oppositionsgruppen mit ökologischem oder demokratischem Programm einen gewissen Schutzraum fanden. Vom Aufbruch zu Beginn der Ära Honecker war bald nichts mehr zu spüren.

Stasi-Observanten im Einsatz vor der Ständigen Vertretung der Bundesrepublik Deutschland in Ostberlin, 1983

Das Ende der DDR

Der Machtantritt Gorbatschows als neuer Generalsekretär der KPdSU in der Sowjetunion im Jahr 1985 leitete nicht nur ein Reformprozeß innerhalb der Sowjetunion ein, sondern stärkte auch in den Ostblockstaaten die Reformkräfte. Die DDR-Führung verschloß sich demonstrativ dem in Osteuropa eingeleiteten Reformprozeß. Man pochte dabei auf die wirtschaftliche Spitzenstellung im Ostblock, obwohl der innere Zustand, wie wir heute wissen, schon mehr als erbärmlich war. Für die oppositionellen Gruppen, die Bürgerrechts-, Friedens- und Umweltschutzgruppen bildeten die Dynamik des Wandlungsprozesses im Ostblock, jedoch den entscheidenden Hintergrund, der eine immer größere Zahl von Menschen zum Engagement trieb. Mit der Zunahme der Kritik im Innern ging auch ein weiteres Ansteigen der Ausreiseanträge einher. Immer mehr DDR-Bürger wollten nicht länger auf grundlegende Veränderungen warten. Tausende ertrotzten sich über die bundesdeutschen Botschaften in den benachbarten Staaten des Warschauer Paktes die Ausreise in den Westen. Schließlich führte die Öffnung der Grenze zwischen Ungarn und Österreich zur Massenauswanderung von DDR-Bürgern über den „Umweg" einer Reise nach Ungarn.

Während die Regierung die Vorbereitungen für die groß angelegten Feiern des 40-jährigen Bestehens der DDR traf, formierten sich Oppositionsgruppen wie z. B. das „Neue Forum". Die oppositionelle Bewegung organisierte „Montagsdemonstrationen", die zum Symbol des Widerstandes in der DDR wurden. Mit der Forderung nach Reformen, mit Slogans wie „Wir sind das Volk" und dem Ruf nach freien Wahlen versammelten sich jede Woche bald 100 000 in Leipzig, Rostock, Dresden und anderen Städten. Erich Honecker mußte zurücktreten, am 9. November fiel die Mauer. Innerhalb von Wochen vollzog sich der Zusammenbruch des alten DDR-Staates.

Hatte man zunächst an einen längeren Prozeß des Zusammenwachsens von zwei Staaten geglaubt, so erbrachten die ersten freien und geheimen Wahlen der DDR nach dem Verhältniswahlrecht ein eindeutiges Votum für eine schnelle Wiedervereinigung.

Montagsdemonstration in Leipzig vom 9. Oktober 1989

Überleben in einer ganz gewöhnlichen Diktatur

von Viktor Gorynia

Viktor Gorynia, geb. 1936 in Greiffenberg, Kreis Angermünde (Brandenburg). 1954 Abitur, 1956–60 Studium der Geschichte und Slavistik an der Humboldt-Universität Berlin. Staatsexamen als Lehrer für Geschichte und Russisch. Seit 1960 wissenschaftlicher Mitarbeiter am Museum für Deutsche Geschichte in Ostberlin (ab 3. Oktober 1990 am Deutschen Historischen Museum Berlin, speziell Mitarbeit beim Projekt Deutsch-Russisches Museum Berlin-Karlshorst). 1968 Staatsexamen als Dolmetscher/Übersetzer für Russisch an der Humboldt-Universität Berlin. Seit 1969 freier Mitarbeiter für Zeitgeschichte an der Evangelischen Akademie Berlin-Brandenburg und anderen kirchlichen Institutionen.

Viktor Gorynia

Meine Eltern gehörten zu der kleinen katholischen Minderheit in der norddeutschen Diaspora, die in der Weimarer Republik genau so konsequent Zentrum gewählt hatte, wie sie nach 1933 die Nazis ablehnte. Während des Krieges haben sie das getan, was ihnen möglich war. Meine Mutter, die zweisprachig aufgewachsen war und lange Jahre im Ausland gelebt hatte, unterhielt ständige Kontakte zu ausländischen Zwangsarbeitern, sie dolmetschte, gewährte materielle Hilfe und hat in einigen Fällen sogar erfolgreich bei den Arbeitgebern interveniert. Den Behörden blieb dies natürlich nicht verborgen, genausowenig wie der regelmäßige Religionsunterricht in unserem Wohnzimmer. Meine Eltern hörten regelmäßig „Feindsender" und ließen mich daran teilnehmen. Sie machten mir gegenüber aus ihrer Ablehnung des Hitlerregimes kein Hehl. Ich lernte sehr früh, daß es Situationen gibt, wo man die Wahrheit nicht sagen darf, wo man besser schweigt; aber den Kindern muß man die Wahrheit sagen.

Das Kriegsende bedeutete für meine Eltern nur einen Wechsel der Diktatur. Wieder gab es die Religionsfeindschaft, kleinliche Schikanen der Behörden und eine Propaganda, die in Widerspruch zur Realität stand. Wieder gab es Gesinnungsterror, und wieder mußte man fremde Rundfunksender hören.

Meine politischen Schwierigkeiten begannen in der Oberschulzeit. Ich hatte keine Umsturzpläne, aber ich war an Geschichte sehr interessiert und wollte dazu auch meine eigenen Auffassungen darlegen. Es war das berühmte Jahr 1953 – Stalin war zu meiner großen Freude gestorben, die Junge Gemeinde wurde verfolgt, der Aufstand am 17. Juni war niedergeschlagen, und die SED verkündete den neuen Kurs –, und ich hielt im Geschichtsunterricht regelmäßig ein Korreferat. Geschichtslehrer war der Schulleiter, der gleichzeitig auch Leiter der Kreisabendschule der SED war. Lange Zeit passierte nichts, aber im Frühjahr 1954 wurde ich plötzlich von ihm informiert, daß ich aus politischen Gründen nicht zum Abitur zugelassen werde. Irgendwie hat meine Mutter es erreicht, daß dieser Beschluß doch noch zurückgenommen wurde, aber die Folgen bekam ich bald zu spüren.

Ich machte ein schlechtes Abitur, selbst in Geschichte bestand ich nur mit „genügend". Der Genosse Kreisarzt bescheinigte mir, daß ich für ein Studium schlechte gesundheitliche Voraussetzungen besäße. Meine Bewerbungsunterlagen waren nicht auffindbar, und ich bekam immer nur Ablehnungen, obwohl damals in der DDR für viele Fächer nicht genügend Bewerber vorhanden waren. Später wurde alles klar, als ich die Charakteristik der Schule in der Hand hielt, denn es wurde verwiesen auf meine „kleinbürgerliche Herkunft" und „religiöse Beeinflussung". Immerhin schrieb der Schulleiter, daß „eine mehrjährige Internatserziehung" aus mir noch einen „nützlichen Menschen" machen könnte.

Ich gab nicht auf. Mit Hilfe meines ehemaligen Klassenlehrers in der Grundschule erwarb ich mir eine neue Charakteristik, indem ich an dieser Schule ohne Ausbildung Russischunterricht erteilte und danach für die plötzlich ausfallende Pionierleiterin einsprang. So habe ich mir eine neue Identität erworben und wurde mit Unterstützung der Volksbildung doch noch Student für Geschichte und Slavistik an der Humboldt-Universität Berlin; allerdings sollte ich Lehrer werden. Ich hoffte, daß ich die Studieneinrichtung wechseln könnte, denn die politischen Gefahren waren mir bewußt.

Ich galt als guter Student und bekam immer ein Leistungsstipendium. In Geschichte konzentrierte ich mich auf deutsche Geschichte zwischen 1918 und 1945 und auf die deutsch-sowjetischen Beziehungen in dieser Zeit. Ziel meines Slavistikstudiums war ein möglichst perfektes Erlernen der russischen Sprache. Ich war sehr sparsam und bin jedes Jahr auf eigene Kosten in die Sowjetunion gereist, wo ich bald zahlreiche Kontakte hatte. Damals war ein Studienaufenthalt in der UdSSR für Lehrerstudenten nicht vorgesehen, die meisten konnten nicht Russisch sprechen. Meinen Studienkollegen gegenüber hielt ich mich im Gespräch sehr zurück. Freunde hatte ich dort nicht. Meine obligatorische „gesell-

schaftliche Tätigkeit" leistete ich im damals sehr angesehenen Chor des Gesang- und Tanz-Ensembles der Universität. Das machte mir viel Spaß, wir reisten viel herum, sogar nach Westdeutschland, und außerdem entging ich damit sehr unangenehmen Dingen, z. B. dem Verteilen von Flugblättern in Westberlin, worauf die Bevölkerung spontan sehr allergisch reagierte. Andererseits nutzte ich die Nähe Westberlins sehr intensiv, besuchte meine zahlreichen Verwandten und vor allem die Bibliothek des Osteuropa-Instituts; ich absolvierte gewissermaßen ein Parallelstudium. Im Studentenheim wurden wir systematisch bespitzelt: Einmal gab es eine Flurversammlung, weil zwei Anglistikstudenten den amerikanischen Soldatensender AFN gehört hatten, angeblich um sich sprachlich zu vervollkommnen. Sie wurden einmütig wegen ihres politischen Fehlers verurteilt und mußten zur Sühne „Aufbaustunden" leisten, d. h. einen Kabelgraben ausheben. Einem Studienkollegen auf dem gleichen Flur ging es schlimmer, er wurde zu mehreren Jahren Zuchthaus verurteilt, weil er das Buch „Die Revolution entläßt ihre Kinder" von Wolfgang Leonhard besaß. Der gleiche Spitzel beobachtete auch mich, aber vergeblich.

Ich führte ein Doppelleben, denn einmal in der Woche ging ich in die Katholische Studentengemeinde (KSG), manchmal auch am Wochenende. Dort war ich zu Hause. Der KSG verdanke ich sehr viel, aber es war besser, wenn niemand davon wußte.
Über das Studium an der Universität war ich sehr enttäuscht, man lernte zu wenig.

Abzeichen der SED

„Westbücher" waren verpönt und kaum vorhanden. Viele Kommilitonen interessierten sich kaum für Geschichte, sie wollten so schnell wie möglich ihr Studium beenden. Der Klassenstandpunkt war wichtiger als Fachkenntnis, gegen „Objektivisten" und „Faktenfetischisten" wurde Front gemacht, für mich war das ein Ehrentitel. Die Dozenten waren fast alle Mitglieder der SED, einige hielten eine Hauptvorlesung, obwohl sie gerade erst promoviert hatten. Am unangenehmsten waren mir Dozenten, die als Widerstandskämpfer mit großem Pathos Propagandalosungen verbreiteten. Aber es gab auch Ausnahmen, denen ich sehr dankbar bin und zu denen ich auch heute noch Kontakte habe.

Nach Abschluß des Studiums konnte ich in Berlin bleiben und brauchte nicht in der Schule zu arbeiten. Über dieses Problem hatten wir in der KSG diskutiert. Geschichte galt den meisten als Unsinn, als bloße Propaganda. Walter Ulbricht hatte öffentlich erklärt, daß sein dritter Beruf Historiker sei. Die Geschichte wurde in der DDR zur Hure der Politik. Wer als Historiker moralisch überleben wollte, suchte sich irgendein abgelegenes Gebiet, vielleicht im Frühmittelalter oder ging ins Archiv oder Bibliothekswesen. Konnte man es mit seinem Gewissen vereinbaren, Geschichtslehrer in der DDR zu werden und den unwissenden Kindern täglich Schwindel zu erzählen? Westliche Moraltheologen, von mir befragt – wir hatten oft westliche Referenten in der KSG –, waren genauso hilflos wie ich. Ich kam damals zu der Erkenntnis, daß es Grenzen gibt, die man

nicht überschreiten sollte, und dazu gehörte, daß man als ehrlicher Mensch bestimmte Berufe unter den damaligen Verhältnissen nicht ausüben konnte, und zwar die des Historikers (speziell für Zeitgeschichte), des Geschichtslehrers, des Juristen, des Journalisten und einige andere. Immer wieder habe ich in der Folgezeit diesen Standpunkt gegenüber Eltern und Abiturienten vertreten und war wohl auch der einzige Neuzeithistoriker in der DDR, der kirchlich gebunden war. Ich wollte dem ausweichen und bewarb mich um eine Assistentenstelle für Mittelalter – ich hatte mich mehrer Semester mit der Ostkolonisation beschäftigt – im Museum für Deutsche Geschichte. Ich wurde wohlwollend angenommen, und dann entschied man nachträglich, daß ich in die pädagogische Abteilung gehen mußte, weil dort „die Kadersituation" am schwierigsten wäre.

Führungen in Museen zu machen, galt und gilt für einen Historiker als niedrige Tätigkeit. Ich sehe das nach jahrzehntelanger Erfahrung ganz anders. Es ist eine Lehrtätigkeit wie an der Hochschule, bloß vor einem Publikum, das geringere Kentnisse hat und oft durch Schule, Romane und Massenmedien verbildet ist, den Studenten aber an Lebenserfahrung voraus ist. Hier ist echtes Interesse, hier gibt es Diskussionen zu Grundfragen und hier ist die Verantwortung größer. Man steht vor dem Endverbraucher. Man muß sich auf ein ständig wechselndes Publikum aus der ganzen Welt einstellen. Unter den spezifischen Verhältnissen der DDR hieß es: Ich hatte es in erster Linie mit russischsprachigen Besuchern, nicht nur aus der UdSSR, sondern aus vielen Ländern des Ostblocks zu tun. Es waren Soldaten, Diplomaten, in der DDR tätige Fachleute, Touristen, später auch Schülergruppen. Die meisten waren Hochschulabsolventen, oft in leitender Stellung tätig. Da ich inzwischen die UdSSR durch häufige Besuche, tägliche Kontakte und aus der sowjetischen Tagespresse ganz gut kannte, konnte ich die Führungen und Diskussionen speziell auf diesen Personenkreis zuschneiden und habe ihm vorsichtig und stückweise einige ihm verschwiegene Sachverhalte vermittelt. Es ging um solche Fragen: Warum haben in Deutschland schon vor 1933 soviele Menschen Hitler gewählt? Warum KZs? Gibt es deutsche Besonderheiten oder einen Sonderweg? Da meine Führungen und Diskussionen nur in Russisch waren, war ich auch vor Spitzeln geschützt, trotzdem gab es Denunziationen – von sowjetischer Seite. Es entstanden aber auch Bekanntschaften und Freundschaften, die in einem Fall schon Jahrzehnte andauern.

Über die Auswirkungen dieser Führungen kann ich wenig sagen, zumindestens habe ich damit mehrere zehntausende Menschen zwischen Brest und Kamschatka erreicht, mehr als jeder Journalist aus dem Westen! Es gab höchst unangenehme Diskussionen, besonders mit westdeutschen Linken, die mir sehr gefährlich werden konnten, und DDR-Gruppen, die schwiegen, sich bedankten und hinterher sich schriftlich beschwerten. 1966 wurde ich deswegen strafversetzt, bekam einen strengen Verweis und wurde mit fristloser Entlassung bedroht. Erst nach der Wende erfuhr ich aus meinen Stasiakten, daß ich schon seit meiner Studienzeit überwacht wurde, daß über jede Sowjetunionreise Berichte angefertigt wurden – und dies auch von Menschen, die mir nahe standen! Im Museum war mein Aufstieg 1966 beendet, es ging nur um das Überleben. Als Historiker hatte ich in der DDR keine Chance. Die Möglichkeit zur Promotion wurde immer wieder hintertrieben. Da ich nicht schwindeln wollte, konnte ich auch kaum etwas publizieren. Ich lebte von der Hoffnung, daß die DDR bald zusammenbrechen würde, worüber ich mich täuschen sollte, wie viele Politiker und Sonntagsredner auch!

„Überwachung"
(Schülerarbeit)

Ich hatte viele Ängste und viel Freude. So habe ich die DDR überlebt, in der ich mich nie zu Hause gefühlt habe.

Weit mehr als meine offizielle Tätigkeit befriedigte mich meine Teilnahme an der kirchlichen Bildungsarbeit, von der im Museum niemand etwas erfahren durfte. Seit 1969 war ich freier Mitarbeiter der Evangelischen Akademie Berlin-Brandenburg und habe jährlich mehrere Beiträge zu Problemen der deutschen Geschichte des 20. Jahrhunderts gehalten. Dazu kamen noch Vorträge oder Wochenenden für die Studentengemeinden beider Konfessionen in vielen Städten der DDR. Ab 1986 habe ich am Evangelischen Predigerseminar „Paulinum" in Berlin Vorlesungen gehalten. Aus Sicherheitsgründen handelte es sich dabei um geschlossene Veranstaltungen; Manuskripte lagen nicht vor. Natürlich hatte ich zur Bürgerbewegung viele Kontakte, aber im Gegensatz zu anderen lehnte ich die DDR, die mir immer fremd geblieben war, konsequent ab und war auch für den sogenannten „erneuerten Sozialismus" nicht zu haben.

Trotz gegenwärtiger Existenzsorgen und unangenehmer Überraschungen bin ich froh, daß die ständigen Demütigungen und Ängste der DDR-Zeit vorbei sind.

1914 bis 1945

1945 bis heute

1945	Potsdamer Konferenz zur Behandlung Deutschlands und Entwicklung einer Nachkriegsordnung
1945–1947	Flucht und Vertreibung der deutschen Bevölkerung aus den Gebieten jenseits der Oder-Neiße-Grenze
1945–1952	Errichtung von Volksdemokratien in den osteuropäischen Staaten
1947	Amerikanische Eindämmungspolitik und Aufbauhilfe für Europa (Truman-Doktrin und Marshallplan)
1948	Gründung Israels, Beginn des 1. Arabisch-Israelischen Krieges (Palästina-Krieg)
1948	Währungsreform in den westdeutschen Zonen
1948–1949	Blockade Berlins
1949	UdSSR wird Atommacht
1949	Gründung der NATO
1949	Gründung des Rats für gegenseitige Wirtschaftshilfe (COMECON)
1949	Gründung der Bundesrepublik Deutschland und der DDR
1953	Tod Stalins
17. 6. 1953	Arbeiteraufstand in der DDR
1955	Gründung des „Warschauer Paktes"
1956	Volksaufstand in Ungarn und Polen
1957	Gründung der Europäischen Gemeinschaften in Rom
1961	Bau der Berliner Mauer
1962	Kubakrise
1963	Vertrag über deutsch-französische Zusammenarbeit
1964–1973	Amerikanischer Truppeneinsatz im Vietnamkrieg
1967	2. Arabisch-Israelischer Krieg (Sechstagekrieg)
1968	Vertrag über die Nichtweiterverbreitung von Atomwaffen
1968	Einmarsch von Truppen des „Warschauer Paktes" in die ČSSR beendet „Prager Frühling"
1969	Erste Mondlandung
1970	Gewaltverzichtverträge der Bundesrepublik mit Polen und UdSSR
1971	Viermächteabkommen über Berlin
1972	Grundlagenvertrag zwischen der Bundesrepublik und der DDR
1975	Unterzeichnung der KSZE-Schlußakte von Helsinki
1985–1991	Reformpolitik Gorbatschows in der UdSSR
seit 1987	Vereinbarungen zur Abrüstung zwischen UdSSR und USA
1989	Friedliche Revolution in Osteuropa
9. 11. 1989	Öffnung der Berliner Mauer
3. 10. 1990	Deutsche Vereinigung
1991	Vertrag von Maastricht zur „Europäischen Union"
31. 12. 1991	Ende der UdSSR, Gründung der GUS
seit 1991	Nationalitätenkrieg im ehemaligen Jugoslawien
1995	Erweiterung der EG: Österreich, Finnland, Schweden

Der Filmstab und die Mitarbeiter

Zeitzeugen	Gad Beck, Artur Brauner, Rudolf Heltzel, Rainer Hildebrandt, Lew Kopelew, Ulrike Poppe, Günter Schabowski, Wolfgang Stresemann
Drehbuch	Jugendliche aus Bad Iburg
Autoren, Darsteller, Musiker	Marcus Bechtel, Tanja Blom, Vera Engelmann, Claudia Eustergerling, Monika Farwick, Dirk Freytag, Dirk Heinrich, Natascha Hütten, Nils Kähler, Christiane Ketteler, Christoph Knapmeyer, Christoph Landwehr, Detlef Loose, Heike Lünstroth, Markus Mechelhoff, Susanne Möller, Michael Rindermann, Claudia Rösen, Sebastian Sandner, Michael Schütte, Henrik Töniges, Michael Tusch, Sebastian von Koppenfels, Amalie Walther, Clemens Walther
Projektleitung	Helmut Spiering
Regie	Horst Seemann
Berater	Wolfgang Kolneder, Wolfgang Templin, Thomas Frick
Schauspiellehrer	Uwe Zerbe
Historische Beratung	Thomas Flügge, Gerd Westphal, Holger Mannigel
Musikalische Beratung	Franz-Josef Grümmer, Ulrich Mahlert, Angelika Walther-von Moock
Kamera	Jürgen Sasse
Kameraassistenz	Dietrich Pohl, Steffen Pick
Standfotograf	Norbert Kuhröber
Schnittmeisterin	Margrit Brusendorff
Kostüm	Inge Marczinkowsky-Kistner
Maske	Peter Borgol
Ton	Klaus Tolstorf
Mischton	Klaus Hornemann
Tonassistenz	Emanuel Galgenmüller
Ausstattung	Ingo Pries
Script	Marion Schwarz
Produktionsleitung	Axel Möbius
Aufnahmeleitung	Catharina Findeisen
Beleuchter	Norbert Lude, Bernd-Uwe Leidecker

Die Förderer

Musikproduktion Sonic Art Productions GmbH - Bredemann, Loose, Schütte
„Zeugen der Zeit", „Jazz 4 ease", „Fliegende Gedanken",
„Mut zum Handeln"

Die Förderer Stiftung Deutsche Jugendmarke, Bonn – Senatsverwaltung für
Jugend und Familie, Berlin – Land Niedersachsen (Filmförderung
und Landesjugendamt) – Landschaftsverband Osnabrück e. V. –
Landkreis Osnabrück, Stadt Bad Iburg

Studio Babelsberg GmbH, Studiobetrieb – Walter Rau, Lebensmittel-
werke, Hilter a. T. W. – Schering Nord-West, Berlin – Axel Springer
Verlag, Hamburg – VR-Stiftung, Volksbanken-Raiffeisenbanken,
Hannover-Oldenburg-Glandorf – Steinbacher Druck, Osnabrück –
Heinrich Dieckmann-Tiefbau, Osnabrück – Naber-Versicherungen,
Osnabrück – Nycomed, München – Siemens, Osnabrück –
Volkswagen Audi Vertriebsregion-Berlin – Telekom Fernmeldeamt
Osnabrück – Andreas Werner, Steinhagen – Bärenmenü, Berlin
und Brandenburg – Maz & Movie, Hamburg – Reisemobil-Center
Niemann, Bad Iburg – Sonoton Musikverlag, München – Druckhaus
Krimphoff, Sassenberg – Avid Technology GmbH, Potsdam – Dolby,
London-San Francisco – Ernst Knoth GmbH Druckerei und Verlag,
Melle – Vereinte Versicherung, Oldenburg – TZet-Fotosatz & Repro,
Berlin – Beucke & Söhne, Dissen a. T. W. – General Electric, Deutsch-
land – Fuji Photo Film GmbH, Düsseldorf – OSMO-Anlagenbau,
Georgsmarienhütte – Moviecode/Jaskam, Berlin – Württembergische
Feuerversicherung, Bielefeld – Wessels AG, Osnabrück – Nordland-
papier, Dörpen – Eurowings Luftverkehrs AG, Dortmund –
Mallinckrodt Imaging, Hennef/Sieg – Byk Gulden, Konstanz – emzett
Unternehmensgruppe, Berlin – Mercedes-Benz, Berlin – Röwer,
Osnabrück – Piepenbrock, Osnabrück – Klaus Hellmann, Osnabrück
– Deponie No. 3, Berlin – Reinhard's, Berlin – Luisen-Bräu, Berlin –
Setup Repro-Studio, Osnabrück – Picker GmbH, Ronnenberg –
Schüchtermann-Klinik, Bad Rothenfelde – Dr. Geyer, Berlin – Teldec
Classics International GmbH, Hamburg – Deutsche Grammophon
GmbH, Hamburg – Kolbe-Druck, Versmold – Dütmann Supermarkt,
Georgsmarienhütte – Frank Höcker, Bad Laer – BCAS, Osnabrück –

Dr. A. Beck, Bad Rothenfelde – Prof. Dr. Paul Hertin, Berlin – Engel-hardt Brauerei, Berlin – Wintergarten, Berlin – Carioca, Berlin – Henning GmbH, Berlin – Fritz Homann-Lebensmittelwerke, Dissen a. T. W. – Wolfgang Stumpe, Bad Iburg – Höchst AG, Frankfurt – Remmert, Löhne – RWE, Osnabrück – Fritz-Rudolf Künker, Osnabrück – A. Knemeyer, Bad Laer – W. Erpenbeck, Glandorf – L. Groebert, Dissen a. T. W. – Autohaus Vennemann, Hilter a. T. W. – Hülsmann & Tegeler, Georgsmarienhütte – Marché, Berlin – Fotostudio & Labor Eggert, Bad Iburg – Henkell & Söhnlein, Wiesbaden – Cine Impuls, Berlin – Kämmerer GmbH, Osnabrück – Ulf Henkefend, Bad Iburg – Andreas Heuer, Bad Iburg – K. Höcherl, Bad Iburg – Lauwerth´s Natursäfte GmbH, Bad Iburg – Manfred Hörnemann, Rodgau – Leonberger Bausparkasse, Leonberg – Karl Gründker, Glandorf – Dr. Lomsky, Berlin – Radio Kuenen, Bad Iburg – Bartholomäus Blumen, Georgsmarienhütte – Tapeten-Telgkämper, Osnabrück – Lauwerth, Süßmosterei, Bad Iburg – Günther Tepe, Bad Iburg – Hinghaus Reifen, Dissen a. T. W. – Dr. Großmann, Hamburg – Funke Werbung, Glandorf – Lobaco Handels GmbH, Osnabrück – Rudolf Laermann, Bad Iburg – Andreas Salewski, Osnabrück – Heiner Thyssen, Bad Iburg

Dank an CUT OUT Filmproduktion GbR – Studio Babelsberg GmbH, Studiobetrieb – Mrs. Hellen L. Strauss, Massachusetts – Gründerzeit-museum Mahlsdorf – Leydicke, Berlin – Gymnasium Bad Iburg

Archiv- und Dokumentaraufnahmen Landesbildstelle Berlin – Chronos-Film GmbH – Deutsche Welle tv – Spiegel TV – ORB – SFB – SAT. 1 – NDR – DRA – WDR

Der Weg zum Film in Kurzform

- **Initialzündung für das Projekt im Januar 1993**
- 10tägiges Seminarprojekt „Berlin – gestern, heute, morgen" mit russischen Studenten/ Studentinnen aus Moskau, russischen Soldaten aus der Kaserne Karlshorst, Jugendlichen aus Berlin und Schülern/Schülerinnen aus Charlottenburgs Partnerstadt Bad Iburg
- Gespräche und Begegnungen mit Zeitzeugen, Künstlern, Schauspielern und Regisseuren
- Besuch der Babelsberger Studios sowie der Filmhochschule in Potsdam
- Rechtsradikale Gewalttaten lassen die Beteiligten aufhorchen:
  Die Idee zum Film ist geboren.
- **Erste Gehversuche in Sachen Film**
- Bibliotheksarbeit (Recherche), Protokolle, Archivmaterial sichten, Erarbeiten von Szenentexten, weiterführende Gespräche mit Zeitzeugen in Berlin, Musikkompositionen, Kleingruppenarbeit
- Erste Spielszenen-Proben mit Schauspielern der Städtischen Bühnen Osnabrück; Korrespondenz mit dem Regisseur Wolfgang Kolneder (Grips Theater Berlin)
- **Weitere markante Termine bis zum Drehbeginn**
- Workshop in den Weihnachtsferien 1993/1994:
  Text- und Theaterproben mit dem Regisseur Wolfgang Kolneder in Bad Iburg
- Workshop in den Osterferien 1994:
  Theaterproben mit dem Schauspieler Uwe Zerbe (Berliner Kabarett „Die Distel") in Berlin. Während der Proben erstes Zusammentreffen mit dem DEFA-Regisseur Horst Seemann.
- **Folgezeit**
- Wiederholt Proben mit Uwe Zerbe in Bad Iburg. Mehrmaliges Zusammentreffen mit Horst Seemann in Bad Iburg: Gespräche hinsichtlich der filmischen Auflösung sowie Diskussionen über unterschiedliche Interviewtechniken
- Die Drehbucharbeiten werden abgeschlossen.

- **Zwischendurch**
- Sponsorensuche, Zusammenstellen des Filmstabes sowie Motivsuche in Berlin
- **18 Tage Dreharbeiten in Berlin im August 1994:**
- Die Szenen sind im Kasten.
- **Danach**
- Arbeiten im Tonstudio an eigenen Musikkompositionen
- **Zwischendurch**
- Meinungsaustausch am Schnittplatz im Babelsberger Studio sowie in Bad Iburg in der Gruppe anhand des mit einem Videogerät abgefilmten Filmmaterials
- Vervollständigen des Doku-Materials für den Film sowie der Filmmusik
- **Nach der Uraufführung während der Berlinale im Februar 1995**
- Klärung der Rechte an dem Doku-Material und der Filmmusik (Dauer: 8 Monate)
- Weitere Sponsorensuche für das Filmbegleitmaterial
- Erstaufführungen und Testläufe im In- und Ausland (Berlin: Zoopalast zum 8. Mai, Osnabrück, Bramsche, Hilden, Tostedt, Bullay, Wien, Linz sowie Paris) lassen den dringenden Wunsch aufkommen, nicht nur unsere Filmerlebnisse, sondern auch die Zeitzeugen und ihr Gedankengut dem Filmbesucher in einem Begleitbuch ausführlich nahezubringen.
- Erstellen des Filmbegleitbuches
- **Premiere im Kino International in Berlin am 10. 3. 1996**
- Einladung durch den Regierenden Bürgermeister

Preisverleihungen

Otto-Sprenger-Preis für „Fremdsein in Deutschland"

Anläßlich der Verleihung des Otto-Sprenger-Preises 1995 im Rahmen des Hamburger Filmfestivals begründete der Sprecher der Jury, Dr. Peter von Rüden (Programmdirektor arte/Hamburg), die Zuerkennung des ersten Preises für den Film:

„Das direkte Zugehen auf die Szenen und das erkennbare Engagement und die Emotionen der an dem Film Beteiligten haben mich überzeugt.

Ich glaube, daß auch völlig an Geschichte desinteressierte Schüler einen Zugang zu diesem Film finden werden.

Ich kenne sehr viele medienpädagogische Filmexperimente. Sie alle haben über den Kreis der unmittelbar Beteiligten wenig Interesse geerntet und bleiben folglich in ihrer Reichweite begrenzt. Dieser Film aber erschließt einen weiteren Kreis. Es ist die überzeugendste medienpädagogische Arbeit, die mir bekannt ist.

Die Gründe hierfür liegen neben der überzeugenden inhaltlich-thematischen Konzeption in der überzeugenden schauspielerischen Leistung. Es gibt Sequenzen in dem Film, die keinen Unterschied zu der professionellen Filmarbeit erkennen lassen. In diesem Bereich wird fast eine Grenzüberschreitung erreicht zwischen einem medienpädagogischen Experiment und der professionellen Medienwelt. Das zeigt mir, daß hier Menschen am Werk waren, die überzeugt sind von dem, was sie vermitteln wollen."

Die Otto-Sprenger-Stiftung, September 1995

Schülerfriedenspreis (Sonderpreis) für „Fremdsein in Deutschland"

Für hervorragende Initiativen und über die Schule hinausgreifende Projekte auf dem Gebiet des Zusammenlebens mit Fremden, der Völkerverständigung, des Abbaus von Vorurteilen und der Vorbeugung von Gewalt.

Der Niedersächsische Kultusminister, Dezember 1995